国家社科基金一般项目：
习近平总书记关于中医药事业发展重要论述研究（22BKS198）阶段性成果

中医药文化融入大中小学思想政治理论课一体化建设教学设计案例集

胡承波　马其南　胡颖　**主编**

辽宁人民出版社

图书在版编目（CIP）数据

中医药文化融入大中小学思想政治理论课一体化建设教学设计案例集 / 胡承波，马其南，胡颖主编 . —沈阳：辽宁人民出版社，2023.11
ISBN 978-7-205-10859-5

Ⅰ. ①中… Ⅱ. ①胡… ②马… ③胡… Ⅲ. ①高等学校—思想政治教育—教学设计—教案（教育）—中国 ②政治课—教学设计—教案（教育）—中小学 Ⅳ. ①G641 ②G633.202

中国国家版本馆CIP数据核字（2023）第178200号

出版发行：辽宁人民出版社
　　　　　地址：沈阳市和平区十一纬路25号　邮编：110003
　　　　　电话：024-23284321（邮　购）　024-23284324（发行部）
　　　　　传真：024-23284191（发行部）　024-23284304（办公室）
　　　　　http://www.lnpph.com.cn
印　　　刷：辽宁新华印务有限公司
幅面尺寸：170mm×240mm
印　　张：22.5
字　　数：315千字
出版时间：2023年11月第1版
印刷时间：2023年11月第1次印刷
责任编辑：娄　瓴
助理编辑：刘　明
装帧设计：Amber Design琥珀视觉
责任校对：吴艳杰
书　　号：ISBN 978-7-205-10859-5

定　　价：88.00元

前言

习近平总书记指出："在大中小学循序渐进、螺旋上升地开设思想政治理论课非常必要，是培养一代又一代社会主义建设者和接班人的重要保障。"

推进大中小学思想政治理论课一体化建设是新时代党和国家推动思想政治理论课内涵式发展的一项重要部署，总体目标就是提升立德树人的实效。如何针对不同学段学生的身心发展特点，遵循学生认知规律和教育教学规律设计教学内容、选择教学方法，是思想政治理论课教师面临的新任务和新挑战。

中医药文化是中华优秀传统文化的重要组成部分，蕴含着极其丰富的思想政治教育资源，具有重要的育人价值和独特的育人优势。将中医药文化融入大中小学思想政治理论课，可以增强学生对中医药文化的认知与认同，激发其对中华优秀传统文化的自豪感与自信心，坚定文化自信和民族自信。

为全面落实中共中央办公厅、国务院办公厅印发的《关于深化新时代学校思想政治理论课改革创新的若干意见》以及辽宁省委教育工委、辽宁省教育厅印发的《辽宁省进一步推进大中小学思政课一体化建设的若干举措》等文件精神，扎实推进辽宁省大中小学思想政治理论课一体化建设工作，辽宁中医药大学积极申报并成功获

1

批辽宁省大中小学思想政治理论课一体化建设试点单位。项目组的主体任务是把以中医药文化为代表的中华优秀传统文化列入大中小学校思想政治理论课建设的顶层设计中，为落实立德树人根本任务提供制度保障。

为不断夯实理论育人基础，深入阐发中医药文化精髓，项目组牵头组织开展了"中医药文化融入大中小学思政课一体化建设"专题教学设计案例征集活动，旨在以课程为载体，让中医药文化进书本、进课堂、进头脑，引导不同学段的学生从中医药文化中寻找理论、寻找智慧、寻找方法，厚植中医药文化育人基础。

项目组将案例征集活动中的优秀作品结集出版，覆盖了小学、初中、高中及大学四个学段。这些案例包含的内容有：课程基本信息、教学设计概述、学情分析、教学目标、教学重点难点、教学设计总体思路、教学过程以及教学总结与反思。本案例集是项目组在大中小学思想政治理论课一体化方面的初步探索与实践，希望可以对广大教师在挖掘思政教育资源，推进大中小学思想政治理论课一体化等方面起到借鉴作用。

由于时间仓促，水平有限，书中可能存在一些不足，望同行专家及广大读者批评指正。

编者

2023年3月

目 录

C O N T E N T S

早睡早起

沈阳市皇姑区教师进修学校　　王军欧

一、课程基本信息

主讲课程：《道德与法治》

使用教材版本：人教版（2016版）

教材章节出处：《道德与法治》一年级上册第三单元第十二课《早睡早起》

二、教学设计概述

中医药文化是中国五千年文明中的瑰宝，充分挖掘中医药文化的德育功能，有助于宣扬"治病求本、阴平阳秘"的中医药理念及"仁德、仁心、仁术"的中医药学精神。将"透过现象看本质"的中医药学核心要义运用在小学《道德与法治》课堂教学中，可有效发挥其德育作用，有助于学生在认识了解中医药文化的过程中逐步树立正确的学习态度与价值观，在《道德与法治》的教与学中形成学生品德素养的学习原动力。

基于上述内容，在《早睡早起》这一课中，将中医药相关内容融入《道德与法治》教学，通过观看视频讲解、学生课堂活动等直观感知的方式，使小学生在日常生活中接触中医药文化，增进对中医药文化的认同，并培养小学生的健康行为习惯。

三、学情分析

一年级学生刚进入小学，他们身上存在的问题主要有这样几方面：对自己的时间没有规划，没有时间观念；不知道早睡早起身体好，晚上由着性子去玩，早上不想起床。

而这些问题不是孤立存在的，与父母也有关系。有的孩子每天睡觉的时间是由父母决定的，起床由父母叫醒，会形成对父母依赖的习惯。刚走出幼儿园的孩子，虽然对学校生活已经有了一定的了解，但对新的学习和生活依然充满了好奇与期待，对学校、环境、老师、同学、课堂、学习都充满了新鲜感，同时他们在情感态度、行为习惯方面都很幼稚，年龄小、好动、易兴奋、易疲劳，注意力容易分散，不能完全适应相对幼儿园来说更严格的小学生活。

因此如何适应小学生活是其面临的生活问题，也是其成长的需要。在幼儿园可能时间比较灵活，课业负担不是很重，儿童进入小学以后，对于其身体和心理都是一个挑战。

因此培养良好的生活习惯——按时起床，按时睡觉，对于一天的学习生活极其重要，作息习惯关系到一个人一生的健康。小学生适当了解中医药文化，有助于他们树立正确的健康观。

四、教学目标

1. 通过多样的教学活动认识睡眠的重要性，懂得睡眠充足对身体健康的重要意义。

2. 通过自主探究、合作交流，掌握早睡早起的具体方法，学会科学合理安排自己的作息时间。

3. 知道养成早睡早起、规律作息的健康生活方式关系到一个人一生的健康。

五、教学重点难点

（一）教学重点

让学生认识到早睡早起对身体健康的益处，养成良好的生活习惯。

（二）教学难点

日常生活中真正做到起居有常，顺时养生。

六、教学设计总体思路

首先，教师播放中医功法动画视频，接着介绍中华传统中草药对睡眠的作用。其次，教师通过播放中医学理论视频讲解，使学生意识到睡眠对于维持人的身体健康必不可少。再次，学生通过课堂活动判断自己的作息时间是否得当以及每天的睡眠时间是否充足。最后，以"猜一猜"的游戏让学生判断哪些中草药助眠、哪些中草药提神结束本节课。

七、教学过程

（一）教学流程设计

环节一：情境导入，激发兴趣

教师活动：睡眠与人的生命同在，和食物一样至关重要。人类从远古时期就有睡眠的问题，睡眠障碍伴随生命的存在而发生。今天这节课我们就共同学习有关睡眠的知识——《早睡早起》。

教师出示中医学睡前功法动画视频。《太上西王母宝神起居玉经》云："夜卧觉，且将起常更，又急闭两目，叩齿九通，咽液三过，毕，反舌向喉中，乃摇头动项七过，以手按鼻孔边，左右上下数十过，毕，微祝曰：九天上帝，三元保婴，太上运华，玉室发精，七门召神，九房受明，耳聪目彻，通真达灵。"

学生活动：认真观看动画视频，了解中医的神奇。

设计意图：导入视频引起学生学习本课的兴趣。

环节二：探究睡眠的重要作用

教师活动：

1. 教师通过课件介绍中药对于睡眠的作用。《保生要录》中有一药枕方："久枕可治头风、目眩、脑重、冷痛、鼻塞兼辟邪。"方药组成：蔓荆子八分，甘菊花八分，细辛六分，白芷六分，白术四分，通草八分，川芎六分，防风八分，藁本六分，羚羊角八分，犀角八分，石上菖蒲八分，黑豆五合。将上药研末，纳入枕芯中，平时放入盒中并经常替换新药以防药气走散衰减。晚上枕此药枕入睡，可达到驱内风、防外感的作用。

2. 播放中医教师视频，讲解正常睡眠的机制在于营卫二气的正常运行，阴阳交泰。"人受气于谷，谷入于胃，以传于肺，五脏六腑，皆以受气。其清者为营，浊者为卫。"营卫二气同源而不同形，营气为阴气，可生化为血液，行于脉中；卫气为阳气，行于脉外，二者在任何时空内都是同时存在的，只是偏盛不同而已。"营在脉中，卫在脉外。营周不休，五十而复大会。阴阳相贯，如环无端"（《灵枢·营卫生会》），说明了血液循环是由营卫二气的运行与交替共同完成的。"卫气昼日行于阳，夜半则行于阴，阴者主夜，夜者卧……阳气尽，阴气盛，则目瞑；阴气尽而阳气盛，则寤矣。"（《灵枢·口问》）此时，肝发挥其生理功能，代全身循环储存血液，故卧时血归于肝。夜晚血的暂时储存不仅是肝的生理功能，也是肝的生理需求。"肝主血，肝以血为自养，血足则柔，血虚则强。"（《温病条辨·卷六》）肝为刚脏，体阴用阳。夜间肝得阴血滋养，则肝阳得以制约，故夜寐而不动；晨间储存于肝中的阴血随营卫二气而出表，肝阳得以复动，故醒后必伸筋活络。若夜间得不到足量阴血的濡养，则肝的阳气不受制约，"阳气盛则寤"，影响睡眠质量。肝血不足则肝气有余，疏泄太过，则易出现血行逆乱。长此以往，气血的运行错乱，严重影响营卫二气运行的规律，寤寐失调。在整体观念的指导下，《黄帝内经》认为自然界和人是相应的、相通的、相动的，人只有顺应自然界的规律才能健康长寿。如《素问·四气调神大论》云"故阴阳四时者，万物之终始也，死生之本也。逆之则灾害生，从之则苛疾不起，是谓得道"，确立了顺应自然、依时调摄为养生的基本原则。顺时养生就是按照自然界阴阳消长的时间性、规律性变化，采用与之相应的早睡早起的生活方式。

学生活动：认真聆听了解中药对于睡眠的作用。通过教师的讲解意识到睡眠充足、作息规律对于我们的身体健康有着重要作用。

教师活动：提出问题后由小组合作并汇报自己日常的起居情况。

学生活动：学生小组合作展示自己目前的作息情况。学生A谈到自己有时晚上看电视到12点才睡觉，听了中医老师讲解之后，自己懂得了小学生每天应保持充足的睡眠，肝主血，晚上是养肝的最佳时间，以后要做到晚上少看电视早点睡觉，第二天早点起床，养成规律的作息习惯。学生B讲到自己的父亲平时喜欢喝茶叶，有时自己在睡前也像父亲一样喝一些茶水，通过查阅医学书籍了解到因为茶水中的茶多酚会让人大脑兴奋，晚上入睡困难，早上起不来床，所以以后自己要改掉晚上喝茶的习惯，真正做到早睡早起。学生C说自己有时白天玩得太兴奋，影响到晚上入睡，早上时常起来晚。妈妈会往床头摆放一个中药袋，闻着中草药的清香让自己进入梦乡。中草药真是太神奇了。以后自己要尽量做到规律作息。

设计意图：通过小组合作探究认识到规律的作息，早睡早起的重要性。

环节三：引导学生做到早睡早起

◎活动主题一：没早睡，真糟糕

教师活动：展示课件图片，引导学生说一说画面描述了怎样的情景，并谈谈自己的感想。

学生活动：围绕课件图片，学生说：图片中小朋友为什么会上课睡觉呢？你上课睡过觉吗？为什么会睡觉呢？

教师活动：总结，为了我们的学习，更为了我们的身体健康，我们一定要早睡早起，早上还要记得吃早餐。

学生活动：学生交流。画面描述了小朋友晚上12点才入睡，早上9点才起床，没有做到早睡早起，耽误了上学时间。图片中的小朋友晚上看动画时间过于晚，入睡晚，第二天上课没精神。自己在生活中偶尔也有晚睡的习惯，这种习惯不健康，以后要督促自己加以改正。

◎活动主题二：早点睡，按时起

教师活动：播放课件，提问："我们怎样才能做到早点睡，按时起呢？"

学生活动：学唱儿歌，"妈妈催我早点睡，闹钟叫我按时起。生活学习有规律，健健康康真神气"。

教师活动：在生活中你会遇到一些让你不想去早睡的情况，但是只要我们不断提醒自己，我们就会克服一些不良的习惯，养成早睡的好习惯，做自己时间的小主人。

学生活动：发言交流。自己睡觉前会定闹钟，早上闹钟一响就会按时起床；妈妈是自己的"小闹钟"，她每天都会提醒自己到时间该睡觉了，该起床了。

设计意图：学生通过自主探究，学会如何做自己时间的主人。

环节四："猜一猜"游戏

教师活动：最后，我们一起来做一组猜一猜的游戏吧！老师课件出示几种《本草纲目》中的中草药，让学生根据自己的生活经验和本堂课中医老师的视频学习，猜一猜哪种中草药有助于睡眠、哪种中草药有助于醒脑提神。

学生活动：回答："第一张图是百合，有助于睡眠，因为之前妈妈给我熬过百合莲子粥。"

教师活动：出示答案"中草药百合有助于睡眠"。

学生活动：回答："第二张图是檀香，因为爷爷用檀木给我做了一把扇子，它的味道清香有助于睡眠。"

教师活动：出示答案"中草药檀香有助于睡眠"。

学生活动：学生齐答"第三张图是薄荷，我们常见的薄荷花、薄荷糖有助于醒脑提神"。

教师活动：出示答案"中草药薄荷可醒脑提神"。

活动总结：今天这节课同学们表现得非常棒，希望同学们在今后的日常生活中能充分运用中医药文化，弘扬传承中华优秀传统文化，祝同学们健康成长。

设计意图：通过聆听中医药大学老师的讲解，认识到睡眠对于我们身体健康的重要作用。通过课堂活动，总结自己以往的作息时间是否规律得当。

（二）课堂小结

早睡早起意味着我们会有精力充沛的一天，意味着我们的身体得到了强有力的生长营养，那就让我们每天都做到早睡早起，养成良好的作息习惯吧！

（三）作业设计

课下找一种或几种自己喜欢的中草药，画一幅手抄报。

（四）参考资料

《道德与法治教师教学用书》，人民教育出版社，2016年。

八、教学总结与反思

（一）关注学生的真实性，在实际学习生活中真正运用中医药养生法

在教学中，选取适合学生学习了解的中医药文化相关内容，在教学中关注学生当下、即刻的真实生活，在中医药内容与学生生活之间建立一种关系。一方面，使学生面对中医药文化"生活"产生情感的触动，使中医药文化对于学生而言是"价值有涉"的；另一方面，引导学生对自己当前的作息习惯进行观察、思考、反省，并最终走向更好的生活实践。

（二）家校合作，让学生的行为习惯真正得到落实

学生行为习惯的养成必须得到家长的配合才能真正落到实处。首先，我们可以通过互联网等方式，把一些科学的教育方法和评价策略作为"建议"向家长提出，并通过家校合作将每一个活动目标实现。家长在日常生活中应督促孩子规律作息，养成健康的生活习惯。只有家庭与学校形成一股合力，才能让学生的行为习惯真正得到落实。

（三）思政课程进一步增进学生对中医药文化的认同

习近平总书记在祝贺中国中医科学院成立60周年的致信中说："中医药学是中国古代科学的瑰宝，也是打开中华文明宝库的钥匙。当前，中医药振兴发展迎来天时、地利、人和的大好时机，希望广大中医药工作者增强民族自信，勇攀医学高峰，深入发掘中医药宝库中的精华，充分发挥中医药的独特优势，推进中医药现代化，推动中医药走向世界，切实把中医药这一祖先留给我们的宝贵财富继承好、发展好、利用好，在建设健康中国、实现中国梦的伟大征程中谱写新的篇章。"

家乡物产养育我

阜新市细河区民族街小学　赵慧梅

一、课程基本信息

主讲课程：《道德与法治》

使用教材版本：人教版（2017版）

教材章节出处：《道德与法治》二年级上册第四单元第十四课《家乡物产养育我》

二、教学设计概述

（一）设计思路

小学1~2年级是学校生活的起步期，结合低年段学生特点，以正确的价值观、道德和法律规范对学生进行道德和法治启蒙。通过教学，让学生了解阜新的主要物产和文化底蕴，关注家乡的发展变化。通过本课程的学习，学生能够初步了解家乡、热爱家乡，感知中医药文化，增进对中医药文化的亲切感。

（二）理论依据

1.《义务教育道德与法治课程标准（2022年版）》。

2.《关于深化新时代学校思想政治理论课改革创新的若干意见》

（中共中央办公厅、国务院办公厅印发）。

3.《辽宁省进一步推进大中小学思政课一体化建设的若干举措》。

（三）设计特色

1. 教学过程中遵循低年级学生的身心发展特点和成长规律，按照大中小学思政课一体化的教学思路，通过螺旋上升的教学方式在课程教学中呈现出中医药文化教育主题。由此，可强化课程设计的整体性。

2. 以现代社会发展实际和贴近学生生活要求为德育基础，着重倾向于发展提高学生核心素养，突出弘扬中华优秀传统文化、传统民族文化，有机整合家乡物产、家乡历史、中医药文化、传统风俗等相关教育主题。增强课程内容的针对性和现实性，突出课程目标导向，构建综合型课程。

3. 教师主导和学生主体相统一，缔造多样化的学习情境，引导学生开展自主、合作的实践探究和体验活动，形成正确的价值观。通过教学引导学生"走出"课堂，参与社会实践，以此创建校内与校外相结合的育人机制。

（四）可行性分析

《家乡物产养育我》的主要教学任务是使学生了解家乡特产、家乡产业和家乡文化，感受家乡人的辛勤与智慧，激发学生对家乡物产的热爱与珍惜。

蒙医药是阜新地区的重要物产，在《家乡物产养育我》教学过程中，通过对阜新蒙医药的介绍，让学生感受家乡物产的特色，以及家乡传统文化的发展传承，以此将中医药文化潜移默化地融入课程中。并通过课程教学，引导学生对中华优秀传统文化的认知，培养学生中华民族自豪感，让学生树立正确的道德观和价值观。

"中医药文化"融入小学道德与法治课程，是以发展学生核心素养为导向，以"成长中的我"为原点，由"自我认识"到"我与社会"，不断激发学生对家乡的认识，加强中华民族传统文化教育，是建设循序渐进、螺旋上升、学段衔接的传统文化教育体系的基础。

三、学情分析

小学 1~2 年级学生对家乡、物产等概念的理解还有着一定的局限性。这是因为，小学生自我的认知分析能力有限，认知分析视野还是不够开阔，不知道自己土生土长的家乡阜新有哪些物产，不能真切体会家乡物产资源的独特性；学生的理解能力受年龄的限制，他们对家乡物产的理解还停留在"具体物品"的概念阶段，不能真正理解其表达的意义。

学生在讲到家乡物产时，大多只是讲一些有关家乡盛产的水果、农作物或是一些风景名胜等。因此，学生对家乡文化、中华传统文化很少能在情感上产生共鸣。这就需要老师在制定教学目标和设计教案时，从有利于发展提高学生核心素养技能的教学角度出发。

在本课学习导入模式中，让广大学生深刻理解家乡物产资源的基本概念，对"家乡物产"有一个相对系统的概念和正确的认识，鼓励每个学生自主思考，积极主动发现家乡阜新独有丰富的特色物产资源——蒙医药，通过对阜新蒙医药物产知识的深入学习，使每位学生深入了解中医药文化的历史精髓与现代传承，从而能够使所有学生在潜移默化中体验到阜新中医药优秀传统文化的思想熏陶，产生对优秀中医药文化及传统民族文化的无限自信感与崇高自豪感。

四、教学目标

（一）了解家乡都有什么特产，感受家乡物产文化资源的丰富

家乡物产资源中还蕴含着独特且丰富多姿的民族古老传统文化。蒙医药文化是重要文化传统教育物产，在整个课堂实践教学及实践学习过

程活动设计中，渗透和学习传统中医药文化，使学生感悟到中国古老医药传统的民族文化精髓就深深地蕴藏在我们身边，培养并提升中华民族文化自豪感，树立中华民族正确而科学高尚的道德取向理念和科学文化价值观。

（二）了解家乡本地产业的传统和特点，初步了解家乡蒙医药文化，感受中医药文化，培养学生对家乡热爱的情感

通过对《家乡物产养育我》一课的学习，一方面，使学生感受家乡美景风光；另一方面，使学生发现家乡物产独特的传统文化底蕴，在课堂教学实践过程中由浅入深地让学生了解我国中医药文化，进一步激发学生对家乡物产的热爱与珍惜。

（三）感受家乡人的辛勤劳动与生活智慧，激发对家乡物产的热爱与珍惜

家乡的物产资源是源于大自然造化的一种恩赐，是每一位家乡人民共同努力与智慧结合的完美体现。通过探究与学习《家乡物产养育我》一课，全体学生能够感受到一个家乡物产独有的、优越的生态地理环境，感受到美丽家乡人的辛勤耕作，通过科学创新方法与个人智慧去积极利用这些自然资源，发展生产、建设秀美家乡，激发出内心对自己家乡物产资源优势和传承中华民族优秀民族传统物质文化传承的由衷热爱、理解与珍惜。

（四）培养学生收集信息、整理资料的学习能力

学生初步学习了解自己家乡物产文化和蒙医药及传统文化内涵后，通过课后实践活动调查，更深入地了解蒙医药文化和中医药文化在生活中的实际应用，获取中医药文化知识，加深对中医药文化的认识和理解，树立正确的道德观和价值观。

五、教学重点难点

（一）教学重点

学生通过对家乡特产资料的搜集和整理，感受自己家乡物产文化的丰富。初步认识了解家乡的蒙民族医药文化，感受传统蒙医药文化对现代家乡人物质生活产生的重要影响，保护、珍惜、热爱自己的家乡。

学生运用实地调查采访等多种方式全面了解家乡主要的物产，教师再做补充说明，使学生通过自主实践和教师讲解，感受其中蕴含的丰富而独特的传统文化。

（二）教学难点

家乡物产是家乡人民的辛勤劳动的体现，是集体智慧结晶，我们应该发自内心地去保护、珍惜、热爱自己的家乡。教师在《家乡物产养育我》的教学设计过程中，应使学生真正从身边实际生活情景中去体会发现、去亲身感受家乡物产资源在自己生活中的影响。

教学研究过程进行中，教师可以灵活运用短片视频资料、数据搜集资料以及现场访谈互动等系列活动，帮助学生切身体会自己家乡物产资源的丰富，产生出对家乡发展的感恩之心、热爱之情，从而突破教学重难点。

六、教学设计总体思路

课前调查。你发现的家乡物产——分享你调查的家乡物产——感受家乡物产的丰富并为之自豪。

第一个教学环节：选择恰当的调查方式。如采访爷爷奶奶或者爸爸妈妈；到周围的农贸市场、特色产品店、旅游景区等地实际观察，寻找家乡独有的物产，了解其名称、作用、故事、传说等。

第二个教学环节：召开家乡物产博览会。在小组的展示讲解过程中，教师运用发言点评、鼓励学生等方式，通过传说、制作、自己的体验、别人的评价等不同方面介绍物产，并注意捕捉、肯定学生在介绍过程中流露出的对家乡物产的喜爱之情。

第三个教学环节：教师补充分享家乡蒙医药文化和中医药文化知识背景。引导学生思考：经历了这次物产博览会，你对家乡有什么新认识？

第四个教学环节：分享感悟。家乡的物产多种多样，丰富多彩，用途广泛，滋养着每个生活在这片土地上的人。提升学生对家乡物产和中医药文化的认同感与自豪感。

七、教学过程

（一）教学流程设计

环节一：课程导入，播放歌曲《家在东北》

教师活动：同学们，大家一定非常熟悉刚才听到的歌曲吧。谁能说一说，我们的家乡阜新作为东北众多的城市之一，有什么特别之处，或者让我们引以为豪的地方呢？

学生活动：若干名同学发言。

教师活动：同学们的发言非常棒，老师也为我们生活在美丽的家乡阜新而骄傲。我们的家乡阜新不仅美丽，更是物产丰富，这节课就让我们一起了解家乡的丰富物产。

设计意图：本教学环节的设计，先是引导学生对上一课时学习内容进行回顾，然后通过设定主题让学生对本课产生学习兴趣，并引入课程主题。

环节二：讲授新课

教师活动：讲授"什么是物产"。物产就是指那些能够天然产出或依靠人工方式制造而成的物品，以及物产背后的文化和民俗。

学生活动：小组分享。课前调查同一物产的学生分成一组，先在组内进行分享，为下一个环节模拟举办家乡物产博览会活动做准备。

设计意图：本教学环节的设计是想通过学生小组的合作学习，让学生自己主动搜集有关家乡阜新的特色物产，并能够对家乡物产进行分类。本教学环节设计的目的是锻炼学生搜集、整理、汇总各类资料的能力。

环节三：家乡物产博览会

教师活动：今天我们就举办一场家乡物产博览会，向大家推荐我们家乡的物产。

学生活动："物产推荐人"发言，说明并展示阜新物产的图片或者实物，通过看、听、触、闻等感官体验家乡物产的独特之处。

学生活动："物产推荐人"发言后，同学们还可以进行补充发言。介绍物产，诸如阜新玛瑙、化石戈小米、三沟白酒、蒙古族馅饼、喇嘛糕等。

教师活动：课件演示，在课前准备图片、视频等资料制作课件，在学生介绍家乡物产时，可以进行展示和适当的补充，帮助同学更好地了解家乡物产。

设计意图：在小组展示过程中，教师相机点评，鼓励学生从传说、制作、自己的体验、别人的评价等不同方面介绍物产，并注意捕捉、肯定学生在介绍过程中流露出的对家乡物产的喜爱之情。

环节四：赞美家乡

教师活动：今天老师也为大家带来了咱们阜新的物产，我们一起去看看吧。

在阜新的物产中有一样是出自阜新蒙古族自治县，它就是蒙医药。蒙医药是中华民族传统医药宝库中的瑰宝，有着5000多年的悠久历史，其源于上古，成于元代，兴于明清，盛于当代。阜新蒙古族自治县被誉为"蒙医药发祥地",2008年经国务院批准,阜新蒙医药被收录进"第二批国家级非物质文化遗产名录"。阜新蒙医药具有独特的理论体系、得天独厚的药物资源、自成体系的用药方法、科学传统的制药工艺、独到疗效的诊疗技术,为各民族群众的身心健康、蒙医药文化的传承、蒙医药事业的发展作出了重大贡献。

阜新蒙医有一种独特的治疗方法——沙疗。沙疗是具有预防、保健、治疗、美容等作用的天然疗法,有着近千年的历史。青年人做沙疗可以美容、提高免疫力,中老年人做沙疗可以预防心脑血管疾病,少儿做沙疗可以增强记忆力,可以说这是一种"老少皆宜"的蒙医治疗方法。

我们家乡人遇到疑难杂症都会想着去看蒙医。家里有风湿骨病的长辈,通过开出的蒙医药内服、蒙医灸贴外用达到治疗效果。通过几代人的不懈努力,辽宁阜新蒙医药在全国的蒙医药界已然竖起了一张亮丽的城市名片。

听了老师的介绍,你有什么感受?

学生活动: 交流蒙医药为家人带来疗效的实例,分享蒙医药文化给家乡人民带来的身心健康,感受蒙医药是中华民族传统医药宝库中的瑰宝。

设计意图: 本教学环节的设计,通过教师分享家乡的蒙医药文化,让学生感知中医药文化,增进学生对中医药文化的亲切感,进一步激发学生对家乡物产的热爱与珍惜。

(二)课堂小结

家乡的特色物产多种多样,它滋养着每一个生活在这片土地上的人。在这节课上,我们不仅对家乡阜新多了一份了解,而且又多了一份爱,曾经辉煌的煤电之城面临着新的挑战,希望同学们长大以后学有所成,建设家乡。

对本节课的内容进行归纳总结，在学习《家乡物产养育我》的过程中，学生不仅可以感受到家乡独特地理环境对家乡物产的影响，更能感受到辛勤劳作的家乡人民通过他们的努力创新与集体智慧建设家乡，激发学生对家乡物产和中华优秀传统文化的热爱与珍惜，并树立长大后为家乡作贡献的意识。

（三）作业设计

请为家乡物产设计海报，把我们家乡的物产推荐给更多的人。

1. 选择你喜欢的家乡物产，用图文的形式展现出来。

2. 在班级开展一次家乡物产海报展。

（四）参考资料

《道德与法治教师教学用书》，人民教育出版社，2017年。

八、教学总结与反思

《家乡物产养育我》是对《我爱家乡山和水》这一课的深化，是从自然山水风貌到传统物产文化的巧妙过渡，通过生动呈现的家乡特色物产，如民间工艺品、食品、蒙医药、文化习俗等，展示出了我们家乡辽宁阜新的独有的浓郁民俗地域风格特色，以及家乡传统文化底蕴，这些都是无数家乡人付出的辛勤劳动和集体智慧的结晶。同样《家乡物产养育我》一课也是在为《可亲可敬的家乡人》和《家乡新变化》这两个后续课时的学习打下基础。

《家乡物产养育我》一课通过引导学生进一步学习了解家乡特色物产，感受家乡独特而丰富的传统文化，感受家乡物产对我们生活和家乡发展的影响意义，萌发为家乡物产而感到自豪骄傲的情感。蒙医药是阜新地区的重要物产，在教学实践过程中，通过加深学生对阜新蒙医药的了解，让学生进一步感受家乡物产的特色，以及家乡传统文化的发展传承，从而将中医药文化有效地融入《道德与法治》的课程中，引导学生对中华优秀传统文化的认知，提升中华民族文化自豪感，树立科学正确的社会道德观和文化价值观。

总之，充分利用教学案例和课后调查资料，引导学生探索了解自己生活的世界，细致地观察与发掘生活中的细节，引导学生深刻体会教学内容并建立密切的生活联系。家乡物产是大自然的恩赐，是家乡人民的智慧，是自然与家乡人的结合。通过对《家乡物产养育我》一课的学习，学生可以初步对家乡物产资源萌发真挚浓厚的情感。对家乡的热爱不仅是"物"的层面，而是激励学生对美丽家乡文化的无比自豪感，更是领悟中华传统文化精神的体现。

灿若繁星的古代科技巨人

沈阳市皇姑区北塔小学　周佳乐

一、课程基本信息

主讲课程：《道德与法治》

使用教材版本：人教版（2019版）

教材章节出处：《道德与法治》五年级上册第四单元第九课《古代科技　耀我中华》

二、教学设计概述

五年级上册第四单元"骄人祖先，灿烂文化"是传统文化主题，教学目的是使学生通过学习进一步掌握应会的历史常识。学习本单元，让学生了解古代中国科技史的基本常识，引导学生尊重中华民族优秀文明成果，从小树立并增强文化自信，涵养学生的国家和民族情怀。

了解古代科学家的故事，培养学生的学习探索与奉献精神。本课讲述了张衡、祖冲之、李时珍的故事，学生通过阅读这些小故事，感受到古代科技巨人们所具有的精神品质，内心对祖国文化产生认同。本课的教学设计当中将医学家李时珍作为切入点，重点学习中医药学家李时珍的医者精神，体会中医药文化的博大精深，使学生为祖国灿烂的文化而自豪。

三、学情分析

大多数学生对古代科技在认识上还存在一些误区，了解不深，对所学的内容有一定的兴趣；部分阅读面广的学生对古代科技有一定的了解，部分学生只知道四大发明，少数学生对所学内容知之甚少；了解古代科技巨人的故事以及他们的贡献，学习他们的优秀品质；了解独领风骚的古代技术创造；自主学习，培养学生的观察力和实践能力；合作探究，使用"希沃"平台，培养学生的综合认识能力，发现、解决问题的能力和创新能力，培养学生收集、整理、分析资料的能力。走近古代科学家，感受其成就及对世界文明的影响，学习他们的品质，培养学生的民族认同和爱国情怀，鼓励学生积极参与课堂，感受小组合作学习的良好氛围。五年级学生已能够自主阅读小故事，对于古代科技伟人所具备的优秀品质能够了解，但是收集的相关资料过于庞杂，不能有重点地进行选取，在本次学习过程中，引导学生能够学会选取有效的关键语句，并能通过关键词句体会中医药文化的博大精深，为祖国灿烂的文化而自豪。

四、教学目标

1. 使学生进一步了解在中华文明的历史长河中，中国古代科技领域广、影响大，众多伟大科学家在不同领域取得了在当时领先世界的科技成就。

2. 引导学生感受古代科学家具有的勤于思考、脚踏实地、持之以恒、亲身实践、勇于创新、不拘泥于现状等优秀品质。

3. 在探究活动中，让学生清楚地表达自己的见解和感受，倾听他人的意见，积极参与小组合作学习活动。

4. 指导学生学习古代科技巨人的事迹，了解古代科技史的基本常识，建立民族文化认同感，培养民族自信心、自豪感和对祖国科技文化遗产的珍爱之情。感受古代科技的辉煌灿烂、中医药文化的博大精深，树立强烈的民族自豪感。

五、教学重点难点

（一）教学重点

感受古代科技巨人具有的勤于思考、脚踏实地、持之以恒、亲身实践、勇于创新、不拘泥于现状等优秀品质。

（二）教学难点

感受古代科技的辉煌灿烂、中医药文化的博大精深，建立民族文化认同感，树立强烈的民族自豪感。

六、教学设计总体思路

（一）课前准备

1. 收集中国古代科技发明的资料。
2. 收集自己最喜爱的古代科技巨人的故事。

（二）教学思路

1. 引入话题，唤醒生活，走近古代科技巨人。
2. 合作学习，探究活动，走近古代科学家。
3. 了解李时珍的故事，了解中医药文化。

七、教学过程

（一）教学流程设计

环节一：创设情境，走近古代科技巨人

教师活动：导入新课——观看两次地震视频，谈发现和感受是什么，并引出古代科技巨人。提起地震，你会想到哪个人物？

学生活动：通过观看地震视频说出自己的发现以及感受。提起地震就会想到的科学家——张衡。

教师活动：张衡制造了一架能测地震的仪器——地动仪。这是全世界最早的测地震仪器。要求学生自主阅读故事，了解古代科技伟人所具备的优秀品质。像张衡这样的人，我们就称他们为"科技巨人"。

设计意图：通过引入话题，唤醒生活，走近古代科技巨人。自主阅读小故事，了解古代科技伟人所具备的优秀品质，了解我国古代科技巨人的故事及其成就与影响，知道古代中国的科学技术成就多、领域广、影响大，感受古代科技巨人非凡的科学精神。

环节二：探究活动，走近古代科学家

教师活动：发布任务——小组活动。小组成员根据收集的资料走近自己喜欢的科学家，探究他们成为科学巨人的原因，用关键词的形式记录和分享。

学生活动：小组汇报——推荐古代科学家。

四名学生分述。推荐南朝时期的数学家祖冲之，他把圆周率精确到小数点后第七位。推荐东汉时期的医学家华佗，他发明了麻沸散，很大程度上缓解了病人的痛苦。推荐东汉时期的蔡伦，他发明了造纸术，让当时的人们用得起价格便宜、不易破损的纸，促进了古代人类文明的传播。推荐明朝万户，他是历史上第一个想到利用火箭飞天的人，被称为"世界航天第一人"。

设计意图：学生收集的相关资料过于庞杂，不能有重点地进行选取，在本次学习过程中，引导学生能够学会选取有效的关键语句，并能通过关键词句体会中医药文化的博大精深，从而为祖国灿烂的文化而自豪。注重实践、兴趣广泛、刻苦学习和求知好问使人得以成才，心系百姓，家国情怀是他们成为科学巨匠的精神动力。

环节三：了解李时珍故事，了解中医药文化

教师活动：引导学生学习李时珍的故事。听故事说体会。

学生活动：谈体会。李时珍吃了很多苦。李时珍为了编写《本草纲目》，勤奋、刻苦、不知疲倦。李时珍为鉴定草药的药性，不畏艰辛，走遍产地，许多药材他都亲口品尝，判断药性和药效。

教师活动：李时珍知道亲自尝药性不明的药草的可能后果，为什么还要尝？

学生活动：他想了解药性和药效。

教师活动：李时珍有什么品质？

学生活动：做事严谨、实事求是的品质，为医药学的发展舍生忘死、尽心尽力。

设计意图：引导学生探索走近古代科学家——明朝医药学家李时珍，学习李时珍的优秀品质，体会中医药文化的博大精深、医者的无私奉献，升华学生的家国情怀。

（二）课堂小结

中华民族对世界文明作出了巨大贡献，中华民族是富有创造力和创新精神的民族等。如果说注重实践、兴趣广泛、刻苦学习、从小好问等是一个人成才的重要因素，那么家国情怀、心系百姓、勇于牺牲则是他们成为科技巨人的精神动力。要像李时珍那样，为了实现自己的理想坚持不懈，努力做一个能够为社会作贡献的人，能够为人民服务的人。

（三）作业设计

1. 课后将本课所学习的古代科学家以及成就进行梳理。

2. 能用自己的语言将李时珍的故事分享给家人。

3. 课后继续收集灿若繁星的古代科技巨人——古代科学家还有哪些，他们取得了哪些成就。

（四）参考资料

《道德与法治教师教学用书》，人民教育出版社，2019年。

八、教学总结与反思

本课主张学生以小组形式参与，通过自己收集资料进一步提高学习能力，从而能在收集的过程当中深入了解古代科学家的无私奉献的科学精神。在深入分析医学家李时珍时，学习李时珍的优秀品质，体会中医药文化的博大精深、医者的无私奉献，涵养家国情怀。学校应该积极开展有针对性的中医药文化进校园活动，培养儿童人格、开发儿童潜能、塑造儿童道德，培养青少年的民族自信心和自豪感，这也落实了新课标中提及的树立中华民族的文化自信的要求。中医药并不仅仅在古代发挥着深远的影响，在抗击新冠肺炎疫情的严峻战斗中，中医药、中西医结合疗法也发挥了积极作用。

熠熠生辉的中医药文化

沈阳市皇姑区雷锋小学　付红瑶

一、课程基本信息

主讲课程：《道德与法治》

使用教材版本：人教版（2019版）

教材章节出处：《道德与法治》五年级上册第四单元第九课《古代科技　耀我中华》

二、教学设计概述

本课选自统编版《道德与法治》五年级上册第四单元中的第九课——《古代科技　耀我中华》。在本课"独具特色的古代科学"这一话题中，教材集中向学生展现了我国包括中医药文化在内的优秀古代科学技术。

本单元的主题为"骄人祖先　灿烂文化"，单元由第八课《美丽文字　民族瑰宝》、第九课《古代科技　耀我中华》、第十课《传统美德　源远流长》三部分组成，系统地介绍了我国优秀传统文化。本单元的内容编写，旨在让学生通过学习，建立文化认同，树立文化自信，为中华民族拥有悠久、灿烂的文化而自豪。其中，本课内容在单元处于中心位置，结构上具有承上启下的作用。本课的目的是力求使学生通过学习了解中国古代科技史的基本常识，认识中医药这一古代科学，建立民族文化认同，培养民族自信心、自豪感和对祖国科技文化遗产的珍爱之情。

《道德与法治课程标准（2022年版）》中提出，思政课要培养学生"知道我国是有几千年历史的文明古国，掌握应有的历史常识，了解中华民族对世界文明的重大贡献。珍爱我国的文化遗产"。在这一目标的指导下，思政课教师要通过各种形式、各种题材的教学内容引导学生热爱自己伟大的祖国和中华民族，在教育教学活动中培养学生对家国的深厚情感。在小学学段，学生的思维发展水平处于具体形象阶段，而中医药文化作为中华优秀传统文化的代表之一，在此领域发掘德育点并融合在中小学思政课的教学中，可以让学生对中华民族的智慧结晶有一个更具象的认识。引导学生学习中医药文化，在丰富学生的知识经验、开阔学生的眼界与视野的同时，更让学生在一个个具体、真实的中医药故事中，提升民族的认同感和自豪感，进而有效地增进学生的民族价值认同，有助于文化自信的形成。

因而，依据教材内容，结合《道德与法治课程标准》和《完善中华优秀传统文化教育指导纲要》，教学从学生的生活入手，引导学生发现身边的中医药，激起学生对中医药知识的好奇心和求知欲。在这个过程中，培养学生对传统文化的亲切感。进而，通过几个学生耳熟能详的历史人物，向学生介绍中医药的历史传承故事，让学生感知中华优秀传统文化的魅力，以此引起学生对中华优秀传统文化的认同感。最后，在中医药走向世界的描绘中，让学生感受中国优秀传统文化的魅力，使学生对中国人这一身份感到由衷的自豪和骄傲，进而发自内心地热爱中医药相关文化，将这一传统文化瑰宝继续传承、发扬。

三、学情分析

本课位于教材第四单元"骄人祖先　灿烂文化"中，主要向学生介绍我国天文、历法、中医药等古代优秀的科学技术。对于五年级的学生来说，他们对我国的科学技术或许不甚了解，但在他们的成长过程中，都曾生过病，且大多数学生也曾看过中医，服用过中药。因此，学生对一些常见的中医药和治疗方法并不陌生。有的学生亲身体验过中医看病，有的学生看过家里人用针灸、拔罐、刮痧治病，有的学生进行过中医食疗、中医推拿等。基于这一情况，本课可以在趣味性、活动性的教学环节中，利用学生已有的生活经验和常识，让学生充分感受到中医药文化的神奇之处。

处于小学阶段的学生，思维逻辑尚处于形象、具体思维水平。基于这一情况，将中医药这一具体的、真实的、无处不在的中华优秀传统文化范例融入小学思政课教学中，有助于学生更好地理解民族文化，便于学生对古代科学技术形成一个生动形象、具体可感的概念。

五年级的学生在日常生活学习中并不容易体会到我国对世界的影响，而通过教师讲授与教材中介绍的各种国内外中医诊疗的成功事例，学生可以由此了解和体会中医药文化的神奇之处与其对国际世界的深远影响，进而帮助学生增强文化自信。

四、教学目标

1. 在"望闻问切"活动中正确认识中医药文化和治疗方法，了解常用中医药知识，提高对中医药的认识。

2. 在收集和交流我国古代著名医家故事的过程中，了解他们的主要贡献和医学成就，提高小组合作和归纳问题的能力。

3. 在活动中感受中医药文化的独特性和中华民族的智慧，对中医药文化产生认同感、亲近感和归属感。

4. 在活动中感受中华优秀传统文化和科技对世界的影响，认同中医药的发明和创造是中华民族智慧的结晶，增强学生的民族自豪感，使学生能够进一步理解坚定文化自信的意义。

五、教学重点难点

（一）教学重点

在活动中正确认识中医药治疗方法，了解常用中医药知识，提高对中医药的认识。

（二）教学难点

在活动中感受中医药文化的独特性，对中医药文化产生认同感、亲近感和归属感。增强民族自豪感，进一步坚定文化自信。

六、教学设计总体思路

本课由五个逻辑上环环相扣、层层深入的教学活动环节构成。

首先，本课由《扁鹊见蔡桓公》这一中医药领域非常经典的故事情境导入，引起学生对中医药的兴趣和好奇心。随后，通过创设学生熟悉的生活情境，让学生在情境中了解和学习中医的诊疗基础，引出"四诊法"，并知晓中医药文化起源于中国。基于学生已有的生活经验，本课设计通过中医的穴位与眼保健操的联系，让学生对中医药文化产生亲切感。

在此基础上，本课通过大家耳熟能详的我国古代医学家的故事，引出我国古代著名中医的医学成果和伟大著作，让学生在沟通探讨和小组合作活动中，了解我国中医药文化源远流长的历史，进而增强对我国古代中医药文化的崇敬之情。随后，借助已有的知识经验填写相应表格，在锻炼学生的逻辑思维和归纳能力的同时，及时巩固和夯实学生在交流中所学到的中医知识。

在中医的学习中，加入对中草药的实物观察环节，旨在加深学生对中医药的了解，拓展学生对中医药文化理解的领域范围。在对我国中医药这一优秀传统文化进行了全方位的了解之后，学生自然会对其影响力产生好奇。教师由此引出中草药在国际上的知名度之高和使用范围之广，增强学生对中医药文化的自信心，可以事半功倍地激发学生的民族自豪感，最终达到小学阶段思政课的爱国主义教育效果。

七、教学过程

（一）教学流程设计

环节一：认识中医

教师活动：情境导入——这节课老师给大家带来一个小故事，请大家看一段动画。

学生活动：观看视频并思考。

教师活动：提出问题：扁鹊是用什么方法给蔡桓公看病的？播放视频《扁鹊见蔡桓公》。

学生活动：回答：扁鹊用中医医术给蔡桓公看病。

教师活动：扁鹊是我国古代的一名神医，也是我们传统中医的代表。他一"看"就知道蔡桓公生病了。这就是我们中国古代科技——中医的魅力。这节课，就让我们一起走近中医，探寻神奇的中国古代科技。

设计意图：通过经典传统故事的动画导入本课主题，能够最大限度地吸引学生们的注意力，进而通过适当设疑，抓住学生的好奇心，激发学生对中医药了解和学习的欲望。

环节二：体验中医

教师活动：提问：大家平时有没有看过中医，吃过中药？这位小朋友生病了，妈妈带她去看了中医，我们一起来看看，中医是怎样为我们诊疗的？播放中医看诊视频，请同学们说一说，中医是怎样诊疗的？

学生活动：学生观看视频，思考并交流想法。

教师活动：介绍诊疗方法——中医诊疗先是看人的五官气色，这在中医上，叫作"望"。通过听声音、闻味道来收集相关信息的方法，就叫作"闻"。医生详细地询问病人的病情，这就叫作"问"。最后把一把脉，用食指、中指、无名指按住患者腕部的寸口，静下心来去感觉患者脉搏的强弱、节奏、速度等特点，这叫作"切"。

学生活动：认真听讲。

教师活动：知道了中医重要的诊疗法"望闻问切"，大家也学着老师的样子，为同桌切一切脉吧！

学生活动：观察老师的样子，同桌之间互相尝试感受切脉。

教师活动："望闻问切"是中医的"四诊法"。你们知道"四诊法"是谁发明的吗？

学生活动：思考并回答：是扁鹊发明的。

教师活动：直到今天，我们的中医依然运用"四诊法"为患者看病。可见，中医在我国不仅起源非常早，而且也一直流传到了今天。你还知道哪些中医的治疗方法？请和大家分享一下你的了解吧！

学生活动：学生分享汇报。针灸、拔罐、按摩和推拿等都是中医的治疗方法。

教师活动：像针灸、拔罐、按摩、推拿这些治疗方法都是根据人体的穴位经络来进行的。

学生活动：观察人体经络图。

教师活动：还有一种按摩穴位的保健方法是我们天天做的，你知道是什么吗？

学生活动：眼保健操。

教师活动：原来我们每天做的眼保健操里，也蕴含着中医的知识呢！做眼操的时候一定要按准穴位，动作规范，才能起到效果。我们一起做一做吧。

学生活动：动手做眼保健操，同桌互相检查纠正。

设计意图：通过观看中医治病的视频，在学生了解扁鹊治病这个故事的基础上，引导学生初步感知中医"望闻问切"诊疗方法的独特和神奇之处。而针灸、拔罐、按摩等，都是生活中常见的中医治疗方法。以眼保健操为例，让学生在实际体验中感受到中医药文化与人们的生活息息相关，产生对中医药的兴趣和热爱。

环节三：古代名医

教师活动：我们把上述这些通过针灸、拔罐、按摩等利用穴位和经络，应用我国医学理论来帮助患者治疗疾病的医生称为"中医"。中医药是我国的国粹，是人们经过长期的实践，在不断总结经验的基础上，逐步发展起来的。它凝结了中华民族的智慧。在几千年历史长河中，有许多为医学作出贡献的人，你认识他们吗？请把他们的故事讲给大家听吧。

学生活动：学生以汇报的方式向同学们介绍课前了解到的古代名医及其事迹。

介绍唐代医药学家孙思邈。他是中医医德规范指定人，明代以后被尊为"药王"。他从小体弱多病，立志于学习经史百家著作，尤其热爱医学知识。青年时就开始行医乡里，对待病人一视同仁，被群众所崇敬。他结合自己的临床经验，编著了《千金方》，传承后世几千年。读了他的故事，我很受感动，我也要学习他对科学坚持不懈的精神。

教师活动：要求学生以小组为单位，共同填写表格，向同学展示交流。

学生活动：以小组为单位，共同填写表格，向同学展示交流。

设计意图：通过学生交流汇报课前收集的中国古代著名医学家的故事，拓展学生对中医药发展的见闻，随后立即以小组合作的方式完成表格填写，锻炼了学生整理归纳的能力，也加深了学生对我国著名中医事迹的印象，进而对其产生崇拜之情，与此同时，也对学生进行了潜移默化的中医药文化熏陶。

环节四：中医中药

教师活动：分一分。我国古代的中医非常发达，中医所使用的药物也就称为"中药"。现在，请大家将这些中药材分一分类。教师出示中药材，要求学生动手进行分类。

学生活动：观察中药材，以小组为单位，将所出示的中药材分为植物类、动物类、矿物类。

教师活动：说一说。中药材的种类繁多，老师在课前布置了收集药材的小任务，大家都带来了吗？说一说你收集了什么中药材，并向同学们介绍一下它的疗效吧。

学生活动：出示自己带来的药材，介绍它的名称、外形及疗效。

白芷。白芷是一味解表药，外形是伞状。它具有解表散寒、祛风止痛、宣通鼻窍、燥湿止带、消肿排脓的功效。它可以用于治疗感冒头痛、鼻塞流涕、眉棱骨痛等症状，效果非常好。

黄连。大家都吃过黄连上清片吧，其实黄连是一味清热药，具有清热燥湿、泻火解毒的功效。如果你有湿热痞满、呕吐吞酸、泻痢、黄疸、高热神昏、心火亢盛、心烦不寐等症状，中医可能会给你开这味药。

设计意图：教师采用实物和图片的形式，使学生对常见的中草药有进一步的、全面的了解，直观形象，便于给学生留下深刻印象。在学生独立收集和介绍中草药的信息及其功效的过程中，锻炼了收集资料的能力，也加强了语言表达能力。

环节五：走向世界

教师活动：我国传统中医药文化历经数千年经久不衰，在某些方面，它发挥着不可替代的作用。中医的神奇也折服了许多外国朋友，大家一起来看看吧，看完请大家分享你的感受。播放视频《中医在国外》。

学生活动：学生观看视频后，阅读资料《中医在国外》，并分享感受。

我们的中医真的很神奇，通过"望闻问切"就能神奇地知道一个人的病，还能通过穴位、经脉、中草药治好很多疾病，这对人类的贡献很大。中国的传统文化原来这么了不起，我作为一个中国人，也感到非常的荣耀和自豪。中医药让我感到很有用，将来我也想做一名中医，将我国传统文化发扬光大，用我们国家的传统中医药理论体系造福全世界的人类。

教师活动：是啊！现在越来越多的外国人认识到中医的疗效了，德国95%的人听说过中草药，年龄在20~30岁的人之中，就有50%的人曾经在医生的推荐下尝试使用过中草药治疗。领略了中医药的神奇之后，我们能不能也为中医药在世界上打响知名度呢？接下来，我们进行一个小游戏——我们的中医。向同学推荐中医药文化，并说出中医这一古科技的三个优点。

学生活动：班级互评。首先，中医是我们国家经过悠久历史考验的医学科技，发挥很稳定。其次，中医的诊疗法非常温和、安全，对人体不会造成过多伤害。最后，中医所使用的药材基本都是自然生长的动植物，毒性很小，对人体的副作用也很小。所以我觉得中医是非常值得尝试和推广的治疗方法。

学生自由表达自己继续了解中医药文化的想法。

设计意图：学生在充分感知到中医药文化的神奇之处的基础上，观看《中医在世界》的相关资料和新闻，更容易引起共鸣，进一步激发学生的民族自豪感，由衷地为这古老而又神奇的中医药感到骄傲。进而激发学生继续传承、发扬以中医药为代表的中华传统文化的决心。

（二）课堂小结

同学们，中医药以其独特的治疗方法、无可替代的优越性，在我国古代的众多科学技术中熠熠生辉。不仅如此，中医药的魅力更在于，它在世界传统医学领域始终处于领先地位。真可谓：民族智慧聚国粹，中华文明传五洲！课后，相信我们还会继续关注中医药文化的发展，了解更多的中医药知识，立志为我国传统文化的崛起和发展作出自己的贡献！

（三）作业设计

1. 向家人介绍一种中草药的外形、味道及功效。
2. 向小组内的同学推荐中医药文化，说说它的优越之处。

（四）参考资料

《道德与法治教师教学用书》，人民教育出版社，2019年。

八、教学总结与反思

《古代科技　耀我中华》一课所涉及的知识面很广，蕴含着大量的社会、历史、文化信息。在本节课的教学设计中，教师借助教材、相关图片、视频、实物等丰富的资料，帮助学生归纳整理已知的社会文化历史内容，将中医药与生活和历史之间的联系及其发展脉络梳理清楚，进而促使学生形成较为明确的历史观。在这个过程中，教师使学生学会辩证地看待一个事物的过去、现在和未来的发展前景。

本课教师力求做到内容与学生的兴趣点紧密联系，使学生找资料、谈看法、说感受，积极引导学生进行独立思考，鼓励小组团结协作，使学生在轻松愉快的活动中获得知识和经验，同时初步满足学生对中医药的好奇心，使学生领略我国传统中医药文化的博大精深，也激励他们继续了解中医药文化，对自己民族的优秀传统文化产生强大的自豪感，坚定文化自信。

由于本课的内容非常繁杂，学生不容易在课堂上对所学知识进行很好的消化。尤其在中草药环节，学生对各种各样的药材并不十分熟悉，导致课堂在这一环节的互动效果欠佳。对此情况，教师适当调整准备的中草药实物，使其更加为学生熟知。此外，还应丰富作业设计，对学习任务进行分层设计，这样将惠及不同学习能力的学生。

中国古代科技中的瑰宝：中医药文化

沈阳市皇姑区塔湾小学　孙炎鸿

一、课程基本信息

主讲课程：《道德与法治》

使用教材版本：人教版（2019版）

教材章节出处：《道德与法治》五年级上册第四单元第九课《古代科技　耀我中华》

二、教学设计概述

小学五年级上册第四单元的主题为"骄人祖先　灿烂文化"，包含了《美丽文字　民族瑰宝》《古代科技　耀我中华》《传统美德　源远流长》这三课。《中国古代科技中的瑰宝：中医药文化》这一课时穿插在第九课《古代科技　耀我中华》当中。通过对古代技术、古代科学等的详细介绍，能够引导学生了解古代科技对世界科学技术的伟大贡献，而中医药文化也属于中华优秀传统文化的重要组成部分。可以说，中医药文化是中国古代科学文化的活化石。中国古代医学包含于古代科技之中，都是中国的文化瑰宝。中国古代医学文化是中华民族长久以来与疾病进行斗争的过程中积累形成的宝贵资源财富，同时更是促进了世界医学的发展。一个民族，如果没有文化心理的支撑，那么这个民族终将会陷入危机。因此，我们需要去深入了解中医药文化，并继承其中的中国传统优秀思想和哲学等。通过加入中医药文化的相关课程，学生能够感受到古代科技——中医药学的重要作用和地位，简单了解中医药的治病理念、科学文化价值和历史价值，正确认识中医药文化。学会简单的中医养生方法，提高身体素质。深入了解中国古代科技的辉煌成就，提升民族自豪感和民族自信心。通过深入了解著名医药学人物，培养对中医药乃至更多中国古代科技的兴趣，传承中华优秀传统文化的理念，成为有理想和担当的社会主义事业建设者和接班人。

三、学情分析

五年级的学生大部分对李时珍、孙思邈等中国古代科学家等有所了解，但是了解得并不深入，更多是知识层面的，也不知道其中蕴含的中医药文化等。通过本节课的学习，学生能够提升民族自豪感和民族自信心，深入了解我们中国古代科技的辉煌成就。本节课将引领学生通过世界化的眼光，来审视我国古代科技的辉煌成就，从而培养学生的民族自豪感、自信心和爱国情怀。学生原有的认知层面是比较零碎分散的，虽然对中国古代的科技有一定的认知，但是知识储备并不丰富。加入中医药文化的设计，可以增加学生知识面的广度。学生可以更全面地了解中医药文化，并进一步增加对中医药文化的喜爱。小学阶段的教学内容注重直观，要贴近日常生活，从学生身边可见的、常见的有关中医药的人、事、物来启蒙。

四、教学目标

1. 学会简单的中医养生方法，提高学生的身体素质。

2. 通过对中医药文化的学习，正确认识中医药文化，培养传承中华优秀传统文化的理念。

3. 领悟中国古代医学的辉煌地位，提升文化自信心和文化自豪感。

五、教学重点难点

（一）教学重点

培养学生对古代中国科技水平的正确认知，提升学生的文化自信。了解中医药背后蕴藏的古代文化、古代思想和古代智慧。

（二）教学难点

培养学生对中医药乃至更多中国古代科技的兴趣。中医药文化和思政课整体目标和阶段目标相融合。

六、教学设计总体思路

以思政课教学目标为基本遵循，中医药文化的融入要符合思政课建设的总体目标和阶段目标，在增强文化自信、落实立德树人的基础上，培育对中医药文化的热爱之情。小学阶段重在启蒙和感受。中华优秀传统文化的教育是培育和践行社会主义核心价值观的教育，是落实做到立德树人根本任务的重要基础。中医药文化浓缩了我们中华优秀传统文化的精粹，是我们中华民族传统文化的一颗璀璨明珠，并在我国卫生健康事业中持续不断地发挥着重要作用。以中医药文化为着力点，根据小学阶段特点，针对性地挖掘教学内容和选用教学方法，将其融入思政课堂，以实现思政课高质量发展，落实铸魂育人、增强文化自信的功能。为实现从情感、思想、素质到担当的阶梯式递进的一体化目标体系，需要在中医药文化的教学内容及教学方法方面进行层次化的设计。小学阶段的教学内容注重直观，要贴近日常生活，从学生身边可见的、常见的有关中医药的人、事、物来启蒙；教学方法倾向于活动体验，以生活指导来了解知识。

七、教学过程

（一）教学流程设计

环节一：教学导入

教师活动： 询问学生了解哪些古代科技，引导话题至学生平日生病会怎么治疗（看病、吃药、去医院），引入在没有现代医学的古代中国，人们生病了该怎么治疗，从而引出中医的概念。中医起源自原始社会，春秋战国时期基本成型，历代以来不断发展，承载着中国古代人民同疾病作斗争的经验和理论知识，是在古代朴素的唯物论和自发的辩证法思想指导下，通过长期医疗实践逐步形成并发展的医学理论体系，对周边国家的医学发展产生了基础性的影响。

学生活动： 密切联系学生现实生活，通过谈话交流的方式，介绍自己平时生病的时候如何医治，引发学生思考，积极参与到课堂中。

设计意图： 中华文化绵延五千年源远流长，古代科技这一课程命题太过庞大。通过"生病"和"看病"这一话题的导入，引出中医药这一话题，使学生代入其中，感受到古代科技中医药学的重要作用和地位。

环节二：讲述中医药学小故事

教师活动： 讲述屠呦呦与青蒿素的故事。

屠呦呦是抗疟药青蒿素和双氢青蒿素的发现者，中国中医科学院终身研究员兼首席研究员、青蒿素研究中心主任。其名"呦呦"源自《诗经》中的诗句"呦呦鹿鸣，食野之蒿"。经过无数次失败，"重新埋下头去，看医书！"脾气倔强的屠呦呦又开始用心阅读中医典籍，从中寻找灵感。一天，她在阅读东晋葛洪《肘后备急方》时，被其中的一段话"醍醐灌顶"："青蒿一握，以水二升渍，绞取汁，尽服之。"屠呦呦意识到：温度是提取抗疟中草药有效成分的关键！经过周密思考，屠呦呦重新设计了新的提取方案。结果证明：青蒿乙醚提取物去掉其酸性部分，剩下的中性部分抗疟效果最好。实验证实，191号青蒿乙醚中性提取物对鼠疟原虫的抑制率达到100%！面对医学国际大奖拉斯克奖，她说：这是中医中药走向世界的一项荣誉。它属于科研团队中的每一个人，属于中国科学家群体。

询问学生，还知道哪些古代中医著名的人物及其相关故事当中蕴含的精神。通过小组讨论、集体分享的形式，提升同学们的文化自信心和文化自豪感。

学生活动：密切联系现实生活中的中医药文化，了解屠呦呦与青蒿素的故事。

屠呦呦执着不懈的探索精神值得我们每一个人学习。中医药在青蒿素研发过程中也起到了不可替代的灵感作用。

青蒿素是中国传统医药献给世界的一份礼物。据不完全统计，青蒿素在全世界已挽救了数百万人的生命，每年治疗患者数亿人。中医药走向世界，对全世界抗疟疾事业的发展和人民的健康安全起到了重要的作用。中国人民再一次向世界贡献出了医学领域的中国药物和中国方案，中医药文化再次在世界范围闪耀出古代中国智慧的光芒。

中医药学是一个伟大宝库，不仅在古代挽救了无数人的性命，时至今日也是一样，其时代价值丝毫不减，青蒿素正是从这一宝库中发掘出来的。一定要把中医药这一祖先留给我们的宝贵财富继承好、发展好、利用好。未来把中医药开发研发做透，把论文变成药，让药治得了病，让中医药更好地造福人类。

学生通过小组讨论、集体分享的形式，展示自己课前查阅的相关资料，进一步领悟中国古代医学的辉煌地位，提升文化自信心和文化自豪感。

学生活动：华佗——内心善良，体察民间疾苦，学习他不怕艰苦、立志救死扶伤的精神。分享救死扶伤小故事；孙思邈——勇敢。分享明知山上有野兽，还要上山去采药的故事；李时珍——救死扶伤的崇高医德、不盲从古训的创新勇气、刻苦钻研的坚强意志、深入实地的科学方法、亲尝曼陀罗的献身精神。分享李时珍为纠正古代一些医书的错误而游历各地、遍尝药草，最后编写《本草纲目》的故事。

设计意图：以知名科学家屠呦呦的案例，向学生展示中国传统医药文化在今天仍然具有强盛的生命力。激发学生对中医药文化宝库的自豪感和探索欲，未来以屠呦呦为榜样，参与到对中医药文化的探索和传承中去。并以小组合作探究分享的形式充分调动学生的积极性，使学生通过自己的探究实践，领悟中国古代医学的辉煌地位，提升文化自信心和文化自豪感。从科学家的精神中汲取力量，培养传承中华传统优秀文化的理念。

环节三：什么是中国传统医德

教师活动：讲述古代医学典籍中要求的医德传统；解析"悬壶济世""妙手回春""仁心仁术"等成语背后蕴藏的医德典故；出示中医药铺中悬挂的锦旗照片，告诉学生时至今日，仁心救世的热血依旧流淌在中医药人的血脉之中。

学生活动：完成课前布置的学习任务，介绍医德传统；聆听医德典故，了解医德典故；通过观看锦旗照片，说出内心的感受。

设计意图：教育学生古代中医药学不仅有着优秀的技术内容和知识内容，更是有着悠远的道德底蕴包含在其中。中医药文化不仅是古人对医学技术的总结和集合，更是中国传统道德理念的集合所在，闪耀着善良和人性的光辉。让学生更全面地了解中医药文化，进一步增加对中医药文化的喜爱。

环节四：五禽戏

教师活动：展示五禽戏的演示视频。讲述五禽戏为古代著名中医华佗所创，为传统导引养生的重要功法，其原理来自效法天地万物的理念，由模仿五种动物的身形而来。

学生活动：跟随视频进行练习；围绕中医药的丰富性展开讨论。

设计意图：展现中医药文化除了药理、"望闻问切"等手段外其他的方面。让学生领悟到中医药文化可以融入生活的方方面面，并学习到中医药文化中关于养生健身操的内容，平时勤加练习，提高学生的身体素质。

环节五：中医药背后的中国思想与中国哲学

教师活动：以何首乌（夜交藤）为例，介绍何首乌。何首乌是传统的补益药，但近来却屡屡有不良反应的报道，引发学生思考。

告诉学生何首乌的药名和文化，是自然赋予了本草防治疾病的力量。第一，同一味本草，炮制不同，药性不同，功效各异，适应了不同的需要，体现了对立统一、和而不同的辩证思想。第二，为最大限度地减轻不良反应，保证药效，炮制是关键，何首乌须经严格炮制，毫无疑问这是工匠精神的体现。第三，月盈则亏，水满则溢，物极必反，过犹不及。充实有关于阴阳调和的传统中庸之道的知识，激发学生对更丰富的传统文化和传统科技的好奇心。

学生活动：讨论何首乌案例背后的原因，引发学生思考；密切关注现实生活；聆听中国哲学。

设计意图：将话题从中医药引申至更大范围的中国传统文化和智慧，契合思政课的教学主题和学科核心素质的培养，激发学生对更丰富传统文化和传统科技的好奇心。

（二）课堂小结

中医药文化博大精深，今天这节课所讲述的内容不过是冰山一角，还有更多掩藏在海面之下的部分仍在等待着我们去发掘。这一庞大的古人智慧的集合体，在世界范围内都是独一无二的，值得我们每一个中国人为之自豪。我们不仅要继承中医药文化中浩如烟海的知识体系，更要继承其为人为医的人生哲理，继承其中的中国传统优秀思想和哲学。作为四大文明古国之一，除了医药学领域，我国更是在许多科技领域和文化领域取得了无比璀璨的成就。为了让这些宝库不会随时间流逝而消逝，我们每一个人要从自身做起，关注中医药文化，关注中国传统文化，做传统文化新一代的继承人，将古代智慧在新时代继续发扬光大。

（三）作业设计

1. 练习五禽戏，拍摄视频。

2. 写一篇听完本次课程中讲述的中医药文化后的感悟，为中医药文化的传承献计献策。

（四）参考资料

《道德与法治教师教学用书》，人民教育出版社，2019年。

八、教学总结与反思

采用研究型的学习方式，创设了丰富的活动并充分关注学生的生活经验，立足于学生的发展，开展有效的教学。能够保持着"互动、合作、探究"的课堂教学氛围，并通过事例的分享，让学生更全面地了解中医药文化，进一步增加对中医药文化的喜爱，激发学生对更丰富传统文化和传统科技的好奇心。贯彻生活化的原则，学生的情感培养源于他们对生活的认识、体验和感悟。充分利用生活中的事例，从而达到服务教学的目的。但是学生的学习兴趣还需要继续提高，阅读理解的能力也有待继续加强。应该多关注学生、鼓励学生，发现学生身上的闪光点。课程中还采用讨论的方法，使学生的思维活跃，能够多角度分析问题，做到相互启发、共同提高。

独具特色的古代科学

沈阳市皇姑区珠江街第五小学　王亚茹

一、课程基本信息

主讲课程：《道德与法治》

使用教材版本：人教版（2019版）

教材章节出处：《道德与法治》五年级上册第四单元第九课《古代科技　耀我中华》

二、教学内容分析

本课的教学内容中有中医学大家李时珍的名人事迹，可以作为切入点，使学生自觉树立起对中医药学文化的自信和对劳动人民用汗水与智慧创造光辉业绩的敬重之情。

三、学情分析

五年级学生对李时珍等科技匠人的事迹有所了解，但是他们对这些科学家追求真理的精神容易忽视。并且，囿于教学内容中讲述的是中国古代中医药学，易使学生的思维仅局限在中医药学对中国的影响，而对中医药学在世界范围内的影响却不甚了解。

语文教材中有涉及李时珍事迹的教学篇目，所以学生会因李时珍对中国中医药文化有些许了解。

四、教学目标

本节课的教学是对核心素养中"政治认同"的培养和落实,"政治认同"在本课表现为"在情感和政治上认同伟大祖国、中华民族、中华文化……有强烈的中国人身份认同感……有以实现中华民族伟大复兴为己任的使命感"。

1. 学习我国中医药学的基本内容,了解农学、数学、天文学等科技的巨大成就。

2. 知道扁鹊、张仲景、华佗、孙思邈、屠呦呦等中医药大家对中医药学的影响,体会古今中国人用智慧和汗水创造的无数光辉业绩,激发民族自豪感。

3. 感悟到中医药学不仅是中国科技的瑰宝,更为世界医学的发展发挥了重要作用。

五、教学重点难点

(一)教学重点

知道扁鹊、张仲景、华佗、孙思邈、屠呦呦等中医药大家对中医药学的影响,体会古今中国人用智慧和汗水创造的无数光辉业绩,激发民族自豪感。

(二)教学难点

体悟中医药学成就来源于劳动人民的生产实践,中医药大家身上的精神根植于中华优秀传统文化,不仅是中医药学文化的瑰宝,也为世界医药学的发展提供了中国智慧。

六、教学设计总体思路

第一，导入视频《里约奥运会美国、白俄罗斯等国运动员选择火罐疗法调节身体》。第二，介绍针灸、推拿、火罐等诊疗方法独具特色的功用和渗透的中医理论，体会中医药特色。第三，阅读2022年5月15日上海宝山公众号发布的题为"'辽'效显著！辽宁援沪医疗队中医特色疗法'走红'宝山方舱医院"的公众号内容。通过中草药在重大疫情治疗中的作用，体会中医药特色。第四，报告前置性作业"查找扁鹊、张仲景、华佗、孙思邈、屠呦呦等著名中医药学家的事迹"，体会中医药学家的智慧与贡献。第五，出示《甘石星表》、"二十四节气歌"、《九章算术》、算盘，体会劳动人民用智慧创造的独特科学。第六，反思分享如何继承发展隶属于中华优秀传统文化的科技。

七、教学过程

（一）教学流程设计

环节一：观看视频，导入新课

　　教师活动：播放视频《里约奥运会美国、白俄罗斯等国运动员选择火罐疗法调节身体》；提问：各国运动员为什么热衷于拔火罐？小结。

　　学生活动：观看视频；思考教师提出的问题。

　　设计意图：用新闻导入，激活学生探寻问题的兴趣，并调用学生生活中的经验，调动探索中医药魅力的积极性。

环节二：探究中医药学独具特色的魅力

　　教师活动：播放视频《神奇的中华针灸》。提问：你们发现了针灸的哪些独特之处？出示人体经脉图。提问：看完经脉图有何感想？日常做的眼保健操中蕴含什么样的中医医理？

　　新闻播报："辽"效显著！辽宁援沪医疗队中医特色疗法"走红"

宝山方舱医院。为什么医疗队中医特色疗法会"走红"？援沪医生是怎样判定病情的？同学们的观察真仔细，没错，中医正是通过"望闻问切"这种"四诊法"来判定患者病情的。小组合作体验"望闻问切"的医学理论。通过给自己和组内成员切脉，感受心率的不同；通过观察组内成员的舌苔，发现颜色的异同。

出示图片：2022年12月8日《人民日报》发布的"新冠病毒感染者居家治疗常用药参考表"。自主学习观察发热症状治疗的常用药物。你发现了什么？出示连花清瘟颗粒中的成分；将连花清瘟颗粒中的中草药及其图片打乱，让学生猜一猜、认一认。采访可以将名称和图片能一一对应起来的学生的"诀窍"。让学生知道有些中草药会生长在我们常见的土地里，还会出现在餐桌上。这也就是为什么中药对中国人健康的守护有效。

了解中国历史上的著名医药学家。根据前置学习任务，分享扁鹊、张仲景、华佗、孙思邈、李时珍的事迹。通过了解人物事迹，你又有了哪些新感悟。

了解中国现代著名的医学家屠呦呦。阅读教材第75页"阅读角"；你在屠呦呦身上学习到了什么？你对中医药的发展有了什么新的看法？

学生活动：观看视频。为什么扎针在身上就可以治病？通过观察经脉图发现经络通达形成一个完整的人，经脉通畅，舒心气爽。体现了中医的整体性哲学思维。新闻播报。中医运用"四诊法"断病，通过中草药医治。小组合作。模拟中医望闻问切的"四诊法"。小组讨论。中草药为什么可以医治中国人且疗效甚佳。小组分享。得出中草药取自中国广袤大地，取之于人用之于人，体现"天人合一"的中医精髓。分享感悟。得出中国历史上的著名医学家，在长期的医学实践中积累了丰富且宝贵的经验，逐步形成中国的医学理论、疗法、药理学。

设计意图：学生通过对中医药学在"医学理论""诊疗方法""中草药文化"的探究，对中医药有了基本认知，并可以结合自学成果，感受中医药文化中"天人合一"的精髓。再通过了解中国古代著名医学家的事迹感受古代中国人的智慧，激发学生的自豪感。

环节三：古代人民在实践中创造出的智慧财富

教师活动：出示：《甘石星表》、"二十四节气歌"、《九章算术》、算盘；归类：数学类、历法类、天文学；分析以上几类科学的独特之处。

学生活动：思考并把上述出示的内容进行类别分类；思考教师提问；分享所感，得出劳动人民的劳动过程是不断发现新问题、解决新问题、优化新问题的过程，这体现了劳动人民的智慧，并在当时走在了世界科技发展的前沿。

设计意图：感知古代劳动人民的智慧，以及对中国科技发展的贡献。

环节四：提升认知，升华内容

教师活动：我们应该如何传承这些优秀的古代科技成就及其蕴含的深厚智慧？

学生活动：思考交流文化自信。主动继承科技遗产、发展科技遗产、创新科技以适用于时代。

设计意图：树立继承发展古代科学成就的理想。

（二）课堂小结

希望同学们在学习完本课之后继续探索与自然和谐相处的方法，珍视前人所创造的辉煌科技成就，继承和发扬他们的成就，并在时代发展的浪潮中不断更新思想，创造出新的伟大贡献，为实现中华民族全面复兴贡献新时代少年的力量！

（三）作业设计

1. 我是体验官——去当地中医院或中医馆实习一天，实地体验中医药文化。

2. 我是宣传使——用手绘手抄报、录制视频等多样的形式，将你最想宣传的科技成就体现出来。

（四）参考资料

《道德与法治教师教学用书》，人民教育出版社，2019年。

八、教学总结与反思

（一）教学活动时刻关注学生，重视与学生的"沟通"和"合作"

本节课教师将课堂给予学生，让他们进行充分交流和探索，例如探究"了解孙思邈、扁鹊等中医药名医"这一问题时，教师提前布置了前置性作业，以小组为单位，自行选择调查人物，去查资料，课上选取代表汇报。以上设计，既避免了教师一言堂，又锻炼了学生小组合作、语言表达能力。最重要的是，通过这次活动，学生自己就完成了"知道扁鹊、张仲景、华佗、孙思邈、屠呦呦等中医药大家对中国医学的影响，体会古今中国人用智慧和汗水创造的无数光辉业绩，激发民族自豪感"这个教学目标。

（二）实现中医药文化进思政课堂，与思政教育相融合的目标

本节课教师运用了大量篇幅，在医学理论、诊疗方法、中草药三个方面，运用视频、小组合作、小组体验等活动，既能引导学生去理解感悟中医药文化的独特魅力，激发学生对中医药文化的学习兴趣，继而开展深入学习和传承，又能将"政治认同"的这一核心素养落实在思政课堂中。

（三）教学不足

任何一节课，即使教师的备课十分缜密，慎之又慎，也不可能十全

十美。如同本节课，其实也有不足。教师囿于对中医学知识认识的局限，对中医理疗方法接触甚少，本节课不能以切身经验和学生进行交流，对教学内容不敢深度挖掘，在今后教学中，教师会不断探索、不断学习。争取在本课教学中传授学生更多中医学知识，丰富他们的认知，激发他们对中医学文化的热情。

种下中医药传承的种子

沈阳市皇姑区珠江街第五小学　孙嘉悦

一、课程基本信息

主讲课程：《道德与法治》

使用教材版本：人教版（2019 版）

教材章节出处：《道德与法治》五年级上册第四单元第九课《古代科技　耀我中华》

二、教学设计概述

《道德与法治课程标准》要求五年级的学生要形成中国人身份认同感，了解中华优秀传统文化的主要代表性成果及其意义，为中华民族创造的文明成就感到自豪。结合当下习近平总书记对中医药工作作出的重要指示，中医药学包含着中华民族几千年的健康养生理念及其实践经验，是中华文明的瑰宝，凝聚着中国人民和中华民族的博大智慧。坚持中西医并重，推动中医药和西医药相互补充、协调发展，推动中医药事业和产业高质量发展，推动中医药走向世界，充分发挥中医药防病治病的独特优势和作用，为建设健康中国、实现中华民族伟大复兴的中国梦贡献力量。因此，将中医药文化融入五年级道德与法治课堂，既是五年级学生学习的需要，也是继承和发扬中医药文化的途径之一。

本节课设计的主要思路是在第一课时"灿若繁星的古代科技巨人"

"独具特色的古代科学"两个子标题中适当增添中医药文化的相关内容，以加深对中医药文化的认识和了解。

本节课用视频《我国除四大发明外的古代科技》导入，领略我国古代科技的精巧与奇妙，吸引学生注意力，引起学生对本节课的兴趣。通过分享学生课前收集的有关古代科学家及科学技术的故事，启发学生对科学家追求真理、献身科技的精神的思考。随后用贴合日常生活的问题拉近课程内容与学生的距离，设置悬念，引出"独具特色的古代科学"内容。

通过视频使学生对中医药文化有初步的了解，利用表格和图片展示中医药的历史发展、独特的治疗方法，并通过与西方医学产生时间的对比，突出我们祖先的勤劳和智慧，提升学生对中华文明和文化的自豪感。利用视频《习近平对中医药工作作出重要指示强调：传承精华，守正创新，为建设健康中国贡献力量》，了解当下我国对中医药的重视，并结合中医药在疫情中发挥的作用使学生切身地感受中医药的魅力。最后结合书上的内容，利用图片和故事简要讲解中国古代农业、算术等科学成就。

三、学情分析

五年级学生对中国传统文化有了一定的了解和认识，但对中医药文化却较为生疏，因此要直观简要地介绍相关内容，选择较为重要和关键的部分进行讲授。五年级学生具有一定的逻辑思考和推演能力，能够对表格出示的内容进行比较和整理，因此采用表格列举和表格对比的形式，能够帮助学生了解中国医学的发展历程及中西方医学产生时间的不同。学生能够将其进行对比并思考。

本节课学习内容涉及历史文化，部分内容距离我们生活的年代较远，需要用视频等方式提高学生的学习兴趣，还要结合当下实际拉近课程内容与学生之间的距离，使学生体会到古代科学在现代依然发挥作用，依然在我们身边，进一步深刻体会中国文明和文化的辉煌伟大，体会祖先的勤劳和智慧，激励自己不断学习、奋发向上。

四、教学目标

（一）知识目标

知道中国古代科技巨人的故事及其科技发明创造；了解古代农业、算术、中医药等科学取得的成就及其独特的地位。

（二）过程与方法

通过观看视频、阅读故事和分享感受等方式，了解中国古代科技和科学方面的内容，感受中国古代劳动人民的勤劳和智慧。

通过表格梳理和中西对比，学习中医药文化的相关的内容，明晰中医药的独特地位。

结合习近平总书记对中医药工作作出的重要指示及中医药在抗击疫情方面发挥的作用，进一步了解中医的独特地位和为建设健康中国贡献的力量。

（三）情感、态度与价值观

在中国古代科学家的故事中，体会我国古代劳动人民的勤劳和智慧，科学家追求真理、献身科技的精神，并激励自己不断钻研学习、奋发向上；领会我国科学和科技对世界作出的贡献，由此自然产生身为中华儿女的自豪感及对祖国的热爱之情。

五、教学重点难点

（一）教学重点

知道中国古代科技巨人的故事及其科技发明创造；了解农业、算术和中医等古代科学取得的成就。

（二）教学难点

体会古人追求真理、献身科技的精神，领会我国科学和科技对世界作出的贡献，由此产生身为中华儿女的自豪感及对祖国的热爱之情。

六、教学设计总体思路

第一，通过视频导入，播放视频《我国除四大发明外的古代科技》。第二，进入"阅读角"，阅读书中"中国古代科学家的故事"。第三，故事分享，讲述我国古代有哪些科学家和哪些科技发明。第四，感想交流，分享我国古代科学家追求真理、献身科技的故事对我们的启发。第五，提升总结。第六，独具特色的古代科学——中医、农业、算数。在古代医学部分，通过问题引导、播放视频《中医药的传承》、感想分享、中医知识小课堂、分享屠呦呦与青蒿素的名人故事、交流互动谈谈对我国中医药文化的感想几部分，强化学生对古代医药学的深入认识。在古代农学、算术部分，通过内容导入、阅读角、图片展示、拓展、总结几个部分讲授。最后进行课堂小结。

七、教学过程

（一）教学流程设计

环节一：灿若繁星的古代科技巨人

教师活动：播放视频《我国除四大发明外的古代科技》。视频简要介绍了我国古代的科技，例如地动仪、游标卡尺、麻沸散等。利用视频引出本节课内容——古代科技。

学生活动：观看视频并思考视频的主要内容。

设计意图：用视频导入简明直观地让学生了解我国古代的科学技

术，同时能够吸引学生注意力，提高学生学习本节课内容的兴趣。

教师活动：阅读书中"中国古代科学家的故事"，包括张衡、祖冲之、李时珍。

学生活动：阅读书中"中国古代科学家的故事"。

教师活动：请同学们说一说，除了书中介绍的三位科学家，你还知道我国古代有哪些科学家和哪些科技发明。

学生活动：分享并聆听中国古代科学家、科技发明相关故事。

教师活动：我国古代科学家追求真理、献身科技的故事对你有什么启发？

学生活动：思考并分享自己的感想。

教师活动：为了纪念我国古代科学家对世界科学技术的伟大贡献，国际上用张衡、祖冲之等科学家的名字来命名月球上的环形山。他们的成就不仅造福了当时的人们，而且直到现在对我们的生活和现代世界科技的发展都有着重要的作用。

学生活动：阅读书中内容，感受我国古代科学家的贡献和古人的智慧，感受身为中华儿女的自豪，并以此激励自己奋发向上。

设计意图：通过学生在课堂上分享课前准备的古代科学家的故事，提高学生的课堂参与度，锻炼学生的表达能力和倾听能力。了解古代科技巨人的故事及科技发明创造，利用故事进一步了解本节课的内容，通过交流感想突出本节课的教学目标。

环节二：独具特色的古代科学——中医、农业、算数

教师活动：我国古代除了有十分辉煌的科技，还有独树一帜的中医药学。老师想问问大家，同学们感冒生病的时候要做什么？去医院，看医生。

请同学们想一想，在古代没有现在的大医院，没有一粒一粒的小药片，当时的人们是怎样看病治疗的呢？有医馆，有中药，有大夫。

学生活动：思考并回答问题。

设计意图：以提问的方式引导学生对日常生活中接触到的中医药进行思考，拉近中医药与学生之间的距离。

教师活动：播放视频《中医药的传承》。看过视频之后，你学到了什么？有哪些感想？

学生活动：观看视频，交流分享看完视频后的感想。

设计意图：通过视频使学生对中医药文化有初步了解，并通过分享观后感了解学生对中医药文化的理解和看法。

教师活动：简要介绍中医的起源和发展、代表人物及代表作，展示相关的表格。

让学生简略浏览，大概了解中国医学发展进程。教师选择红色标记部分简要说明，帮助学生理解我国古代在医药学上取得的重要成就。

学生活动：观看课件内容和表格、视频等。

设计意图：运用表格直观简要讲述中国医学发展历程，学生通过表格对中医药的产生与发展有粗略的了解和认识。展示标红内容，强调我国古代科学家对中国医学发展作出的突出贡献。

教师活动：简要介绍中医治疗的相关疗法和故事以及医疗工具。用图片展示针灸、火罐等。

通过图片使学生了解中医独特的疗法，要求学生边看边回想在生活中看到过的场景，以此拉近中医与学生的距离，体会中医近在身边。

学生活动：观看图片，并回答问题。

设计意图：利用图片直观了解中医治疗的相关疗法和器具，了解中医疗法的独特和智慧之处。

教师活动：图片出示多种中药材，并给出对应的效用。同时提示不同的药材搭配可以发挥出不同的效果，并给出示例。

学生活动：观看图片。

设计意图：通过图片了解中药，体会中药的丰富与神奇，以及古人能够发现、发明中药治疗的智慧，体会中医药文化的独特魅力。

教师活动：课件出示悬壶、再世华佗等典故的由来，了解中医药文化的源远流长。

学生活动：阅读故事。

设计意图：通过中医典故体会中医药文化的源远流长、一脉相承。

教师活动：中医与西医产生历史对比，突出中医药在人类历史产生时间之早及其独有地位，用表格出示。

通过时间对比，突出中国医学产生时间之早、历史之长，增强对中国医学的敬佩和自豪之情。

学生活动：观看表格，并进行对比。

设计意图：通过表格直观对比中国医学与西方医学产生时间的差距，凸显中国医学源远流长，进一步带领学生体会我国中医药文化历史的久远和取得的辉煌成就，并唤起对祖国流传至今的优秀传统文化、源远流长的中医药文化的自豪感。

教师活动：播放视频《习近平对中医药工作作出重要指示强调：传承精华，守正创新，为建设健康中国贡献力量》，通过视频了解我国目前对中医药的重视程度。结合"防疫大锅汤"等，展示中药在疫情中的辅助和预防作用。

学生活动：观看视频和图片。

设计意图：通过视频了解中医药在当今社会受到高度重视，并结合疫情中医药发挥的作用，更深刻体会中医药在现实生活中的重要性。中医药距离我们很近，我们日常生活中经常能接触到中医药。

教师活动：讲述名人故事——屠呦呦与青蒿素。

学生活动：阅读书中故事《屠呦呦与青蒿素》。

教师活动：通过刚才的学习，谈一谈你对我国中医药文化的感想。

学生活动：交流分享感想。

设计意图：通过感想交流与分享，体会中医文化的独特魅力。

教师活动：我们刚刚学习了中国独有的医学——中医药文化。下面我们一起来看看我们的祖先在其他方面给我们留下了哪些宝贵的知识和技术。

阅读书中《甘石星表》。播放视频《二十四节气歌》，二十四节气被列为非物质文化遗产。

天上鱼鳞斑，晒谷不用翻。

春天三场雨，秋后不缺米。

到了惊蛰节，耕地不能歇。

我们的祖先在农业和天文历法方面取得了辉煌的成就。

学生活动：阅读书中《甘石星表》，观看视频及课件展示的内容。

教师活动：图片展示，同学们知道这是什么吗？展示算盘。我国古代十分重视数学研究及其应用，算盘是我国古代发明的一种计算工具，直到现在仍在使用。

学生活动：观看图片并回答问题。

教师活动：列举《九章算术》、圆周率等古代算数，总结我国在算术方面取得的巨大成就。

学生活动：观看课件出示内容及书中的《九章算术》。

设计意图：利用视频、俗语、图片等形式生动呈现我国古代农业和算术等方面的成就，了解我国古代科学涉及范围之广、成就之多，更深刻地体会祖先的勤劳和智慧，产生对祖先追求真理、献身科技的精神的敬佩之情，身为中华儿女的自豪感以及对祖国的热爱之情。

（二）课堂小结

总结本节课学习的重点内容——古代的科学家、古代科学，包括中医、算术、农业等。我们的祖先利用自己的聪明才智创造了许多科学技术，在世界上长期处于领先地位，给我们留下了许许多多的宝贵财富。

（三）作业设计

1. 课后收集并分享有关古代科技和科学的故事。

2. 有兴趣的同学可以阅读中医药文化相关书籍，进一步了解中医药文化。

3. 找一找与中医药有关的俗语或者歇后语。

（四）参考资料

《道德与法治教师教学用书》，人民教育出版社，2019年。

八、教学总结与反思

本节课重点内容是了解古代科技巨人的故事及其科技发明创造；熟悉古代医学、农业、算术等古代科学取得的成就；体会祖先追求真理、献身科技的精神，并激励自己不断钻研学习、奋发向上；体会我国古代医学、农业、天文学、算术等科学的伟大成就和独特地位，领会我国科学和科技对世界作出的贡献，由此产生身为中华儿女的自豪感及对祖国的热爱之情。

在教学中综合运用了视频、图片、故事会和感想交流等方式帮助学生理解课程内容，并引导学生分享自己的心得体会，采用表格的形式直观梳理中医药发展历程，对比中西方医学产生时间。使学生对中国古代医学发展有大概的认识，增强学生对中医药及我国传统文化的自豪感。最后结合当下实际，拉近中医药文化与学生的距离，凸显当今社会中医药的作用和地位。

本节课的不足之处在于，表格内容虽比较简略但仍然有难以理解的部分，学生第一次了解中医药文化，教师本身也对中医药了解不深，难以把握此部分的教学深度。本节课虽有感想交流，但同学之间小组合作和讨论互动还不够，需进一步改进。

走近中医药

沈阳市皇姑区昆山西路第二小学　陈思卓

一、课程基本信息

主讲课程：《道德与法治》

使用教材版本：人教版（2019版）

教材章节出处：《道德与法治》五年级上册第四单元第九课《古代科技　耀我中华》

二、教学设计概述

本课由两个板块组成。第一个板块是"灿若繁星的古代科技巨人"。使学生了解在中华文明的悠久历史上产生了许多伟大的科学家，他们在不同领域取得了当时领先世界的科技成就。直至今天，他们的贡献依然被世人赞叹称道。

第二个板块是"独具特色的古代科学"。使学生了解中国古代理论科学体系。中医药学、农学、天文学、算学四大理论体系，代表了中国古代理论科学发展的最高成就，体现了中国独有的文化传统和科学传统。与此同时，为了进一步将中医药文化融入大中小学思政课的一体化建设工作中，本节课将着重向学生介绍中医药学这一方面的内容。

教材从学生已有的生活经验出发，设计了填写中国古代科技成就简表、查找古代医学家资料、了解二十四节气等活动，安排了多个阅读角和知识链接，通过这些环节引导学生充分了解中国古代科技方面的成就，培养学生的民族自豪感及热爱中国传统文化的情感；选取和整合中国古代科学发现和技术创造的案例，设计相应的探究活动，引发学生思考，再次激发学生对传统科技的钦佩之情和对传统文化的热爱。

中医药文化是中华优秀传统文化的重要组成部分。党的十八大以来，以习近平同志为核心的党中央高度重视中医药优秀传统文化的传承创新发展，强调指出："中医药学是中国古代科学的瑰宝，也是打开中华文明宝库的钥匙""切实把中医药这一祖先留给我们的宝贵财富继承好、发展好、利用好"。从中医药文化中吸取养分、找准中医药文化与思政课教学内容的内在契合点、制定中医药文化融入思政课教学的可行措施，使中医药文化成为思政课教学铸魂育人的丰厚资源，对思政课落实立德树人根本任务，培养学生运用马克思主义立场、观点和方法，守正创新中医药理论，传承发展中华医学美德，牢固树立文化自信，均具有重要的理论和现实意义。

三、学情分析

长期以来，人们对中国古代科技有许多误解。比如，一些人认为中国古代科技成就的最高代表是四大发明，甚至认为中国古代没有真正意义上的科学。我们应该认识到，古代中国人在自己的文化传统当中，以中国特有的方式，对自然进行探索，发展出不同于西方的独特的科学知识体系和科学实践方式。

五年级的学生对中国古代的科学家、技术发明等有一定的了解，但对具体的成就及其影响不太明晰。学生的日常生活中也较少涉及"二十四节气"方面的知识。引导学生了解中国古代在中医药学、农学、天文学、地理学、建筑学等多个领域的成就，有助于学生培养热爱中国传统文化的情感，增强文化自信和民族自豪感。

四、教学目标

(一) 三维目标

1. 情感、态度与价值观目标

感受中国古代科技的灿烂辉煌，树立强烈的民族自豪感。

2. 能力目标

培养学生勤于思考、持之以恒、勇往直前、不拘泥于现状并勇于创新的能力。

3. 知识目标

了解我国古代科学家的故事，从中医药、农学、天文学的角度，了解我国古代灿烂辉煌的科技成就；懂得中医药文化是中华优秀传统文化的重要组成部分，让学生对中医药文化有一个初步的了解。

(二) 学科核心素养

1. 文化认同

了解古代中国科技史的基本常识，有助于建立民族文化认同，培养民族自信心、自豪感和对祖国科技文化遗产的珍爱之情。

2. 家国情怀

通过对中国古代科技成就的展示，了解中国古代拥有灿烂辉煌的科技文明，知晓中国古代的科学技术对世界文明产生的巨大影响，培养家国情怀。

3. 法治观念

增强对"将中医药文化融入大中小学思政课的一体化建设工作中"这一方针政策的理解。

4. 健全人格

进一步了解中国古代科技成就的基本内容，掌握应有的历史常识，了解中华民族对世界文明的重大贡献，珍爱我国的文化遗产。

5. 责任意识

继承并发扬优秀的中医药文化，培养新时代中国特色社会主义的合格建设者和可靠接班人。

五、教学重点难点

（一）教学重点

1. 如何向五年级学生介绍中国古代的科技文明，是本课教学的第一个挑战。从学科知识的角度来看，本课涉及科技史的相关内容以及对科技创新的理解。从道德教育的角度来看，本课涉及民族文化认同和爱国情感的培养。本课涉及的古代科技知识很多，在有限的时间里，基于古代科技知识开展道德教育，并不容易。

2. 我们今天对现代科学的理解，往往都是以西方数理实验传统的科学为主流和标准的，在这一观念下，人们常常认为中国古代没有真正意义上的科学。这一课的教学，教师要首先破除这种认知的误区，认识到古代中国人在中国独有的文化传统里，用自己的方式对自然进行认识和探索，形成了独特的科学传统，取得了辉煌的科技成就。

（二）教学难点

1. 在本课的教学中，教师在向学生讲解教材涉及的每项中国古代科技成就时，不仅要向学生介绍相关的历史常识，更要深挖背后所蕴藏的伟大精神。只有这样才能进一步培养学生勤于思考、持之以恒、勇往直前、不拘泥于现状、勇于创新的能力。

2. 教材中丰富的科技人物介绍、科学创造和技术发明的故事、科技成就的展示都是以案例的方式呈现。因此，我们要选取不同的科技人物和科技成就，灵活运用、改造教材的活动设计，让教学目标得以实现。

六、教学设计总体思路

（一）灿若繁星的古代科技巨人

本课从教材内容编排上来看，先是以案例的形式向学生介绍中国古代著名科学家和他们的代表性贡献，再用活动的形式让学生补充中国古代其他著名科技人物及其贡献，最后是启发性思考，引导学生从这些古代科学家的故事中获得启发。在教学中，基本可以按照这一思路展开教学。关于中国古代著名科学家的故事，既可选择教材中的案例，也可结合现实情况，比如当今科技和社会热点话题，选择学生有浓厚兴趣的中国古代科学家及其成就。"活动园"部分重在激发学生的探究热情，让学生利用各种信息资源对简表进行补充，然后对这些科技成就涉及的领域进行归类，使学生感受到中国古代科技涉及的领域之广、取得的成就之大。

（二）独具特色的古代科学

本课从教材内容编排上来看，是将中国古代科学发现和技术创造分别进行介绍的。在科学方面，教材主要围绕中医药学、农学、天文学、算学四大体系展开；在技术方面，教材主要围绕青铜器制造、丝绸生产、瓷器制造、工程建设四个方面展开。教材中的各种图示、链接、阅读角、活动园等材料，都是为了体现上述主题中的成就。教师根据实际情况，选取、整合中国古代科学发现和技术创造的案例，设计相应的探究活动，引发学生思考，激发学生对传统科技的钦佩之情和对传统文化的热爱。

七、教学过程

（一）教学流程设计

环节一：播放视频，教师提问，导入新课

教师活动：播放视频，思考祖冲之的圆周率是怎么计算出来的。你觉得祖冲之厉害吗？为什么祖冲之能够取得这样的成就呢？

学生活动：认真观看，仔细思考，互相讨论。

设计意图：讨论导入新课。

环节二：分享祖冲之的故事，探究古代科技巨人取得成就的原因

教师活动：分享祖冲之的故事。古代科技巨人的成就都离不开自身的勤奋学习和努力钻研。

学生活动：阅读材料，回答问题。

设计意图：通过分享祖冲之的故事，让学生知道，古代科技巨人的成就都离不开自身的勤奋学习和努力钻研，体现了道德修养中"个人品德"这一核心素养。

环节三：阅读教材第73页的"活动园"，补充表格，并与同学交流

教师活动：中国科学院自然科学史研究所2016年编著出版了《中国古代重要科技发明创造》一书，推选出古代科学发现与创造、技术发明、工程成就等共88项重要科技成就。请利用图书馆、博物馆、互联网等资源，收集和整理古代科技的资料信息，补充表格，并与同学交流。

学生活动：收集和整理相关的信息，补充完表格，并与同学进行交流。

设计意图：培养学生查找信息的能力，让学生了解我国古代有哪些辉煌的科技成就，思考古代科学家的故事对自己的启发。

环节四：展示《中国古代重要科技发明创造》的部分成就，完成"观察与发现"

教师活动：展示《中国古代重要科技发明创造》的部分成就。从我国古代的这些科技成就中，你感受到了什么？

在中华文明的历史画卷里，一代又一代劳动人民用汗水和智慧创造了无数的光辉业绩，一个又一个科学巨人取得了不朽的科技成就。

学生活动：阅读表格，认真思考，相互讨论，回答问题。

设计意图：通过出示《中国古代重要科技发明创造》的部分成就，让学生进一步了解我国古代科技发明创造，培养学生的民族自信心、自豪感和对祖国科技文化遗产的珍爱之情，体现了政治认同中"家国情怀"这一核心素养。

环节五：小组活动——中国古代科学家的故事

教师活动：请以小组为单位，选择一位你们特别敬佩的古代科技巨人，说一说关于他们的故事，看看哪个小组说得更详细、准确。

中国古代科学家的故事，包括鲁班与"刨"、张衡与地动仪、李时珍与《本草纲目》等。分享一下，从我国古代科学家追求真理、献身科技的故事中，你得到了怎样的启发？

根据学生的回答，总结和归纳科学精神。

学生活动：小组合作收集资料、整理资料和展示资料，认真思考问题，积极讨论交流。

设计意图：通过小组活动，了解古代科技巨人的故事，学习他们身上优秀的品格和精神，体现了道德修养中"个人品德"这一核心素养。

环节六：展示图片，说说图片中的物品有哪些用处

教师活动：展示图片——枸杞子、薏苡仁、陈皮。你认识它们吗？它们都有哪些用处？

枸杞子、薏苡仁和陈皮不仅可以用来煮粥或者煮糖水，它们本身也是一味药材，可以用来入药。

学生活动：观察图片，认真思考，回答问题。

设计意图：通过展示图片说用途，有利于提高学生的积极性，为后面了解我国中医药学的辉煌成就做铺垫。

环节七：走近中医药，了解我国中医药学的辉煌成就

教师活动：我国的中医药学已有几千年的历史，在世界上独树一帜。它独特的医学理论、诊疗方法和丰富的中草药为无数人解除病痛。中医药学是世界医学宝库中的瑰宝，至今仍闪烁着智慧的光芒，得到许多国家的认同。

学生活动：阅读资料，相互交流，了解我国中医药学的辉煌成就。

设计意图：通过介绍中医药学的相关知识，增强学生对中国在中医药学方面取得的辉煌成就的了解，让学生认识到，中国古代的科学技术不仅独具特色，而且对世界文明产生了深远影响，作出了巨大贡献。体现了政治认同中"家国情怀"这一核心素养。

环节八：出示"小数据"，说一说自己及家庭成员对中医药的看法

教师活动：本次中医药健康文化素养调查显示，青岛市有九成的居民对中医药文化持信任的态度。你和你的家人平时生病时会选择中医吗？了解一下你们家庭成员对中医药的看法。

学生活动：阅读材料，思考并进行讨论。

设计意图：通过"小数据"显示的资料，以青岛为例，让学生了解当代居民对中医药文化的信任程度；鼓励学生用自己喜欢的方式来调查家人对中医药文化的看法，锻炼学生收集信息的能力。

环节九：小组活动——了不起的古代医学家

教师活动：中国历史上有许多著名的医药学家，如扁鹊、张仲景、华佗、孙思邈等。请以小组为单位查找资料，看看他们都作出了哪些贡献。

组织学生分别展示小组成员查到的资料，并通过交流了解中国古代有哪些著名的医药学家，分别作出了什么贡献，并从医药学家的事迹中感受他们的高尚情操。

学生活动：小组合作收集资料、整理资料和展示资料，认真思考问题，积极讨论交流。

设计意图：通过小组合作，了解中国古代有哪些著名的医药学家以及他们的贡献，并从医药学家的事迹中感受他们的高尚情操，体现了道德修养中"个人品德"和"职业道德"这两大核心素养。

环节十：仔细阅读教材第75页"阅读角"部分的内容，回答下列问题

教师活动：阅读青蒿素相关材料。屠呦呦在疟疾治疗研究中的灵感来自哪里？

学生活动：阅读材料，认真思考，相互探讨，回答问题。

设计意图：通过"阅读角"的补充资料，学生对"青蒿素"这一中药有了一个基本的认识。让学生学习屠呦呦及其团队那种百折不挠的进取精神，体现了政治认同中"家国情怀"和道德修养中"个人品德"以及"职业道德"这三大核心素养。

环节十一：阅读书上《甘石星表》和书上第76页"活动园"部分的内容，了解我国在天文学和算学上取得的成就

教师活动：你知道吗？除了我国的中医药学以外，我们的祖先在长期的农业生产活动中，总结出丰富的农业生产经验。在与农业密切相关的天文历法方面，也取得了辉煌成就。这些靠劳动人民聪明才智获得的科学知识和生产技术，在世界上长期处于领先地位。

中国古代的天文学成就——《甘石星表》、"二十四节气"；中国古代的算学成就——《九章算术》、算盘。

学生活动：阅读资料，仔细思考，互相交流。

设计意图：通过阅读书上"阅读角"和"活动园"部分的内容，学生对我国在天文学以及算学上取得的成就有了一个基本的了解，知道中国古代的科技成就对人类社会发展和世界文明进步产生了深远影响，作出了巨大贡献。

（二）课堂小结

本课的编写依据是《道德与法治课程标准》中主题五"我们的国

家"第九条"知道我国是有几千年历史的文明古国，掌握应有的历史常识，了解中华民族对世界文明的重大贡献，珍爱我国的文化遗产"。通过本节课的学习，学生知道了科技文明是古代文明的重要维度，我国古代的科技成就能够从一个侧面充分展示出我国悠久灿烂的古代文明。本课使学生了解古代中国科技史的基本常识，十分有助于学生建立民族文化认同感，培养学生的民族自信心、自豪感和对祖国科技文化遗产的珍爱之情。

（三）作业设计

在完成本课的学习后，要求学生用喜欢的方式查找资料，制作一份与中医药文化主题相关的手抄报。教师可以挑选出优秀的作品，与学生一同制作展板，加深学生的课程印象。

我国古代的科技成就灿烂辉煌，要求学生利用课余时间查找自己感兴趣的中国古代科技成就，下次上课前可以组织学生进行分享。

（四）参考资料

《道德与法治教师教学用书》，人民教育出版社，2019年。

八、教学总结与反思

通过对本课的教学，教师体会到学生心灵深处的那根弦被拨动了。第一，有梯度的任务设计使学生的情感有了更多的"参与"和"释放"。学生将古代科学家、科学成就以及他们身上具有的优秀品质建立起有机的联系，并完成由知识的梳理到科学家的人格魅力和优秀品质的挖掘、审视与迁移。第二，课堂结尾之处的活动设计激发了学生的责任意识，引导学生努力把科学家的精神内化于心、外化于行。第三，整节课以两个有梯度的活动形式展开，每个学生都有自己明确的任务，学生充分动了起来。特别是在"走近中医药"活动中，学生在一次次归纳、分析、判断、选择中不断提高能力。

神奇的中医药

沈阳市皇姑区童晖小学金山分校　张姣

一、课程基本信息

主讲课程：《道德与法治》

使用教材版本：人教版（2019版）

教材章节出处：《道德与法治》五年级上册第四单元第九课《古代科技　耀我中华》

二、教学设计概述

《神奇的中医药》是小学统编《道德与法治》五年级上册第四单元"骄人祖先　灿烂文化"中第九课。学生通过本课的学习，了解我国的中医药有着悠久的历史和较大的影响。它是我国特有的文化，是我们祖先在与大自然作斗争的过程中创造出来的特有医学，是中华民族智慧的结晶，对世界发展和人类生活作出了巨大贡献，感受到我国劳动人民的聪明才智和无穷创造力，激发对祖国文化的兴趣，增强民族自豪感和文化认同感。

学生通过本课了解我国中医药在世界上的独特性和优越性，理解祖国今天中医药的成就凝聚着古人的努力与创造，培养对中医药的热爱和兴趣，从而懂得珍视祖国的传统文化。

三、学情分析

1. 学生在成长的过程中，家人或自己都有过看中医、吃中药或者用中医治疗手段治病的经历。但是对中医药的知识认知有限，了解比较粗浅。

2. 此次疫情在全球暴发，中国的中医中药在抗击疫情方面作出了杰出的贡献，学生对我国传统中医中药产生了浓厚的兴趣。

3. 小学五年级的学生有一定收集、整理、分析资料的能力，已经掌握了一定的学习方法。

4. 本课针对学生的生活实际与认知水平，采用体验探究和讲授相结合的教学方式对学生开展教学活动。充分运用现代化信息技术，对学生的资料进行必要的补充，通过讨论、探究等方式，进一步培养他们处理信息的能力，利用视频资料，突出重点，突破难点。结合生活实际，在已有认知经验的基础上进行体验探究，获得最真实的感受，使学生成为学习的主体。

四、教学目标

1. 通过多种学习活动，正确认识中医药文化，初步感悟到国粹中医的博大精深，培养对中医的兴趣，懂得珍视祖国的传统文化，增强民族自豪感。

2. 了解我国古代著名的医药学家及其成就，理解中医药的发明和创造是中华民族智慧的结晶；培养获取、处理信息及合作的能力。

3. 通过事例分析、探究，感受中医药与我们的生活的关系。利用小组合作交流、汇报，感受中医药的神奇。

五、教学重点难点

（一）教学重点

了解我国古代著名的医药学家及其成就，中医药的发明和创造是中华民族智慧的结晶。

（二）教学难点

了解中医药的相关知识，感受中医药的神奇，感悟到国粹中医药的博大精深，珍视祖国的传统文化，增强民族自豪感。

六、教学设计总体思路

中医药文化是中国传统文化的重要组成部分。中医学的五行学说、阴阳学说、天人合一思想、中医养生观等与古代哲学思想一脉相承，都来自中国的传统文化。在小学思政课堂教学中适时适当地引入中医药文化，可以增强学生对中医药文化的认识，提升中小学生中医药文化素养，使其充分吸取中医药文化中的优秀养分，有助于传承和发扬中医药文化。

传承中医药文化，就要了解中医药文化的形成、理论以及最终的发展。

七、教学过程

（一）教学流程设计

环节一：兴趣导入　引出主题

教师活动：习近平总书记指出："我们要结合新的时代条件传承和弘扬中华优秀传统文化。"同学们，你们知道哪些是我国优秀的传统文化吗？这节课就让我们一起走近我们中华优秀传统文化——中医药。

同学们，我们平时做的眼保健操就是运用中医按摩穴位的原理来保护眼睛、预防近视的。课前我们做的经络操和我们爷爷奶奶喜欢的太极拳也是中医的保健方法之一。

学生活动：做经络操，感受中医药对人体的影响，列举我国的传统文化。

设计意图：通过参与做经络操，初步获得最真实的体验，感受中医药对人体的影响。了解中医也是我国优秀传统文化之一，激发学生进一步学习中医药的兴趣。

环节二：体验探究　学习新知

教师活动：由此可见，中医并不是遥不可及的，列举身边和中医药有关的事件，找一找家里用过的中药。如：人昏倒了，用手按人中穴，很快就会醒过来。嗓子痛，用蒲公英泡水喝，很快就好了。感冒了，总流鼻涕，姥姥用热水袋在我脖子后面敷了一会儿，我感觉舒服多了……你和你的家人有没有用中医药治疗过疾病呢？请你和大家说一说。

学生活动：结合生活实际列举。

设计意图：列举身边与中医药有关的事例，家人用过的中药，感受到中医药就存在于我们的日常生活里，我们一直都在用中医药进行治疗和保健，体会到中医药与我们的密切关系。

教师活动：通过图片介绍中药的类别。中药包括中药材、饮片和中成药。中药材指的是中药的材料；饮片指的是经过加工可以直接入药的；中成药指成品药，有丸、散、膏、丹和汤剂等不同种类。

学生活动：学习中药的基本知识。

设计意图：了解一些中医药常识，明确中药有各种不同的剂型，感受中医药的独特之处，激发学生进一步探究的兴趣。

教师活动：古代的医药学家在没有现代化检测设备的情况下是通过

什么方法和手段来为人类治疗疾病、祛除痛苦的呢？看视频《扁鹊见蔡桓公》，了解中医的诊病方法：望、闻、问、切。这些中医大夫们，是用哪些手段来为大家解除病痛的呢？示范一些常见的中药材：山楂、玫瑰花、蚯蚓（地龙）、海马、蛇蜕、草根、树皮、玉米须、陈皮。教师小结，相比西医300多年的历史，中医已在我们中华大地上传承了几千年，让学生谈感受。

学生活动：对比中西医产生的时间，谈感受。

设计意图：体会中医历史悠久，增强民族自豪感。

教师活动：同学们，你知道中医药是怎样产生的吗？下面我们通过一段视频来了解中医药的起源。看了这段视频，请你说一说中医药是如何被发现的。

学生活动：看视频，学习新知识。

设计意图：了解中医药的起源，理解中医药的发明创造是中华民族智慧的结晶。

教师活动：课前我们收集了我国古代著名的医药学家及其贡献的资料，现在就请同学们把自己收集的成果和大家分享一下吧。

学生活动：小组交流，对资料进行整理、分析、汇报展示。

设计意图：通过学生小组合作交流汇报的探究方式，培养对资料进行归纳、整理、分析的能力，认识到中医药的发展离不开一代代人们艰苦的探索和付出的心血，今天的中医药的成就凝聚着前人的努力与创造，要懂得珍视祖国的传统文化。

这些中药材有的来自植物，有的来自动物，还有的来自矿物质，有些中药材在我们眼里都可以说是一些被丢弃的废料，如橘皮（陈皮），可在中医大夫的手中却发挥了巨大的作用，此时此刻，你又想如何形容中医药呢？

学生活动：看视频，学习新知识。

设计意图：体会中医治疗方法简单，效果好，取材广泛，动植物都可以入药，进一步感受中医药的神奇之处。知道我国的中医药是我国特有的文化，是我们祖先在与大自然作斗争的过程中创造出来的传统医学，感受到我国劳动人民的聪明才智和无穷创造力，激发对祖国文化的兴趣，增强民族自豪感和文化认同感。

环节三：总结提升　情感升华

教师活动：古代的医药学家用他们精湛的医术为病人解除痛苦，今天古老的中医药仍然散发着它独特的魅力，如今世界上有100多个国家和地区在学习研究推广中医临床医学，日本、英国、德国等14个国家出版中医针灸期刊就有68种之多，越来越多的人都成为中医药的受益者。这次新冠病毒席卷全球，我国的中医药在防病治疗方面发挥了巨大的作用。我们的中医药不仅得到了外国人的认可和依赖，而且掀起了世界性的"中医热""中药热"。在"一带一路"背景下，中医药终将走向世界。

学生活动：看视频和图片资料，结合生活实际体会理解。

设计意图：通过资料的呈现，了解中医药在世界上越来越受到关注，引导学生结合中医药在抗击疫情方面所作出的巨大贡献，体会中医药学的魅力所在，进一步增强学生对传统中医药文化的热爱和兴趣，增强民族自豪感。

教师活动：总结介绍一下我们的中医药。

学生活动：用自己的语言介绍中医药。

设计意图：通过对中医药的介绍，考查学生对本节课内容的掌握情况，培养学生归纳、总结的能力，同时激发其对传统中医药文化的热爱。

环节四：课堂延伸　布置作业

教师活动：收集与中医中药有关的成语5个。

学生活动：查阅资料，收集整理。

设计意图：学科拓展，通过收集与中医药有关的成语，使学生进一步了解我国的中医药学是中国传统文化的重要组成部分，提高中小学生中医药文化素养，进一步传承和发扬中医药文化。

（二）课堂小结

中医药是我国宝贵的文化遗产，它凝结了中华民族的智慧，不仅蕴藏着中医药学方面的丰富知识，还传承着中华民族的灿烂文化。老师希望你们能够把传承中医药的文化种子深埋在心里，让它生根、发芽，相信我们的中医药定会为全人类的健康发挥积极的作用。

（三）作业设计

在中国的历史长河中，有很多的故事都和我们的中医中药有关，请你在学过的成语中找出5个，和小伙伴们交流一下吧！

（四）参考资料

《道德与法治教师教学用书》，人民教育出版社，2019年。

八、教学总结与反思

本节课，教师注重联系学生生活，引导学生发现我国的中医药其实就在我们身边，早已渗入我们的生活中，拉近中医药与学生的距离。

在教学中运用多媒体为学生提供资料，提升学生的学习兴趣，结合时政现状，使学生体会中医药在现代应用意义重大，激发学生的民族自豪感以及对中国传统文化的自信心。

端午香囊飘药香

丹东市振兴区育鹏学校　李晓茹

一、课程基本信息

主讲课程：《道德与法治》

使用教材版本：人教版（2019版）

教材章节出处：《道德与法治》六年级下册第三单元第七课《多元文化　多样魅力》

二、教学设计概述

传承新国粹，守正更创新。2020年，新冠疫病全面暴发，在抵御新冠肺炎疫情的斗争中，中医药大显身手，充分发挥了其自身的优越性，"中西医结合、中西药并用"已成为新冠医疗的又一个亮点。让世界更多地了解中医药、认识中医药，助推中医药不断走向国际。"人民英雄"国家荣誉称号获得者、中国工程院院士、天津中医药大学张伯礼教授曾讲到，经过了新冠肺炎疫情的一场硬仗，中医药事业得到了更多的肯定，对发展的信心也更足了。这正是"辨证施治愈新冠，岐黄之术现神效"。

中医药学是祖国医学的宝贵财富，是中国人民的精神保护神，也是学生从小体会中华医学发展史文化内涵渊博精深的最好课程。《道德与法治课程标准（2022年版）》提出，要开展中华优秀传统文化教育，从而让学生理解中华文化的久远发展历史和文化内涵的渊博精深，体会中华精神的底蕴，理解中华民族对人类的贡献，为中华民族创造的文明成就感到自豪，坚持中国民族自信。《道德与法治课程标准（2022年版）》还提出要引导学生对周围常用事情、情况、问题，发生好奇心和探索欲望。这就需要我们引导学生对周围事情更加感兴趣。小学六年级的学生活动范围不断扩大，在日常生活中也认识了中药，如吃过枸杞子、百合、鸡汤等，或患病后也服用过中药，他们都对中医药有相当的感性认识。具备一定的道德是非判断能力，具有查阅资料、探求合作的学习能力。本节课教师针对学生形象意识的教学特性，引领学生在爱不释手的端午香囊中寻找药味，并引领学生通过观察、探索感受，使学生认识中医药的神秘并激发其对中医药文化的浓厚兴趣，从而传播中华优秀传统文化，提升文化自信。

三、学情分析

（一）学生的认知水平

六年级是小学的高年级段，延续小学低、中年级段，与初中阶段相衔接。本阶段的学生的生活范围不断扩大，具备了一定的判断能力，同时对于中华传统文化也有一定的了解与认识。了解中华优秀传统文化的重要标志性成就，初次感受了中华优秀传统文化的吸引力，对中华民族的源远流长、博大精深有了初步体会，也萌生了强烈的民族归属感，对中华民族、饮食文化也有了更强烈的认同感。但也有很多学生对中医药文化知识和神奇之处知之甚少。因此，本课将挖掘学生的已有经验和认识，让他们在对中医药文化初步了解的基础上去发现和感受中医药的神奇魅力与博大精深，并指导学生将中医药文化更好地运用到生活中去，从中医药文化走向世界文化的角度，激发学生的民族自豪感。

（二）学生的能力水平

六年级要求具备相应的阅读、综合、处理资料的技能。

四、教学目标

1. 了解中医药的开发与创新是中华民族聪明才智的结果。

2. 了解端午节的由来，人们端午佩戴香囊的意义及香囊里中药的成分及功效。

3. 培养学生梳理信息、综合归纳问题的能力以及组织协作能力。

4. 体验中医药学的神奇魅力与博大精深，进而激发对中医药学人文的情感与兴趣，提升民族自豪感。

五、教学重点难点

（一）教学重点

了解中医药文化的神奇。

（二）教学难点

引导学生体会中医药文化的神奇魅力与博大精深。

六、教学设计总体思路

播撒小种子，收获大未来。中医药文化教育进校园易，真正入脑、入心难。为了让学生走近中医药、熟悉中医药，本课从学生们最熟悉的传统节日——端午节入手，佩戴香囊"驱五毒"成为学生们最喜欢的过节方式。通过从学生身边熟悉的节日、感兴趣的事物入手，提升学生的探求欲，从而在学习的过程中了解学习中草药知识。通过亲身体验感受中医药文化的精彩，知行统一，收获终生健康的良好生活习惯。

中医药遇上端午节，是传统文化与民族节日的美好邂逅，聆听古老的节日传说，轻嗅四溢的馥郁药香，制作精巧的端午香囊，感受传统中医药文化的魅力。

利用大屏幕介绍中药香囊的组成，认识中草药。运用讲解、摸一摸、看一看、闻一闻的教学方法边展示中草药图片边讲解每一种中草药的功效。为了使学生将中草药知识入眼入脑入心，设置了中草药知识抢答环节。

制作香囊。首先播放视频讲解制作香囊的每个步骤，学生领取制作材料，采取小组合作的形式，制作香囊。

通过本节课的学习，使中医药文化知识在学生小小的心中种下了一颗好奇的种子，同时也为我们中华民族的传统佳节——端午节增添了一份浓浓的节日气氛，传承了制香囊以祈求健康平安美好的传统习俗。同时也让学生感受中医药文化的神奇，对探究中医药文化埋下了兴趣的种子。

七、教学过程

（一）教学流程设计

环节一：知香囊——了解中医药的神奇及意义

教师活动：同学们，"夏至寅时旭日升，晨生露雨润茅青。根根艾草株株翠，采取芬芳染室馨"。让我们一起走进这节课——《端午飘香话香囊》。接下来，我们观看短片《端午的由来》，了解端午香囊与中医药的渊源及意义。

学生活动：通过观看视频，了解端午的由来。了解端午节的传说故事，纪念屈原说，认识战国时期的爱国诗人——屈原。通过教师的讲解，学生初步了解了端午戴香囊的意义——传统习俗中端午佩戴的香囊里放入艾叶等中草药有辟邪、驱瘟避疫、安神通窍、强身健体的作用。

设计意图：从学生熟知的传统节日端午节入手，吸引学生的注意力，激发学生的学习兴趣。

环节二：话香囊——内化中医药的常识及功效

教师活动：从中医食疗方面感受中医药的神奇。提问橘皮（陈皮）、山楂的治疗功效。再出示橘皮、山楂等有治疗更多疾病的资料，请学生阅读后谈感受。

学生活动：谈谈橘皮、山楂的功效。

教师活动：从中医的用具再次感受中医的神奇。实物展示：刮痧板、火罐。提问：你们认识它们吗？你是怎么认识的？然后视频展示刮痧治病的过程，更加直观地使学生感受中医药的神奇。

学生活动：谈感受，感受中医药的神奇。

教师活动：了解中医药的起源。出示中医药起源的资料，请学生阅读后说说中医药是如何被发现的。

中医药的历史——中医药起源于人类的劳动实践，早在原始社会就有了医药活动，当原始人群使用简陋的石器和木棒挖掘地下的植物根茎，捕猎凶猛的野兽，切割动物的肌肉，敲碎骨髓等，同时，他们也会用这些简单的工具和动物骨器切开脓包、割除腐肉、刺破放血等，可以说这是最早的医疗器具。在长期火的烹调与饮食应用过程中，古人进一步发现了许多食物治病的效果，秦景公时代的著名医生——医和就用大自然的阴、阳、风、雨、晦、明"六气"失和来解释病因，这在世界医学史上是最早的病因观。公元前5世纪，扁鹊（秦越人）用"望、闻、问、切"四诊法和针灸技术诊疗各科疾病。相传《难经》为他所著，这是一部古典医籍，其内容包括生理、病理、诊断、治疗等各方面。2000多年前，我国现存最早的中医理论专著《黄帝内经》问世，标志着中医学理论基础的奠定。伟大的医药学家李时珍所著的里程碑式药物巨著《本草纲目》是一部研究动植矿物的博物学巨著，被英国生物学家达尔文称为"中国百科全书"。

学生活动：说说中医药是如何被发现的，了解中医药的渊源。

教师活动：屏幕投影与实物展示相结合的方式，让学生认识端午香囊里的中草药——艾草、苏叶、藿香、柠檬草、薄荷、石菖蒲，让学生看一看、摸一摸、闻一闻，直观地了解这六种草药。

香草袋又称香囊、香袋、荷包、香包。佩戴香囊起源于中医的"衣冠疗法""服气疗法"。在端午节时人们制作并佩戴中药香囊，用以祛除秽恶之气，驱虫避瘟防病，在我国已有数千年的历史。香囊常用芳香开窍的中草药来填充，如芳香化浊驱瘟、含有较强的挥发性物质的艾草、苏叶等中药。根据中医内病外治的理论，皮毛肌腠与五脏六腑相贯通，其药物外用，药性可从皮肤毛窍汗孔而入腠理，通过经络铺送直达脏腑，起到调整机体阴阳平衡、鼓舞正气、抵御外邪的作用。现代研究表明，中药香囊里的中草药浓郁的香味散发，在人体周围形成高浓度的小环境，中药成分通过呼吸道进入人体，刺激鼻黏膜，兴奋神经系统，使鼻黏膜上的抗体——分泌型免疫球蛋白A含量提高，对病毒和细菌灭杀的效果提高，对多种致病菌有抑制生长的作用，从而提高身体的抗病能力，起到预防疾病的作用。

学生活动：看一看、摸一摸、闻一闻，认识端午香囊里的中草药及功效。艾叶有温经止血、散寒调经止痛、祛湿止痒等作用。藿香有化湿解暑、止呕等作用。薄荷有疏散风热、清利头目、利咽、疏肝解郁等作用。苏叶有发汗解表等作用。

教师活动：组织中医药知识挑战赛。比赛内容：本节课涉及的中医药知识。比赛规则：以小组为单位进行比赛。第一环节是必答题，每组每人1道必答题，答对1题加10分，答错不扣分。第二环节是抢答题，答对加10分，答错不扣分。

学生活动：参与中草药知识抢答。

设计意图：利用学生已有的知识、经验来谈谈对中医药的认识，体会中医药的神奇，了解中医药的渊源，通过看一看、摸一摸和闻一闻直观地了解香囊里艾草、藿香、苏叶等6种草药的形态、质地和气味。这个阶段学生又了解到中医药的发明和创造是中华民族智慧的结晶。

环节三：制香囊——分享中医药的妙用及文化

教师活动：播放视频，现场演示端午香囊的制作步骤。分发制作材料。制作端午香囊。巡视学生的绘香囊、装香囊及制作情况，适时给予指导。展示环节即秀香囊。以小组为单位，将自己的制作的香囊展示给全班同学。

学生活动：划分小组，以小组为单位，通过亲手绘香囊、装香囊、秀香囊三个环节达到学思结合，知行统一，中华优秀传统文化被植入心田，扎根发芽，开枝散叶，发扬光大。

设计意图：在体验、分享中让中医药文化入脑入心。

环节四：佩香囊——感悟中医药的魅力及文化

教师活动：不同的中草药具有不同功效，我们可以根据每个人的身体状况制作不同配方的香囊：安神助眠香囊包括玫瑰花、薰衣草、夜交藤、郁金等；驱蚊除虫香囊包括佩兰、藿香、陈皮、紫苏叶等；通窍提神香囊包括苍术、苍耳子、辛夷花、荆芥等；防感香囊包括佩兰、防风、香茅等。同学们，你们知道了不同配方的香囊，可以给家人来制作香囊。通过本节课的学习你有什么收获和感悟？

学生活动：引导学生对本节课的内容进行总结的同时，也启发学生发现中医药的神奇，从而对中医药文化产生探究的兴趣，并且明白中医药与我们生活息息相关。教师探索性的提问，引导学生将中草药与生活紧密相连且生活中运用非常广泛，从而产生浓厚的探索乐趣。

设计意图：通过回顾、思考感悟中医药文化的神奇，从而让学生产生浓厚的探究欲望，感受中医药文化对世界医学的影响，了解世界文化的多样性。

（二）课堂小结

这节课我们认识了端午香囊里的中草药及其功效，通过亲手制作香囊，使同学们在体验和实践中了解中草药的相关知识与佩戴香囊的历史渊源。古老的中医药文化博大精深，让我们将中医药文化薪火相传，我们一起努力、一起加油！

（三）作业设计

"戴个香囊袋，不怕五虫害。"哪些人可以佩戴中药香囊呢？如何正确使用中药香囊呢？请同学们在了解这些常识后，制作多配方香囊，馈赠亲友，传承中医药文化。

（四）参考资料

《道德与法治教师教学用书》，人民教育出版社，2019年。

八、教学总结与反思

通过《端午香囊飘药香》课程的讲授，学生不仅了解了端午节的由来，还认识了端午香囊里的中草药及其功效，从而发现了中医药与当今人们生活的密切关系，进一步认识到中华传统文化的魅力。在上课时，教师以学生为主体，充分调动学生学习主动性，获得了事半功倍的成效。教师采取探究、分组协作互动、看一看、摸一摸、闻一闻等灵活多样的方法，使学生体验了阅读的乐趣，进而体验中医药文化的神秘，在他们心里留下的好奇的种子。通过思考与感悟环节的设计，学生在活动中学会思考、沉淀，感悟到中医药与我们的生活息息相关，中医药文化博大精深。根据中药原理，教师布置创新型延伸作业，使学生创新制作香囊，加深对中医药的认识与探索。

少年梦　中医梦

沈阳市皇姑区第九十七中学　何鑫

一、课程基本信息

主讲课程：《道德与法治》

使用教材版本：人教版（2016版）

教材章节出处：《道德与法治》七年级上册第一单元第一课第二框《少年有梦》

二、教学设计概述

本节课内容出自统编人教版《道德与法治》七年级上册第一单元《成长的节拍》第一课《中学时代》的第二框《少年有梦》，在引导学生以积极、向上的心态迎接初中新生活的同时，进一步引导学生从自身梦想的角度来认识自我，引导学生认识编织梦想的重要性，并且能把个人的梦想与中国梦紧密结合，深化学生的家国情怀。

从著名中医药学家李时珍的事例切入，提示青少年可以以弘扬中医药文化为梦想。

三、学情分析

初中生正处于身心发展的一个关键时期，生理和心理发育还不成熟，思考问题往往也较为单纯。但随着他们自我意识的觉醒，现有的知识将会影响他们整个世界观的形成，所以，很有必要给予他们关于"努力与梦想"辩证关系的引导。

初中生对中医药的了解并不是很深刻，只是简单地了解一些人物故事。通过对人物故事的深入讲解，能够使学生更加深刻地理解到中医药文化的内涵以及中医药事业对我国社会发展的重要意义。

四、教学目标

(一) 知识目标

使学生懂得梦想的含义以及拥有梦想的重要性，明确少年应该具有怎样的梦想。理解努力是梦想与现实之间的桥梁，掌握实现梦想的方法。

(二) 能力目标

使学生树立正确的梦想，理解为实现梦想而努力的要求。

(三) 情感、态度、价值观目标

1. 通过对本课内容的学习，使学生从小怀抱梦想，知道有梦想就有希望；懂得少年的梦想与个人的目标、时代的脉搏及中国梦密不可分；懂得努力就有改变，并能为实现梦想付出自己的努力，用健康向上的心态去实现创新进取的人生。

2. 使学生认识到中医药文化是中国人民智慧的结晶，它彰显了中华民族厚重的文化底蕴，是中华文化的瑰宝，从而强化学生对中医药文化的认同感。

3. 使学生深刻认识到中医药的地位作用，正确把握中医药文化发展规律，树立高度的中医药文化自觉和自信，主动担当发展和传承中医药文化的历史责任。

五、教学重点难点

(一) 教学重点

帮助学生树立正确的人生梦想。

(二) 教学难点

如何在日常生活中一步步实现自己的梦想。

六、教学设计总体思路

本课依据《道德与法治课程标准》、人教版《道德与法治》七年级上册第一课《中学时代》的教材内容及初中生的生活逻辑，立足学生自身发展的实际需要，以梦想为主线，设置三个环节。第一环节，导入新课。以播放中医药学家李时珍的童年故事引出课程。第二环节，"有梦就有希望"。通过学生之间的辩论以及讲解多个中医药专家的故事，让学生了解青少年梦想的特点，使学生以此为基础重新审视自己的梦想，并尝试确立自己的梦想，从而在心中埋下梦想的种子。第三环节，"努力就有改变"。通过华佗的故事，讲解"努力就有改变"，并播放视频，使学生了解中医药文化特点。观看视频后，请学生分享身边的追梦事迹，见贤思齐，从榜样身上汲取力量，感悟"有梦就有希望""努力就有改变"，认识到努力是梦想与现实之间的桥梁。最后，通过让学生分享查阅到的关于中医药的知识，引导学生将自己的梦想提升到中国梦的高度，增强学生的社会责任感。

七、教学过程

（一）教学流程设计

环节一：导入新课（播放视频）

教师活动：

1. 播放李时珍童年故事的视频。

2. 提出问题：李时珍童年时的梦想是什么？长大后他是否实现了自己的梦想？

3. 提出问题：同学们的梦想是什么？

学生活动：观看视频同时思考问题；小组讨论，并回答自己的梦想是什么。

设计意图：通过观看视频，让学生思考自己的梦想，感受名人梦想，激发实现梦想的动力。

环节二：讲授新课（"有梦就有希望"）

教师活动：

1. 组织辩论赛。

正方：少年梦，越大越有意义。

反方：少年梦，越小越好实现。

2. 介绍屠呦呦事迹。

16岁的屠呦呦不幸染上了肺结核，被迫终止了学业。休学两年病情好转后，屠呦呦以同等学历的身份进入宁波私立效实中学高中就读。屠呦呦考入北京大学后，在北大医学院药学系学习，专业是生药学。在大学4年期间，屠呦呦努力学习，取得了优良的成绩。在专业课程中，她尤其对植物化学、本草学和植物分类学有着极大的兴趣。2015年10月5日，瑞典卡罗琳医学院在斯德哥尔摩宣布，中国女药学家、中国中医科学院中药研究所首席研究员屠呦呦与威廉·坎贝尔和大村智获

2015年诺贝尔生理学或医学奖。这是中国科学家因为在中国本土进行的科学研究而首次获诺贝尔科学奖，是中国医学界迄今为止获得的最高奖项。理由为她发现了青蒿素，这种药品可以有效降低疟疾患者的死亡率。

请思考，屠呦呦的梦想与时代的脉搏，与中国梦有怎样的关系。

3. 引导学生根据少年梦的特点，树立自己的梦想。

学生活动：

1. 正反双方展开辩论。

2. 根据辩论总结少年梦的特点。

3. 学生回答：少年梦想，与时代脉搏紧密相连，与中国梦密不可分。

4. 学生思考自己的梦想。

设计意图：通过辩论赛，让学生自己明白少年梦的特点。再通过屠呦呦事迹，让学生明白少年梦与时代脉搏，以及与中国梦的关系。

环节三：讲授新课（"努力就有改变"）

教师活动：

1. 讲述华佗等中医药名人从小努力最终实现梦想的故事。

华佗7岁时父亲去世，家境十分贫寒，只有小华佗和母亲相依为命。华佗从小爱好读书，富有钻研精神，对医学饶有兴趣。在母亲的教育下，小华佗立志成为良医，以救民济世为本。长大后的华佗诊病极其准确。一次，有两个官员闹头疼发热，先后找华佗看病。华佗经问明病情，给一个开了泻药，另一个开了发汗药。有人在旁边看华佗开药方，问他为什么病情相同，用药却不一样。华佗说："这种病表面看来一样，其实不同。前一个病在内部，该服泻药；后一个只是受点外感，所以让他发发汗就好了。"这两人回去抓了药服了，果然病都好了。

2. 提出问题：我们应如何实现自己的梦想？

3. 观看中医药文化视频，总结中医药文化的特点，提示学生思考青少年应如何发扬中医药文化。

4. 提前布置学生查阅中医理论知识，要求学生以小组为单位进行讨论，分享通过查阅资料了解到的内容并展示。

学生活动：

1. 思考实现梦想的途径有哪些。

2. 明白中医药文化是中国人民智慧的结晶。要尊重中医药文化，培育好、发展好中医药文化；中医药文化源远流长、博大精深，彰显了中华民族厚重的文化底蕴，要增强对中医药文化的认同感。要弘扬中医药文化，使其与当代社会相适应、与现代文化相协调，既保持民族性，又体现时代性；中医药文化是一座宝库，要树立高度的中医药文化自觉和自信，深刻认识其地位作用，正确把握中医药文化发展规律，主动担当发展中医药文化的历史责任。

3. 中医产生于原始社会，春秋战国中医理论已经基本形成，出现了解剖和医学分科，已经采用"四诊"，治疗方法有砭石、针刺、汤药、艾灸、导引、布气、祝由等。

中医理论来源于对医疗经验的总结及中国古代的阴阳五行思想。其内容包括精气学说、阴阳五行学说、气血津液、藏象、经络、体质、病因、发病、病机、治则、养生等。

中医的治疗手段包括中药、针灸、拔火罐、四诊（即望、闻、问、切）等。

设计意图：主要是为了升华主题，通过学生活动，更进一步加深对少年梦的理解，以及对中医药文化的理解。通过查阅相关资料让学生更加了解中医，让学生立志成为中医药文化的传承人。

（二）课堂小结

本课主要探讨少年梦这一话题，少年梦是青少年时期重要的生命主题。少年梦是天真无邪、美丽可爱的。少年梦应与个人的人生目标紧密相连，与时代脉搏紧密相连，与中国梦紧密相连。通过本课的教学，最终使学生明白要实现梦想就要付诸行动。

（三）作业设计

思考自己的梦想是什么，并结合本课知识写出一份计划书。

（四）参考资料

［1］张钰莹：《中医四诊新技术的应用及研究进展》，《中国医学计算机成像杂志》2021年第1期。

［2］邹松霖：《屠呦呦："笨实"的人做着伟大的事》，《初中生世界》2019年第38期。

［3］李晓东：《义务教育课程标准（2022年版）课例式解读：道德与法治》，教育科学出版社，2022年。

［4］王德群：《医家当学李时珍》，《皖西学院学报》2019年第1期。

八、教学总结与反思

《少年有梦》较好地做到以课为纲，目标明确，能较好地实现三维目标。案例选取贴切，师生互动良好。通过视频引出"少年有梦"的主题，激发学生表达自己梦想的欲望，引导学生勇敢地分享自己的梦想。不仅可以活跃课堂氛围，而且可以极大地激发学生的学习兴趣，从而达到快乐学习的目的。通过古代以及现代中医药文化名人的故事，使得学生更好地理解"有梦就有希望""努力就有改变"的道理。同时介绍中医药文化的特点，让学生的梦想加入立志成为中医药文化的传承人的成分。

关于中医药文化案例列举还可以再丰富一些，实施教学环节时可以再从容一些，要给学生留下更充分的活动、感知、体验的时间，以达到更好的教学效果。

探问生命　寻脉中医

沈阳市皇姑区第四十三中学　杨文爽

一、课程基本信息

主讲课程：《道德与法治》

使用教材版本：人教版（2016版）

教材章节出处：《道德与法治》七年级上册第四单元第八课第一框《生命可以永恒吗》

二、教学设计概述

随着自我意识的发展，学生开始以新的视角去观察世界，审视中医药文化。许多学生对中医药文化不了解、不关注，甚至不信任。本课教学设计采用学科渗透式教学模式，即将中医药文化内容渗透到《道德与法治》学科之中，通过《道德与法治》学科课程化整为零地实施教育。在教学过程中，授予学生《道德与法治》的知识、技能时渗透中医药文化，将中医药领域的价值观潜移默化地融入《道德与法治》教学，让学生在日常的课堂学习中获得相应的知识、技能和情感，帮助学生树立正确的中医药观念。并且，初中阶段的《道德与法治》课程整体注重育人、注重学生核心素养的培养。初中《道德与法治》课程可以作为一个向学生展示世界的窗口，让学生领略更广阔的中华优秀传统文化，尤其是中医药文化这一中华优秀传统文化的重要组成部分。

让学生认同中医药文化，不等同于灌输中医药学，而是要采用学生乐于接受的方式，吸引学生的兴趣，调动学生参与课堂的积极性，让学生对于中医药文化的关注不止于课堂。本节课程设计通过把中医药文化融入《道德与法治》学科知识，使用体验式教学方法，向学生展示中医药学的科学性和实用性，引导着青少年学生树立正确的健康观、生命观与中医药价值观。

基于这一思路，本课选择七年级上册第八课第一框《生命可以永恒吗》作为载体，结合课程标准所规定的"树立正确的人生观和价值观，尊重和敬畏生命，热爱生活，追求生命高度，成就幸福人生"教学目标，在授课过程中寻找中医药的形成与发展的历史脉络，引入古代中医药名作选段、近代中医药名家故事、现代国医大师专访的案例，有针对性地开展中医药文化启蒙教育。在本堂课中加强中医药文化宣传，搭建一个中医药文化的传播平台，向学生传播优秀、积极、正向的中医药文化精神，让学生充分吸取中医药文化中的优秀养分，从而增强学生对中医药文化的认知，让学生自觉认同中医药文化，继承和弘扬中医药文化。

三、学情分析

本课面向的对象是七年级上学期的学生，他们刚刚踏入中学的校门，对世界的认识尚未全面，对中华优秀传统文化，尤其是中医药文化知之甚少。而初中阶段是一个人形成正确人生观、价值观的重要时期，随着自我意识的不断发展，七年级学生已经自觉或不自觉地开始探问生命，思考生命的意义，并且逐步了解中医药文化。当前他们对中医药文化的了解，大多数是基于网络平台上众多媒体发布的视频和文章，所以他们对于中医药文化的认知会被网络平台的观点所影响。因此本课选用便于学生理解、接受和产生认同的中医药文化素材，在帮助学生树立正确的生命道德观念的同时，通过中医药文化案例的应用，帮助学生了解中华优秀传统文化，尤其是中医药文化，帮助他们在面对中医的疗法和中医药文化时，作出正确的价值判断和选择，认同中医药文化，并自觉弘扬中医药文化。

四、教学目标

（一）知识与技能

1. 理解生命是大自然的奇迹，懂得生命来之不易，生命是独特的、不可逆的和短暂的，了解生命发展的自然规律。

2. 对中医药精神有基本的了解，对中医药文化产生兴趣，知道中医药的成就凝聚着中华儿女几千年来的努力与创造。

（二）过程与方法

1. 理解个体生命与他人、社会、人类的关系，明确自己生命的使命，培养对生命问题的辩证思维能力，理解生命有时尽、生命有接续。

2. 培养合作精神和探究精神，提高生活中应用道德与法治知识、中医药知识解决实际问题的能力。

（三）情感、态度、价值观

1. 懂得感激生命、热爱生命，树立正确的生命道德观、人生观、价值观，增强生命的责任感和使命感，热爱生活，追求生命高度，成就幸福人生。

2. 感受中医药文化之美，体会中医药文化的科学性与实用性，感受中医药文化之源远流长，对我国博大精深的中医药文化产生自豪感，产生文化认同和文化自信，认同中医药文化，并自觉弘扬中医药文化。在面对中医的疗法和中医药文化时，作出正确的价值判断和选择。在中医药文化的继承与发展中找到自己的位置，承担一份使命。

五、教学重点难点

(一) 教学重点

本课依托《生命可以永恒吗》一课，其重点在于既要让学生体会到生命来之不易，我们无法抗拒生命的自然规律，又要让学生在学习过程中潜移默化地了解中医药文化，在面对中医的疗法和中医药文化时，能够自觉认同中医药文化，主动了解中医药文化。

所以针对这一情况，本课教学设计采用体验式教学方法来突破这一教学重点，通过展现中医药文化的案例来让学生感受中医药文化之美，并通过语言引导等形式让学生给予中医药文化更多的关注。

(二) 教学难点

本课教学难点是让学生理解个体生命在实现人类的接续中担当使命，而众多中医药学家也在中医药文化、中医药精神的接续中担当使命。同时，也要让学生切身体会自己作为中华民族的传承者，也理应接过传承与发扬的接力棒，不仅要在面对中医的疗法和中医药文化时，作出科学的价值判断和选择，而且应自觉关注中医药文化、守护中医药文化并且弘扬中医药精神。

针对这一现象，课堂材料应选择典型且容易让学生共情的案例，如对国医大师石仰山的专访对话，既能够吸引学生了解中医药文化的兴趣，增强学生的情感投入，又具有教育意义，能够启迪学生的思维，让学生感悟到在人类生命的接续中要为自己找到一个位置，在中医药文化的传承中要让自己担当一份使命。

六、教学设计总体思路

本课以《道德与法治》七年级上册教材中第四单元第八课第一框

《生命可以永恒吗》为蓝本，在教学过程中向学生渗透中医药名家名作，在教授学生知识点之余，让学生接纳和认同中医药这一中华民族优秀传统文化。本课一共分为五个环节：导入新课、自学指导、生命有时尽、生命有接续以及课堂小结，按照时间的脉络寻脉中医药文化，分别选用古代中医学名作选段、近代中医药名家故事、现代国医大师专访的案例，环环相扣，为学生呈现自古至今中医药文化的发展与传承。

首先，在导入新课这一环节中，引入一段截取自中国最早的医学典籍——《黄帝内经》的经典原文。通过让学生直面中医经典，在思考"生命可以永恒吗"这一问题的同时，感知古代中医药文化的科学性，领略中医药文化的源远流长。其次，在生命有时尽这一环节中，引用了近代中医名家章次公三剂药治好林伯渠的故事，既能让学生感受中医和中药化腐朽为神奇的力量，又能让学生体会到自中华人民共和国成立以来对中医药文化的认可和重视。最后，在生命有接续这一环节中通过国医大师石仰山的专访，让学生感受现代中医与时俱进的传承与发展。

七、教学过程

（一）教学流程设计

环节一：导入新课

教师活动：教师引导学生阅读材料。

材料一：根据《史记》记载：由于对长生不死的痴迷，秦始皇曾两次派遣徐福到海外寻找仙山，以期在山上找到服用后可以长生不老的仙药。

学生活动：一位学生朗读材料一，其余学生认真阅读材料一。

教师活动：教师引导学生阅读第二则材料。

材料二："上古之人，其知道者，法于阴阳，知于术数，食饮有节，起居有常，不妄作劳，故能形与神俱，而尽终其天年，度百岁乃去。今

时之人不然也，以酒为浆，以妄为常……务快其心，逆于生乐，起居无节，故半百而衰也。"（《黄帝内经》）

阅读材料后思考：你认为哪种追求"长生"的方式更有效果？原因是什么？你认为生命可以永恒吗？

学生活动： 阅读材料二，并听取教师对《黄帝内经》选段的解释。思考教师提出的问题。

设计意图： 通过对比两种截然不同的追求"长生"的方式，引导学生思考生命是否可以永恒，引入本课主题。

通过展示《黄帝内经》选段，让学生体会中国最早的医学典籍如何看待"长生"和"养生"，帮助学生了解其作为中国最早的医学典籍和"中华优秀传统文化百部经典"之一，对于中国古代的医学影响之深远和长久。

附材料二译文：

上古时代的人，大都懂得养生之道，取法天地阴阳的变化规律，选择适当的养生方法来调和保养精气，饮食有节制，起居有规律，不过分劳作，所以形体和精神能够协调统一，享尽自然的寿命，度过百岁才离开世间。现在的人就不同了，把酒浆当作水来贪饮，把任意妄为当作生活的常态……一味追求感官快乐，违背了生命的真正乐趣，起居没有规律，所以五十岁左右就衰老了。

环节二：自学指导

教师活动： 展示问题，帮助学生梳理本课重点知识，在学生填写的过程中给予指导和点播。

1. 生命有哪些特点？

生命 _____。

生命是 _____的。

生命是 _____的。

生命是 _____的。

2. 如何看待死亡？

我们每个人都难以抗拒＿＿＿＿＿＿＿＿。＿＿＿＿＿＿＿是人生不可避免的归宿，它让我们感激生命的获得。

我们要从容面对生命的＿＿＿＿＿＿，更加热爱＿＿＿＿＿＿，热爱＿＿＿＿＿＿，把有限的生命投入＿＿＿＿＿＿＿中去。

3. 如何看待生命有接续？

在人类生命的接续中，我们总能为自己的生命找到＿＿＿＿＿＿，担当＿＿＿＿＿＿。

＿＿＿＿＿＿，使得每个人的生命不仅仅是"我"的生命，还是"我们"的生命。

在生命的接续中，人类生命不断＿＿＿＿＿＿，人类的精神文明也不断＿＿＿＿＿＿。

学生活动：

1. 独立阅读教材第88页至93页内容，找出导学案自主学习部分填空题1~3的答案。

2. 在教师的指导下，以小组为单位，讨论和订正3道题的答案。

设计意图：指导学生在教师呈现课堂知识之前，通过自主探究和合作探讨的方式，用自己的双眼发现知识，对本课内容有一个初步的了解，为后面知识点的深度学习和中医药文化体悟打下基础。

环节三：生命有时尽

教师活动：展示名中医章次公故事。

林伯渠晚年重病，近七十高龄的他久病体虚，术后出现呃逆症状月余不止，病情危险，已两次宣布病危，西医与苏联专家齐聚治疗，均无效。卫生部中医顾问章次公赴治，用了三剂药方，17天便治愈了林老月余不止的呃逆。亲自组织抢救林老专家组的周恩来总理在病例讨论会上语重心长地说："中医好。"稍作停顿，又说话了："西医也好。"紧接着又说出了第三句话："中西医结合更好。"章次公治疗林老的消息传到了毛泽东主席处时，毛泽东高兴地说："我早对你们讲过，中医不比西医差嘛，你们还不信。"

学生活动：

1. 组织学生饰演章次公故事。

2. 思考问题并小组讨论得出答案：从章次公的故事中你发现了生命的哪些特点？我们该如何看待死亡这个人生不可避免的归宿呢？

设计意图：

1. 通过近现代中医名家章次公的真实故事，让学生认识到生命来之不易，生命是独特的、不可逆的、短暂的，每个人都难以抗拒生命发展的自然规律。引导学生反思自己对待生命的态度，热爱生命，关注自己的生命健康，树立珍爱生命的意识，从容面对生命的不可预知，为探寻生命的意义和价值做初步的准备。

2. 引导学生通过毛泽东主席和周恩来总理对于中医的评价，认识到中医的地位和作用，初步体会我国对中医药文化一直秉持的取其精华、去其糟粕的态度。

环节四：生命有接续

教师活动：展示《解放周末》对著名中医骨科名家、国医大师石仰山专访的片段。

石仰山出身于中医世家，他的父亲是老上海家喻户晓的名医石筱山。石仰山的曾祖父石兰亭开创了融传统武术正骨手法与中医内治调理方法于一体的石氏骨伤学派，并绵延与传承了130余年。

《解放周末》：现在中医医院都引进了西医的诊断设备，找中医看病也要做许多和西医医院差不多的检查，您怎么看？

石仰山：我从来不排斥中医使用现代化的科技手段……但归根到底是要为我所用，中医的魂不能丢。

《解放周末》：怎样才算"为我所用"，而不是"丢了魂"？

石仰山：就是中医思维和方法不能被西医转化。如果只会用西医的方法检查，用西医的思维诊断，开药时加上点中药，这就是丢了魂。

学生活动：

阅读石仰山《解放周末》专访片段并思考问题：

1. 石仰山的曾祖父、父亲留给了石仰山什么接续呢？

2. 石仰山的曾祖父、父亲留给社会的仅仅是物质上的接续吗？为什么中医医院引进西医的诊断设备要"为我所用"，而不是"丢了魂"？

设计意图：

1. 通过材料展示石仰山家族代代相传的中医正骨绝技，彰显一代又一代的个体生命实现了人类生命的延续，引导学生思考并发现，生命不仅仅是身体的生命，还包括社会关系中的生命、精神信念上的生命，感悟生命接续的意义。

2. 通过展示石仰山《解放周末》专访片段，让学生体会中医和西医无高下之分，各有所长。中医既承载着中国自古以来人民同疾病作斗争的经验和理论知识，又随着时代的进步而持续发展。使学生产生代入感，增强了解中医药文化的积极性和主动性，体会中医代代传承的精神文化。

（二）课堂小结

1. 教师活动

（1）带领学生回忆本课的主干知识点、复习本课重点知识点，进行课堂小结。

（2）升华本课生命主题，引发学生对生命的思考。引导学生再次思考本课的第一个问题：生命可以永恒吗？让学生明确人类身体上的生命不可以永恒，但是精神上的生命可以永恒。

（3）升华本课主题，激发学生对中医药文化的兴趣与好奇心。引导学生思考：中学生应该如何传递和发扬中医药文化？

2. 设计意图

既帮助学生深化对于本课教材观点的认识，并且掌握本课重点和难点知识，把本课的观点应用到自己的生活中去；又增强学生的情感投入，引起学生情感共鸣，让学生切身体会自己作为中华民族的传承者，也理应接过传承与发扬的接力棒。

（三）作业设计

如果你是一位"小中医"，你会采取什么方式关注自己的生命健康，守护生命呢？

（四）参考资料

［1］刘明武注：《黄帝内经素问原文》，中南大学出版社，2007年。

［2］陈俊珺：《国医大师石仰山：正一正中医的"骨"》，《解放周末》2015年1月30日。

［3］董玉节：《更好弘扬发展中医药文化》，《人民日报》2021年9月10日。

八、教学总结与反思

（一）成功之处

本节课的成功之处在于寓中医药文化教育于无形，并未把中医药知识、文化、传承和精神以知识点的形式呈现在课堂上，但又使中医药文化贯穿于整个课堂教学，在进行思想政治教学的同时，潜移默化地让学生了解中医是中华民族数千年与疾病作斗争中形成的医学科学，体会中医药文化的科学性与实用性，感受中医药文化之博大精深，进而产生文化认同和文化自信，自觉弘扬中医药文化。

（二）不足之处

本课的不足之处在于学生在学习和讨论的过程中涉及的问题比较抽

象，在一定程度上加大了课堂的学习容量，提高了学生理解问题的难度，一部分同学在理解情景和思考问题时存在一定困难。对于这种情况，在问题的研讨过程中，建议让学生采取小组讨论的方式共同解决问题，并引导学生以小组成员的身份代表本组发言，更能调动学生的积极性和学习热情，也更有利于培养学生的合作意识。

传承中华文化　滋养生命之花

沈阳市皇姑区虹桥初级中学　侯佳妮

一、课程基本信息

主讲课程：《道德与法治》

使用教材版本：人教版（2016版）

教材章节出处：《道德与法治》七年级上册第四单元第九课第一框《守护生命》

二、教学设计概述

2022年新课程标准反映了课程内容改革的新动向，本课的总目标为初步理解中华优秀传统文化的代表性成果，感受中华文化底蕴，积极面对生命与生活，进而落实新课标中核心素养涉及的各方面，如政治认同中的热爱祖国及中华文化，提高文化自信；道德修养中的养成良好的行为习惯，增强自我保护意识，掌握基本的自救自护方法；健全人格中的珍爱生命、热爱生活；责任意识中的对自己负责等。本课对应的课程内容为中华优秀传统文化教育以及生命安全与健康教育，学业质量要求为坚定对中华文化的高度认同，珍爱生命，热爱生活。

教学设计总思路：本课的教学内容通过三个环节展开，即新课导入、新课讲授以及课堂小结。

导入环节结合新冠肺炎疫情，展示中医药文化在守护生命方面为国家乃至世界作出的突出贡献，既体现学科的时政性特点，又用事实证实中医药文化的作用。

新课讲授环节主要解答两个问题：

第一，如何爱护身体。本部分通过了解祖国的中医药文化，增强学生对源远流长、博大精深的中华文化的了解，帮助学生在学习中形成珍爱生命、热爱生活的意识，在实际生活中掌握养护身体的方法，形成健康文明的生活方式。通过展示中医十二时辰养生法、五行学说和病因理论，让学生了解健康的生活方式对身心发展的重要作用，启示其爱惜并自觉养护身体。结合学校举办的防范火灾、地震演练，分享灾难发生时的自救自护方法，提高应变能力。

第二，如何养护精神。本部分通过介绍事例，如李克绍在物质条件匮乏时依然坚持阅读中医典籍、背诵经方、自学成才的事例；张伯礼院士为支持祖国中医药文化振兴，大力推动中医药读本进入中小学，进而传承中医文化、弘扬中医精神的事例，使学生感受前辈们为传承及弘扬祖国的中医药文化作出的努力。这些事例不仅体现了个人精神的发展并不完全受外部环境的制约，而且也向学生展示了中医药文化对中国人健康的作用及以中医药文化为代表的中华文化的薪火相传、历久弥新。让学生从内心深刻体会中华优秀传统文化的魅力，自觉传承中华优秀文化、弘扬民族精神，落实核心素养中的政治认同及健全人格部分，增强民族自豪感，热爱祖国。

课堂小结以思维导图的形式呈现知识点之间的内在联系，以习题演练的形式检验学生对本课内容的理解程度。

三、学情分析

中学阶段的学生正处于身体和思想的成长期，虽然独立意识逐渐觉醒，但身心发展并不成熟，在向外探索过程中容易受到不良因素的影响，对可能危害自身的行为辨别不清。而学校、家庭对学生的生命安全教育大都停留在理论层面，可能导致大部分学生对于危险事物及行为的正确认知较为浅显，缺乏自我保护意识和能力。同时青春期的孩子情绪波动较大，当无法释放压力时，可能会作出过激的行为，伤害自己的身体。因此，对中学生加强生命教育是预防和保护青少年身心健康的重要途径。

大部分中学生受生活经验的限制，对于我国传统的中医药文化了解程度并不深，有的中学生对于中医药文化的了解仅仅停留在对历史上几位著名的中医人物的初步认知，对于我国传统的中医药文化以及著名的史书典籍中关于养护生命和精神的内容知之甚少，容易忽视中医药在保护生命健康方面起到的重要作用，是以结合教材中关于养护身体、滋养精神的部分讲解祖国的中医药文化。传承中华民族文化、弘扬中华民族精神符合时代的要求，在当下中学生的生命教育中具有基础性的意义和价值。

四、教学目标

（一）了解中医药文化

了解祖国中医药文化的源远流长、博大精深及其在传承过程中为民族的健康和国家发展进步作出的贡献，深切体会祖国中医药文化作为中华文化的重要组成部分在人民生活及健康中发挥的重要作用。自觉探索中医药文化知识，养护生命、滋养精神，并传承中医药文化，发挥中医药文化在祖国现代化强国建设中的贡献，在生活实践中逐步坚定文化自信，自觉守护精神家园。

（二）养成健康的生活方式

通过了解我国中医药文化中关于身体健康的一些具体的小方法，将其逐步应用于生活和学习，帮助学生树立健康的养生意识，并养成健康的生活方式，珍爱生命、丰富精神，更加地热爱生活，喜爱祖国的文化，激发学生热爱祖国文化、热爱祖国的情感。

（三）提高自我保护能力

在珍爱生命的基础上不断增强学生的自护能力，如通过探讨如何应对火灾、地震等灾害，使学生提高安全防护意识，增强安全防范能力，以及掌握自护自救的相关知识。

五、教学重点难点

（一）教学重点

了解祖国源远流长、博大精深的中医药文化，学会运用并养成健康的生活方式。生活方式是影响健康成长的重要因素，世界卫生组织的调查数据显示，是否有健康的生活方式，对于能否健康长寿起着至关重要的作用。养成健康的生活方式，可以有效地帮助青少年预防多种疾病。中医中的十二时辰养生法为青少年提供了健康饮食、合理安排作息时间等健康的生活方式。

（二）教学难点

如何让中医药文化走进中学生的生活，保障其身体健康的同时呵护其精神健康。守护精神家园为青少年的健康成长提供了重要支撑。养护精神必须牢牢抓住中华民族优秀文化这一根基。中医药文化是中华优秀传统文化的重要组成部分，中医精神体现了自强不息的伟大民族精神，以及一个民族的高尚品格，帮助学生树立文化自信、坚定精神信仰。

六、教学设计总体思路

以视频《中医在疫情中的贡献》导入新课，引导学生理解中医为我们守护生命提供了条件。

在学习如何爱护身体时，运用问答法、情景法、讲授法的教学方法。首先展示小伟熬夜伤身体的事例，让学生谈一谈自己的看法以及自己的好习惯。从学生们的回答中提炼符合《黄帝内经》中十二时辰养生法的方法。

根据《世界预防儿童伤害报告》中的数据，显示意外伤害对于儿童安全成长造成的危险。创设情景，引导学生探讨如何在火灾、交通事故、地震等灾害面前保护自己。

在学习如何养护精神时，运用问答法、讨论法的教学方法。根据李克绍的人生经历，提出问题：在他身上我们获得了哪些启示？组织学生进行小组讨论：还知道哪些有关中医的优秀传统文化？如针灸、号脉、经方、典籍、药膳等。

最后以思维导图及习题演练的形式，回顾并应用本节课学到的相关知识及内容。

七、教学过程

（一）教学流程设计

环节一：新课导入

教师活动：播放视频《中医在疫情中的贡献》，视频中主要展示了运用中医治疗新冠肺炎的江夏方舱医院取得的"三个零"成就。引导学生思考：在江夏方舱医院中，中医药方起到了哪些作用？

学生活动：观看视频，思考问题并回答在江夏方舱医院中，中医药方起到了哪些作用。

中医药方在疫情的防护与治疗方面发挥了不可或缺的作用，临床实践证实了中医药的神奇——有效守护了医护人员的健康，在拯救新冠肺炎病人及减轻症状方面发挥了重要功效。

设计意图：导入新课，通过此次疫情，帮助学生认识到生命的不易，无论是医护工作者的辛勤付出，还是新冠肺炎病人与新冠病毒的顽强抗争，都是人们守护生命的行为。因此，我们要在日常生活中学会守护生命。

环节二：新课讲授——爱护身体①

教师活动：在屏幕中展示小伟熬夜玩手机、看球赛，导致总是不吃早饭就急急忙忙去上课，结果上课时由于能量摄入不够，注意力分散。引导学生思考：是否赞同小伟的行为？如果不赞同，请和同学们分享，日常生活中你所坚持的健康的生活方式有哪些？

学生活动：判断小伟的行为，提高辨别能力。反思不良生活习惯的危害，认识到良好生活习惯的必要性和重要性。分享自己的健康的生活方式，借鉴他人良好的生活习惯。学生总结出如何爱护身体第一点。

教师活动：根据学生们的回答，如合理安排作息时间、吃早饭等，引出《黄帝内经》中的十二时辰养生法。

帮助学生了解系统、健康的生活习惯以及生活方式。即卯时大肠经当值。早上起床喝一杯温水促进大肠蠕动，及时排便。辰时胃经当值，胃的活力最强，分泌大量胃酸，宜吃早餐。巳时脾经当值，宜补水润脾，适量活动。午时心经当值，此时一天中阳气最盛，为避免加重心脏负担，应适宜休息。未时小肠经当值，吸收调整一天的营养，应过午不食。申时膀胱经当值，膀胱经是人体重要的排毒经络，可以通过晒太阳、增加运动量、喝水等方式促进毒素排出。酉时肾经当值，此时太阳落山，阴盛阳衰，应注意保暖，注意休息。戌时心包经当值，此时一天中的记忆力最好，可以提高学习效率。亥时、子时、丑时、寅时，分别是三焦经、胆经、肝经、肺经当值，在此期间经络调节内脏平衡，排出身体毒素，应该进入睡眠，恢复元气。

学生活动：了解中医养生知识，拓宽眼界。认识到中医文化的博大精深，明确中医养生法则自古有之，体会中医文化的源远流长。懂得培养规律作息、合理饮食、适量运动、充足睡眠等生活方式对健康成长的重要性。为以后将理论化为实践，践行正确的生活方式提供基础，弘扬中医智慧。

环节三：新课讲授——爱护身体②

教师活动：在屏幕中展示刚刚升入中学的小红学习压力大，父母又不理解自己，经常大发脾气，以此来宣泄自己的情绪，最后导致肝部疼痛。看病时医生告诉小红中医讲"气伤肺、怒伤肝"，开导小红要正确面对生活中的困难和挫折，学会用适当的方法解决生活中的困难与问题，并时常保持良好的心态，学会合理调节情绪，关注身体及精神的健康状态。

提出问题：如何看待小红的行为？

学生活动：思考问题，分享观点。通过小红的事例，学生意识到要正确面对生活中的困难和挫折，学会用适当的方法解决生活中的困难与问题，并时常保持良好的心态，学会合理调节情绪，关注身体及精神的健康状态，对自己的生命负责。得出相关结论，即如何爱护身体第二点。

环节四：新课讲授——爱护身体③

教师活动：展示火灾、地震等灾难来临时的图片，创设相关情境。引导学生结合学校每年开展的防范火灾、地震演练，请学生分享遇到灾害时自己的应对方法。在学生分享到不正确和不适用的自我保护方法时，及时指正。

学生活动：分享自己的应对策略，如发生火灾时不要惊慌，第一时间拨打119；遇到浓烟俯身前行；走楼梯不坐电梯。发生地震时就近躲避，藏在课桌下面或站在墙角，双手护住头部；撤离时选择空旷场所。分享心得的同时吸收他人经验，我们所看、所听都是学习。集思广益，丰富知识储备，促进共同发展。得出结论，即如何爱护身体第三点。

环节五：新课讲授——养护精神

教师活动：展示著名中医大家李克绍的人生经历。李克绍的家境并不富裕，小学毕业后家里的经济条件不能支撑他继续读书，于是他只好辍学回家。青年时期的李克绍看到了许多人无钱治病，饱受病痛的折磨，所以他萌生了学医的想法。在没有家传也没有师承的情况下，他读完了许多中医经典著作，并背诵了大量药方。多年后，他凭借锲而不舍的精神考得了行医执照，终成一代"《伤寒论》大家"。他的大半辈子都在从事《伤寒论》的研究，他的医学著作《伤寒解惑论》深入浅出，见解独到，提高了《伤寒论》理论价值，扩大了其使用范围。李克绍一生清贫，他没有利用自己的医学成就追名逐利，而是像一颗生长在岩缝里的青竹，向着更高的中医文化不断成长，从一而终。

提出问题：为什么说李克绍像岩缝里的青竹？他的人生经历给我们什么启示？

学生活动：思考并回答问题。通过李克绍的人生经历可以看出，在生活条件艰难、物质生活匮乏的条件下，他没有放弃对人生目标的追寻，没有减少对中医文化的热情，仍然不断地吸取医学知识，积累精神财富。他的精神发展没有受外部环境的限制，而是克服重重困难，勇往直前，这也是我国勤劳勇敢、自强不息的民族精神的生动体现。对应教材，得出结论，即如何养护精神第一点。

教师活动：播放视频《中医发展史》。介绍在中华文明中默默保护人们身体健康的传统文化——中医，解读中医在我国的起源、发展和创新。体会中华民族几千年的传承发展中，离不开中医中药的健康保健作用。展示张伯礼院士谈中医药读本进入中小学并全力支持的事例。组织学生讨论：中医药文化融入中小学教育对我们的成长有什么重要意义？

学生活动：小组讨论。通过《中医发展史》这一视频感受中医浓厚的文化底蕴，感受在疫病面前中医对于人们的身体呵护以及精神支撑。随着时代的进步，中医理论与时俱进，发展创新，在此次疫情当中更发挥了突出作用。中医精神正是以爱国主义为核心的民族精神和以改革创新为核心的时代精神的具体阐释。少年强则国强，青少年是祖国的未来，他们的精神根基深深植根于中华优秀传统文化的土壤中。张伯礼院士的畅想帮助青少年在这个信息大爆炸的时代坚守精神根基，守护精神家园。总结观点，得出结论，即如何养护精神第二点。

教师活动：请几位同学上台为大家分享自己以及家人在日常生活中运用到的中医药知识，通过本课的学习在日后想要坚持哪些良好的生活方式，或分享自己了解的中医文化，如中医大家的人生经历、中医的传承历史以及在此过程中体现出的中医精神。

学生活动：分享生活经验，感受中医文化就在我们身边。检验学习成果，培养学以致用能力。

设计意图：帮助学生了解中医精神在中华民族繁衍发展中的作用及中医文化里流传了几千年的爱护身体、养护精神的传统方式，引导学生认真研读中华医学典籍，在生活中养成健康的生活方式，爱护身体，健康成长。通过感受中医文化的几千年传承、发展和创新，使青少年意识到精神财富的积累，离不开以中医文化为代表的中国优秀传统文化底蕴。作为中学生，我们通过本课的学习要在日常生活中传承中华文化并自觉弘扬中华文化沃土中孕育出的伟大民族精神，在丰富自身精神世界的过程中树立坚定的文化自信。

（二）课堂小结

本课学习了第四单元第九课第一框《守护生命》。在学习如何爱护身体以及如何养护精神问题时融入了中医药文化，做到中医药文化进教材、进课程，并通过多种教学方法，帮助学生更好地理解本课的重点问题。在《道德与法治》学科中贯穿传统文化教育及中医药科学知识的宣传，为学生在以后的生活中进一步关注身体、养护精神提供了切实可行的具体想法和做法，帮助学生在学习中逐步形成健康、文明的生活方式，热爱生命、热爱生活，从而更好地在以后的学习和生活中体会中华文化的源远流长、博大精深、与时俱进、历久弥新，进一步增强身为中华儿女的骄傲与自豪，增强民族自尊与自信。

（三）作业设计

当下，新型冠状病毒肺炎疫情是全球面临的一项世界性的挑战，面对新型冠状病毒肺炎，不同的国家及其政府选择了不同的抗疫模式，而我国积极的抗疫模式无疑堪称世界"教科书"，医务人员掌握的传统的中医药理论和方法也在防范疫情扩散、治疗新冠肺炎过程中发挥了独特的作用。请同学们查找相关资料，谈谈医护人员们在抗击疫情、预防新冠肺炎、救治新冠肺炎病人、守护生命等方面运用了哪些中医药手段（可以从经方、典籍、针灸等方面进行了解）。

（四）参考资料

［1］姚春鹏译注：《黄帝内经》，中华书局，2017年。
［2］张其成：《中医文化精神》，中国中医药出版社，2016年。
［3］王莒生：《十二时辰养生法》，《党政论坛》2013年第1期。

八、教学总结与反思

本课的教学环节主要有课堂导入、新课讲授、课堂小结三部分。本课从学生的需要出发，从身体和精神两个方面入手，帮助学生了解如何守护生命、养护精神，使学生对生命有所感悟，从而自觉爱护生命。重点放在新课讲授当中的养成健康生活方式以及养护精神。运用情境法、讨论法、问答法等多种教学方法进一步贴合生活实际，提高学生学习兴趣，帮助学生更高效地学习本课内容。

本课内容融入了中医药文化以及中医精神。中医药文化与守护生命密不可分，几千年来的实践证明了中医在中华民族繁衍过程中发挥了举足轻重的作用。中医当中的养生法则，为学生形成良好的生活方式和生活习惯奠定了理论基础。中医精神帮助学生了解中华民族在漫长的历史发展过程中形成的优秀文化，提高文化认同感以及民族自豪感。中医以它独特的作用以及丰富的精神内涵，为实现中华民族伟大复兴贡献了动力。

宣扬中医药文化　守护生命之花

沈阳市皇姑区第十二中学　黄琳

一、课程基本信息

主讲课程：《道德与法治》

使用教材版本：人教版（2016版）

教材章节出处：《道德与法治》七年级上册第四单元第九课第一框《守护生命》

二、教学设计概述

（一）课程设计思路

本课教学内容是《道德与法治》七年级上册第九课《珍视生命》的第一框，课题是《守护生命》。中医药文化是中华民族的一大瑰宝，是中华优秀传统文化的重要组成部分，博大精深的中医药文化为人类健康作出了巨大贡献。中医药经典是中医药文化的精髓，不但有着育人功能，而且是"圣贤教人之法"。本课时结合学生身边的生活实例，帮助学生学会运用中医药进行治病和保健，并通过了解名医运用中医药治病救人的故事，感受中医药的历史，引领学生既要学会关心自己的身体健康，培养维护健康的意识和能力，又要追求充盈的精神生活，满足生命的精神需求。

（二）理论依据

本课依据2022年新版课程标准，根据中共中央、国务院关于教育改革的各项要求，全面落实习近平新时代中国特色社会主义思想，将社会主义先进文化、革命文化、中华优秀传统文化、国家安全、生命安全与健康等重大主题教育有机融入课程，增强课程思想性。

（三）设计特色

为弘扬博大精深的中医药文化，我们首次尝试把其相关内容融入初中的思想政治课堂，也就是《道德与法治》课堂。这不仅丰富了思政课的教学内容，突出了该学科的教育特色，提升了教学实效性，践行了教育要与人们的生活实际相结合的理念，还让我们的下一代接班人做好了文化传承的准备，尤其是优秀文化的传承和推广。为了增强民族文化自信，课堂这个阵地必不可少。初中思政课教师应把中医药文化融入课堂教学中，用完美的教学效果给学生留下深刻的印象，让他们从内心深处感悟到增强民族文化自信，传承中医药文化的责任感和使命感。

三、学情分析

中学阶段是一个人人生观、价值观初步形成的时期，这个时期的中学生具有其自身的特点。他们比小学生知识更丰富，眼界更开阔，获得的信息量较大，但他们对事物或观点的分辨能力、理解能力尚不甚强，对于发生在自己身上的事情以及所见到的事情缺乏正确的分析和理解的能力。本课就是针对中学生这种特定的生理、心理特点和认知规律来设计教学内容的。通过教与学、活动与体验等，培养学生的生命意识和情怀，使学生从认识生命到探究生命的意义，明白要珍爱生命、守护生命，帮学生形成科学的生命价值观，实现知、情、意、行的全面发展。

四、教学目标

政治认同方面，培养学生健康的生活意识，树立珍视生命、维护健康的积极情感；道德修养方面，使学生学会珍视生命的一些具体做法，掌握基本的自救自护方法；健全人格方面，使学生了解爱护身体和养护精神的一些基本常识；责任意识方面，激励学生弘扬优秀传统文化，发扬民族精神的爱国情怀。

五、教学重点难点

（一）教学重点

引导学生了解中医药文化中爱护身体的知识、方法。

（二）教学难点

带领学生感受中医药的发明和创造是中华民族智慧的结晶，努力发扬民族精神，充盈精神生活。

六、教学设计总体思路

《道德与法治》课程的根本任务就是立德树人，是为党育人、为国育才的主要渠道和主要阵地。因此，在本课教学中运用案例教学法，教师按照新课程标准、教学目标、教学大纲和教学内容，选取中医药理论和技术作为教学案例，深入挖掘案例的育人功能和育人元素，将学生引入具体的事件情境之中，引导学生充分分析和讨论案例内容，在传授教学内容的理论知识过程中，通过案例的讨论让学生领悟书本知识。同时，通过讨论教学案例的人与事，提升学生的情感意志，陶冶学生的情操，开启学生的创新思维，以实现教书育人和立德树人的教学目标，提高思想政治理论课课堂教学的有效性。

七、教学过程

（一）教学流程设计

环节一：创设情境　引发话题

教师活动：（情景导入）5岁的豆豆感冒了，咳嗽很严重，爷爷奶奶说要带她去看中医，因为中医副作用小；而爸爸妈妈却坚持要看西医，说西医疗效快，为此一家人争执不休。你觉得应该怎么办呢？

学生活动：回应教师的问题。（看中医、看西医、中西医结合）

教师活动：（追问）为什么这样选择？什么是中医，什么是西医？

学生活动：中医是我们中国人发明的，西医则是由西方国家传到中国来的。

教师活动：（小结）西医主要利用一些化学成分提取药品，中医是我们国家的国粹，主要是以中药来治病。中国有五千年的文字可考医学史，形成我国独特的中医药学，今天我们就来了解中医药。

设计意图：通过为学生创设情景，激发学生的学习兴趣，并使学生了解到中西医的区别。

环节二：体验探究　感受神奇——爱护身体

1. 学生自身利用中医药治病和保健的方式

教师活动：现在人们利用中医药都可以做些什么呢？（治病、保健）

学生活动：学生结合药盒介绍。学生展示吃过的中药的包装，并介绍这种药的功效和成分。例如：出示"蒲公英颗粒"药品的包装，并介绍成分。

教师活动：这是我搜集到的一些图片，看看你认识哪些，说一说它是干什么用的。

学生活动：回应教师提问。

教师活动：螳螂可以解毒消肿，用于治疗咽喉肿痛，还可以治疗脚气；大蒜可以杀虫解毒，用于治疗感冒、肠炎；生姜可以化痰止咳，用于治疗风寒感冒、胃寒呕吐等症状。这些普通的植物、动物还有矿物通过中医药原理加工就能治病。除了利用中医药治病以外，你们选择的保健方式还有什么？

学生活动：回应教师提问。

教师活动：大家听一段音乐。教师播放音乐，要求学生做眼保健操，并说出现在的感受。

学生活动：回应教师提问。

教师活动：（小结）眼保健操就是利用中医的原理，通过对穴位的按摩达到舒缓眼睛疲劳、预防近视的作用。没想到吧，我们每天都在接受中医药的呵护呢。

2. 身边的人利用中医药治病和保健的方式

教师活动：（提问）你们家里人又是怎样利用中医药治病和保健的呢？课前大家进行了调查，请你根据调查的结果来说一说。

学生活动：汇报调查情况。

教师活动：学生汇报时教师适时引导。

A. 利用针灸治疗中风、近视。教师补充：针灸分为针刺和灸法。（针灸，是我国传统医学中一门独特的疗法。"针"即针刺，以针刺入人体穴位治病。"灸"即艾灸，以火点燃艾炷或艾条，烧灼穴位，将热力透入肌肤，以温通气血。大家看过电视剧《我的丑娘》吗？剧中老太太利用艾蒿搓成卷给她的儿子治肚子疼的方法就是灸。针灸就是以这种方式刺激体表穴位，从而达到治病保健的目的。针灸因为易学易用，已经在现代家庭医疗中发挥越来越重要的作用。）

B. 利用刮痧治疗感冒。教师补充：刮痧。（刮痧就是利用刮痧器具，在家里有时会就地取材利用身边的一些小东西，例如：硬币、硬塑料片充当刮痧板，刮拭经络穴位，改善局部微循环，疏通经络，消肿止痛，从而起到防病治病的作用。）

C. 利用拔火罐治病、美容。

教师活动：（小结）使用一些非常普通的植物、动物或简单的器具，通过利用中医药学的原理进行加工和使用，就能达到治病和保健的目的，使我们认识到中医药真的很神奇。

设计意图：通过调查使学生感受到在我们身边人们普遍利用中医药治病，并利用中医的原理来进行保健。通过中医药的材料就能起到治病强身的作用，学会维护身体健康。

环节三：体验探究　感受神奇——滋养生命

1. 中医治病的神奇故事

教师活动：我们介绍了身边的人利用中医药治病的故事，其实不仅是现在，古时候也有很多利用中医药治病的神奇故事，能把你知道的故事讲给大家听吗？

学生活动：学生展示介绍。

教师活动：补充扁鹊为蔡桓公治病的故事。（提问）通过这些小故事你有什么想法呢？

学生活动：发言回应教师问题。

教师活动：（小结）从古至今，我国传统的中医药技术为人们祛除病痛，挽救生命，演绎了很多神奇故事。

2. 了解古代名医，感受中医药历史

教师活动：在中国历史上有很多著名的医药学家，他们对中医药的发展作出了杰出的贡献。请各小组展示汇报自己的调查情况。

学生活动：分组汇报调查情况。

教师活动：（适时补充知识介绍）世界上现存最古老、最完整的医学著作就是《黄帝内经》。它总结了先秦时期的医学理论和实践经验……（提问）通过大家的介绍以及年代尺的标注，你从中得出什么结论？

学生活动：回应教师问题。（历史久远、很古老、对世界影响大……）

教师活动：（小结）从《黄帝内经》到华佗、李时珍，我国出现了很多著名的医学著作和医药学家，从而可以感受到我国中医药具有悠久的历史，不仅在当时的社会为人们治病，而且对现在的中国以至于世界都产生了深远的影响。这都是我们中华民族的优秀传统文化，我们要不断学习和弘扬，以传统文化滋养我们的精神家园。

设计意图：通过讲述古代名医治病的故事，使学生进一步感受到中医药的神奇。通过探究活动使学生感受我国中医药学的悠久历史，以及我国中医药学对世界的重要影响，增强使命感，努力宣扬传统文化，滋养精神家园。

（二）课堂小结

通过本节课的学习，同学们知道应该怎样利用中医药知识和方法来守护我们的生命之花了吗？

守护生命首先要爱护身体。我们可以通过吃中药治病、防病，还可以通过针灸、刮痧、拔罐等利用中医原理治病和保健的方式保护自己与家人的身体。

守护生命还需要养护我们的精神。平时多阅读著名的医学著作，学习并宣扬中医药原理，用这些优秀的传统文化滋养守护精神家园，在个人精神世界的充盈中发扬民族精神。

（三）参考资料

［1］姚春鹏译注：《黄帝内经》，中华书局，2017年。

［2］张其成：《中医文化精神》，中国中医药出版社，2016年。

［3］鄢圣英：《中医药与健康》，南京大学出版社，2015年。

八、教学总结与反思

　　本课教学设计的优点是较好地结合了学生的生活实际，让学生能在自身生活经验的基础之上学会独立思考，并且能很好地与小组成员合作学习与探讨，这也体现了在新课改趋势下，应该注重培养学生独立思考和小组合作探究学习的能力。但是本课中有些环节的内容较为单一，所设置的活动与学生生活经历的联系性也并不那么强，还应该更加丰富多样化些，设计出更加贴合学生生活的经验活动去启发学生思考，这样所教授的内容能更轻松地为学生所理解，学生也能对所学知识有一个更加清晰全面的认识；同时探讨的问题与知识点的衔接性还有待加强，本课时重点难点的体现也还应该再多加思考，寻找最有效的表现方式。

尚中医　爱生命

辽宁省实验学校　田甜

一、课程基本信息

主讲课程：《道德与法治》

使用教材版本：人教版（2016版）

教材章节出处：《道德与法治》七年级上册第四单元第九课第一框《守护生命》

二、教学设计概述

（一）设计思路

本课教学采用新课程标准中的项目式学习教学方法，围绕中医药文化在社会中存在的认同差异问题，例如"中医药过时了吗""中医药到底能不能治病救人""中医药能否守护我们的生命"等问题展开项目式学习，学生分组进行广泛的调查，分析现状及提出解决方案，并将自己调查体验的结果，以成果的方式在班级展示。以此使学生认同中医药文化在守护生命上的作用，为中医药优秀文化感到自豪和骄傲，更加热爱生命，坚定文化自信。

（二）理论依据

党的十九大报告中指出，要坚定文化自信，推动社会主义文化繁荣兴盛。中医药文化是中华民族传统文化的一颗明珠，浓缩了中华优秀传统文化的精粹，并在我国卫生健康事业中持续不断地发挥着重要作用。党的二十大报告明确指出，要推进健康中国建设，促进中医药传承创新发展。以中医药文化为着力点，根据各学段特点，有针对性地挖掘教学内容和选用教学方法，将其融入大中小学思政课堂，有助于推动思政课高质量发展，落实铸魂育人、增强文化自信的教育功能。

（三）设计特色

本课是初中《道德与法治》课程中对于项目式学习教学方法的一次积极探索与实践，也是中医药文化融入大中小学思政课一体化建设的一次尝试。几个项目式学习小组任务的布置，注重五育融合，树立德育、兼顾智育、感悟美育、体会劳育、注重体育，并在课后作业设计上，构建跨学科学习。让更多学生切身感受到中医药文化在守护生命上的切实作用，使中学生认同中医药文化，树立文化自信，培养学生政治认同、健全人格和责任意识等核心素养。

三、学情分析

中学生对生命的认识较为模糊，主要体现在他们对生命问题的认识不够，理解不到位，甚至时而会发生偏差，这和他们生理及心理所处的时期相关，也与自身认知水平相关。

中学生对中医药文化关注程度不高，认知和接受程度也较低，即便想了解也没有合适的途径。对于初中阶段的学生来说，中医药文化教育出现了断层，在此年龄段人群中，遇到身体健康问题首选中医药方法调理治疗的占极少的比例。中学教育中普及、传承中医药文化成为迫切需要。中医药文化教育要同学生的成长环境结合起来，要融入他们的学习生活中，起到润物细无声的作用，再进而结合生命观、健康观教育。

以《道德与法治》课程教学目标为基本遵循，中医药文化的融入要符合思政课建设的总体目标和阶段目标，在增强文化自信、落实立德树人的基础上，明确各学段具体目标，小学阶段重在启蒙和感受，培养兴趣；初中阶段重在认知和认同，加强对中医药文化的了解，培育对中医药文化的自豪感。

四、教学目标

通过对材料《抗击新冠肺炎疫情的中国行动》白皮书的分析，使学生深入认识中医药文化在守护生命中的重要作用，增强对中医药文化的认同感，加深中学生对党的中医药优秀传统文化传承、创新和发展政策的理解，培养政治认同的核心素养。

通过项目式学习分组任务的完成，使学生了解中医养生保健知识，以及中医知识守护生命的具体做法，同时习得提出问题、设计方案、解决问题的能力；使学生树立珍爱生命的意识，厚植传承民族文化的爱国情怀，实现培养健全人格和责任意识的核心素养。

五、教学重点难点

（一）教学重点

了解中医药文化中爱护身体的知识、方法；用中医药文化探测身体的信号，以实现爱护身体、守护生命。

（二）教学难点

认同中医药文化这一中国优秀传统文化，对中医药文化产生自豪感，弘扬民族精神，自觉守护精神家园。

六、教学设计总体思路

本课采用新课程标准中提倡的项目式学习教学方法，学生结合本课学习内容，通过问卷、查阅及考察等方式，对"中医过时了吗""中医到底能不能治病救人""中医能否守护我们的生命"等问题进行广泛的调查，使学生更加认同中医药文化在守护生命方面的作用，为中医药优秀文化感到自豪和骄傲，更加热爱生命、热爱中医药文化，树立文化自信。在此基础上，鼓励学生通过调查提出中医药文化在社会中存在的问题，提出解决问题的方案，并将自己调查体验的结果，以成果的方式在班级展示。

七、教学过程

（一）教学流程设计

环节一：课堂导入——由项目式学习小组第二组展示成果引入课堂

教师活动：清明插柳、端午插艾、中秋饮桂、重阳饮菊……中华民族的传统节日不仅涵盖着人文与自然科学知识，还蕴含着中国人代代相传的中医养生保健密码，几千年来守护着中华儿女的生命健康。金秋十月，有一个传统节日即将到来了，同学们知道它是什么节日吗？

学生活动：重阳节。

教师活动：没错，就是农历九月初九重阳节。那么，重阳节里蕴含怎样的中医养生保健密码呢？下面，让我们有请项目式学习第二组来解密。

学生活动：

生1：大家好，我们小组在项目式学习中的任务是——传统节日中的中医养生密码。适逢重阳节，我们就聊聊重阳节喝菊花茶的养生密码。这一习俗早在晋朝时就已经出现，根据葛洪《抱朴子》的记载，晋朝南阳地区，很多山中人家会专门饮用长满菊花的甘谷水，从而达到延年益寿的目的。虽然看起来是喝水，但水中落入菊花，河边遍生菊花，这种环境下的泉水，自然浸润菊花香气，与喝菊花茶差不多。

生2：进入现代社会后，很多人整日忙碌，每天加班工作，经常熬夜，一直在透支身体。这种情况下，到了秋天干燥时，就很容易患上"秋燥"，出现上火、溃疡，甚至肠胃不适。菊花是清热下火的植物，经常用它泡茶喝，能够清心，避免"秋燥"。对于长期用脑过度的老师和我们，很适合用菊花配枸杞子泡茶，这绝不是好多人说笑中的中年标配，实际上，这两者搭配，在深秋时节饮用，效果真的很好，不分年龄段，不分男女，都很适合。

生3：我们所说的可都是有根据的。我国最早的药学专著《神农本草经》列菊花为上品，曰："久服，利血气，轻身，耐老，延年。"《本草纲目》载菊花颇全："苗可蔬，叶可啜，花可饵，根实可药，囊之可枕，酿之可饮，自本至末，罔不有功。"可见菊花浑身上下皆是宝。下面就由我组的生4和生5为老师与同学们，泡制一壶菊花茶吧。

生4和生5：两个女生身着汉服，在准备好的透明玻璃壶中，放入比例为10∶3的枸杞子和菊花，加入适量的开水，焖泡几分钟后，菊花慢慢盛开，壶中水逐渐变色。倒入精致的透明玻璃杯中，给老师和同学们带来一丝甘甜，优雅至极。

教师活动：一株小草改变世界，一枚银针联通中西，一缕药香穿越古今。中医药包含着中华民族几千年的健康养生理念及其实践经验，为守护生命作出了巨大贡献，对世界文明进步产生了积极影响。面对新冠肺炎疫情大考，中医药交出了一份出色的答卷。

设计意图：用项目式学习小组的成果进行课堂预热，创设轻松的"暖场"情境，用自制中医养生枸杞菊花茶引入新课，自然流畅。

环节二：项目回顾及由项目式学习小组第一组汇报

教师活动：在新冠肺炎疫情防控中，中医药起到了非常重要的作用，但是，仍有一些质疑中医药的声音存在。当然，这不是在疫情期间才有的现象。长期以来，有些人反对中医药，有些人污名化中医药。中医过时了吗？中医到底能不能治病救人？中医能否守护我们的生命？

针对这些问题，我们开展了项目式学习。从立项到今天，我们已经完成了分组、编制、发放问卷、走访调研和整理资料等工作，取得了一定的成果。下面我们通过视频一起回顾一下项目式学习过程中的点点滴滴。（播放视频）

学生活动：通过整理和分析调查问卷结果，总结如下：大部分人对中医药持肯定态度，但了解程度有限，只有少部分人对中医药是质疑的态度。我们通过走访调研、整理资料，发现中医药的确可以治病救人、守护生命，从古至今，不乏传世的成功案例，从神医扁鹊到著有《本草纲目》的李时珍，到屠呦呦因"青蒿素"获得诺贝尔奖，再到现在疫情中发挥重要作用的中医药。其中太多例子可以证明。

教师活动：我们要弘扬发展中医药文化，就需要努力把中医药文化与现代健康理念相融相通，使之得到公众的认可，来更好地守护生命健康。传承发展中医药文化，是弘扬中华优秀传统文化的实践需要。请各小组设计一个活动方案，让同学们能更好地了解中医是怎样守护生命的。（驱动性问题）

设计意图：用项目式学习的教学方法，把班级同学分成若干小组，把收集上来的各组活动视频剪辑合成，回顾从项目前期的走访调研到实际推进的过程。引出项目式学习驱动性问题：请各小组设计一个调查主题，让同学们能更好地了解中医是怎样守护生命的。

环节三：项目式学习各小组成果展示

教师活动：观看各小组的成果展示并适时点评。

学生活动：

1. 项目式学习第一组：在环节二已展示。

2. 项目式学习第二组：在导入环节已展示，冲调茶饮既体现了守护生命中的养护精神，又有爱护身体的作用。

生1补充提问：除了喝枸杞菊花茶清心润肺外，同学们还知道哪些重阳节里用中医药文化知识守护生命的应用？

同学回答及生1补充总结：

（1）在秋季，我们要早睡早起，还可以在中午小睡15分钟。《黄帝内经》中说"与鸡俱兴"。

（2）同学们要适当运动、注意保暖，因为在重阳节前后，早晚温差变化很大，常有冷空气侵袭。

（3）我们可以经常用热水泡脚，在中医药文化中，胜似补药。

3. 项目式学习第三组：中医"治未病"，体现爱护身体，守护生命。（视频）

生1：爱护身体、预防疾病在中医中被放在首位。中医说的"治未病"你了解吗？它最早见于中医经典著作《黄帝内经》，如"是故圣人不治已病治未病，不治已乱治未乱"，其实就是说，疾病重在预防，要珍爱生命，重视养生调摄。

我们一起来感受一下中医"治未病"是如何守护人体健康的。（播放视频）每年进入夏季的三伏天，我们常会看到中医院的大厅里挤满了前来进行贴敷治疗的人们。这就是根据中医"冬病夏治"的原理，用三伏贴来"治未病"。

生2：采访同学，谁贴过三伏贴，感受如何？

4. 项目式学习第四组：推拿按摩有奇效。（图片、现场演示）

生1：推拿又称按摩。推拿有什么效果呢？

用双手在身体上施以不同的力量、技巧和功力，来刺激某些部位就能达到治疗疾病的效果，听起来是不是很神奇？其实这就是我们常说的推拿。早在远古时期，人们本能地用手去抚摸按揉身体的伤痛，经过长久的经验积累形成了推拿疗法。你们一定想不到，商代殷墟出土的甲骨文卜辞中，就出现了有关按摩的文字。

生2：结合图片，指出几个穴位，并说明实际上我们每天做的眼保健操就涵盖了中医推拿按摩的原理。（出示图片）

按压风池穴（大致与耳垂齐平）。双手食指和中指并拢，用力旋转按揉，以有酸胀感为宜，经常操作能够放松颈部肌肉，缓解长时间伏案低头的疲劳。

挤按睛明穴。对照图示按住睛明穴，先向下按，再向上挤，反复挤按1分钟，可以起到明目醒神的效果。

揉四白穴（眼眶下方的凹陷处）。注意图示中的手型，每次按揉1分钟，具有养眼明目的功效。

生3：以上的方法简单又实用，同学们还可以记住这样一个穴位——合谷穴，可以缓解头痛、牙痛哦！

请同学们按我的方式找到合谷穴。针灸歌赋《四总穴歌》云："面口合谷收。"如果同学或家人有头痛、牙痛，可以尝试按这个穴位。

5. 项目式学习第五组：传统保健功法来调理身心——五禽戏。（实际操作、视频）

生1：介绍五禽戏。

五禽戏是中国传统导引养生的一种重要功法，由东汉医家华佗收集、整理中国古代先秦各家之导引术，结合中医经络学原理，将零散的导引动作精心设计并贯串而成。通过模仿虎、鹿、熊、猿、鸟等五种动物的动作，以达到保健强身的目的。

生2：播放视频，直观地看五禽戏的练法，并带领同学们一起体验。

设计意图：学生以项目式学习小组为单位，以实操演示、调研报告、视频、讲解等形式进行精彩的成果展示。学生的成果展示，汇集了学科核心知识和关键能力，很好地把中医药文化和思政课融合到一起。

（二）课堂小结

教师对项目式学习小组的成果展示进行总结，肯定同学们的付出，并提出课后思考，鼓励学生课后继续了解中医药文化。

只有民族的，才是世界的。很多海外友人认为中医药最能代表中国文化，其代表程度仅次于中餐。那么，中医药这张亮丽的中华文化名片是如何走向世界，成为"美美与共"的中国处方的呢？

教师补充资料，帮助学生理解并鼓励学生课后继续探讨。

补充资料：20世纪中期以后，随着美国总统尼克松访华，随行记者莱斯顿在北京协和医院接受针灸治疗并在《纽约时报》头版刊发报道，世界范围内掀起了一股针灸热潮。西方国家的人们开始重新认识针灸，并由此促进了针灸和中医在西方国家的真正流行。同时，由于针灸和中草药治疗很多疑难病症以及慢性疾病具有良好疗效，也使得人们对这种取材天然且毒副作用较小的疗法越来越信任。越来越多的西方人开始接受针灸和中草药治疗，中医和针灸诊所也在全世界遍地开花。在教育方面，许多西方国家开设了中医和针灸的相关课程，越来越多的人开始对这一古老而神奇的医学感兴趣。

近些年来，中医药迎来国际化发展的大好时机。伴随着国家"一带一路"倡议的推广实施，中医药作为代表中国的文化名片之一，在"一带一路"沿线国家纷纷开花结果。目前，中医药已传播到183个国家和地区，通过中医医疗保健服务、中医药技术培训、中医药文化传播等形式，让世界上更多的人了解中医、喜爱中医、学习中医、使用中医。

（三）作业设计

以项目式学习小组为单位，选择一项作业：

1.（与美术、生物学科融合）请同学们去田野间找一找青蒿、艾叶、荠菜、蒲公英等常见的中草药，将其制作成精美的药材标本赠送给自己的父母、老师和朋友，或在班级展板展出。（方法：①修剪标本；②压制标本；③标本的消毒；④标本的装订。）

2.（与音乐学科融合）学唱歌曲《本草纲目》，了解歌词中提到的中药材及作用，利用班会课展示。

3.（与体育学科融合）在八段锦、五禽戏、太极拳或武术拳操这些传统保健体育运动中，任选其一来学习，进行班级内展示，并为同学们普及传统保健体育运动知识。

（四）参考资料

[1] 李晓东：《义务教育课程标准（2022年版）课例式解读：道德与法治》，教育科学出版社，2022年。

[2] 孙光荣、王琦：《全国中小学中医药文化知识读本：中学版》，中国中医药出版社，2020年。

八、教学总结与反思

本课是初中《道德与法治》课程全面推荐项目式学习的一次积极探索与实践，也是中医药文化融入大中小学思政课一体化建设的一次尝试。在本课的项目式学习中，学生结合教材学习内容，通过问卷、访谈、查阅、考察等方式，对"中医过时了吗""中医到底能不能治病救人""中医能否守护我们的生命"等问题进行广泛的调查，使同学们加深了对中医药文化在守护生命上的作用的认同，为中医药优秀文化感到自豪和骄傲，更加热爱生命、热爱中医药文化，树立文化自信。在此基础上，提出中医药文化在社会中存在的认同不够广泛的问题，学生设计解决问题的方案，并将自己调查体验的结果，以成果的方式在班级展示，使学科知识以一种开放、综合的真实情境和问题呈现，以此为驱动引发学生学习兴趣，并积极主动习得知识。学生通过充分实践和研究去探索解决问题的途径，提升了必备品格和关键能力，形成了学科思维，让更多学生切身感受到中医药文化在守护生命方面的切实作用，体现了中学生认同中医药文化，树立文化自信，培养政治认同、健全人格和责任意识等核心素养。让《道德与法治》课堂绽放出别样精彩！新的教学方式是教师在未来教学道路上继续探索的方向。

传承中医药文化　强国有你有我

辽宁省实验学校　李璠

一、课程基本信息

主讲课程:《道德与法治》

使用教材版本: 人教版（2016版）

教材章节出处:《道德与法治》八年级上册原创活动课

二、教学设计概述

本节活动课的特色是采用议题式教学的方式，以辽宁中医药大学建校64周年校庆开展系列活动为主线，以"中医药文化的魅力何在"为议题，以"一棵小草，一个故事，一个民族，一个世界"为主题，引导学生了解中医药文化的博大精深、中医药对世界的贡献以及如何传承中医药文化，为强国梦贡献青春力量。

一棵小草是指青蒿，代指更多的中草药；一个故事是指屠呦呦荣获诺贝尔奖的故事，也是代指神农尝百草、扁鹊三兄弟等更多的中医故事；一个民族当然是指善良朴实、勤劳勇敢、热爱和平、不屈不挠、自强不息、爱国爱家的中华民族；一个世界既是指面向冬奥会这一全球盛会的全世界人民，又是指中医药不断走向世界更多的国家和地区，还是指全球新冠肺炎疫情防控下的人类命运共同体。

为实现从情感、思想、素质到担当的阶梯式递进的一体化目标体系，需要在中医药文化的教学内容及教学实践方面进行层次化的设计。小学阶段的教学内容注重直观，贴近日常生活，从身边可见的、常见的有关中医药的人、事来启蒙，养成良好的习惯和健康的人格；初中阶段的教学内容注重感性认识，从中医药文化的历史发展过程来认知，增强对中医药文化源远流长及中医药对人类发展的贡献的认识；高中阶段教学内容注重理性认识，从中医药文化的哲学思想以及精神内涵来理解，挖掘哲学智慧，增强文化自信。

本节活动课引导学生有意识地了解中华优秀传统文化之一——中医药文化，从而使学生自觉重视中华优秀传统文化的价值，重视对社会主义核心价值观的践行，形成对民族文化的认同，增强对中国特色社会主义文化价值的认同与自信，同时能够传承中医药文化。

三、学情分析

文化自信，是更基础、更广泛、更深厚的自信。当今世界，各种思想文化相互激荡，我们坚定文化自信，需要从中华优秀传统文化中发掘资源，构筑共同的精神家园。"人生的扣子从一开始就要扣好。"中学生正处于世界观、人生观、价值观形成的关键时期，使学生筑牢中华优秀传统文化底色，传承中华美德，弘扬民族精神，自觉培育和践行社会主义核心价值观，对学生的健康成长具有重要意义。

随着年龄的增长及学科知识的积累，八年级学生对中华优秀传统文化有了一定的认知，但对中医药文化了解不多。随着经济全球化与信息技术的发展，历史的和现实的、本土的和外来的、先进的和腐朽的等各种文化相互激荡。在这一大环境下，八年级的学生受其心理发展水平、认知能力及辨别是非能力的限制，在一定程度上会淡漠对中华优秀传统文化价值的认识及认同，特别是对中医药文化的不认同，很多同学不相信中医，对中医保持怀疑审视的态度，从而忽视对中华优秀传统文化的继承与发展。

四、教学目标

习近平总书记指出："中医药学包含着中华民族几千年的健康养生理念及其实践经验，是中华民族的伟大创造和中国古代科学的瑰宝。"中医药文化包括天人合一、顺应四时、形神兼顾、阴阳平衡等理念，是中华优秀传统文化的重要组成部分。

（一）要培养的核心素养

1. 政治认同中的价值取向

践行和弘扬社会主义核心价值观，坚定共产主义远大理想和中国特色社会主义共同理想，增进中华民族价值认同和文化自信。

2. 责任意识中的有序参与

具有民主与法治意识，守规矩，重程序，能够依规依法参与公共事务，根据规则参与社会生活的民主实践。

（二）教学目标

1. 通过分享会，讲述中医药文化的红色故事，增强对中医药文化的认知和认同，进一步加强对中医药文化的了解，培育对中医药文化的自豪感和自信心，不断坚定文化自信。

2. 通过颁奖礼、中医战"疫"等活动，弘扬中华优秀传统文化讲仁爱、重民本、守诚信、崇正义、尚和合、求大同的核心理念，了解中医药文化对世界发展与进步的影响和作用。

3. 通过晚会策划活动，体会中华文化的源远流长与博大精深，理解中华优秀传统文化的核心思想理念；弘扬民族精神，体会强烈的中华民族自豪感。

五、教学重点难点

(一) 教学重点

借助中医药文化这一重要组成部分，讲清楚中华优秀传统文化讲仁爱、重民本、守诚信、崇正义、尚和合、求大同的核心理念。

(二) 教学难点

引导广大学生正确理解中华优秀传统文化的核心思想理念、弘扬民族精神，从而能够进一步坚定文化自信，践行"强国有我"的铮铮誓言。

六、教学设计总体思路

本节活动课采用议题式教学的方式，以"中医药文化的魅力何在"为总议题，设置四个子议题：

子议题1：探寻中医药文化之美；

子议题2：新时代该如何继承和发展中医药文化；

子议题3：从中医药参与抗"疫"中理解民族精神；

子议题4：青年有担当，共筑文化强国梦。

七、教学过程

(一) 教学流程设计

环节一：探寻中医药文化之美（分享会）

教师活动：2022年是辽宁中医药大学建校64周年，学校推出系列活动。校庆系列活动1——讲述中医药文化之美。

学生活动：收集中医药在中国革命史上的重要贡献；分享领袖佳话

和红色故事。全班分成4个小组，将课前收集好的中医药红色故事与全班同学进行分享。

设计意图：引导学生通过收集整理中医药在中国革命史上的红色故事及中医药文化对世界的影响，不断增强对中医药文化的认知和认同，逐步加深对中医药文化的了解，感受中医药文化的魅力之美。

环节二：新时代该如何继承和发展中医药文化（颁奖礼）

教师活动：校庆系列活动2——颁奖礼，为在中医药文化中作出巨大贡献的历史人物颁奖。

学生活动：任务1：收集我国发展过程中优秀的中医药代表人物及相关故事，如屠呦呦荣获诺贝尔奖、神农尝百草、扁鹊三兄弟等中医故事；任务2：为杰出人物设计颁奖词，在颁奖词中凸显中医药文化对世界的影响和贡献。

设计意图：学生通过收集整理中医药优秀代表人物及故事，并设计颁奖词，可以潜移默化地受到教育，为优秀人物的精神品格所影响，主动思考新时代该如何继承和发展中医药文化，同时进一步了解中医药文化对世界的影响和贡献。

环节三：从中医药参与抗"疫"中理解民族精神（讨论吧）

教师活动：校庆系列活动3——中医战"疫"，播放《焦点访谈——战"疫"中的中医药力量》视频片段，引导学生了解中医药在抗击新冠肺炎疫情中发挥的巨大作用。

学生活动：分组讨论中医药在参与抗击新冠肺炎疫情防控中遇到了哪些难题，中医药全面深度参与疫情防控体现了中华民族精神怎样的时代内涵。学生分享其中蕴含的中华民族的伟大民族精神（习近平总书记在第十三届全国人民代表大会第一次会议中指出，中国人民具有伟大创造精神、伟大奋斗精神、伟大团结精神、伟大梦想精神）及其凝聚着的强大精神力量。

设计意图：通过分享会活动，学生在分享中医药抗"疫"故事及成就的过程中感悟民族精神在当代的具体体现，从这些具体体现中提取伟大的民族精神，理解伟大民族精神的时代内涵。

环节四：青年有担当，共筑文化强国梦（策划园）

教师活动：校庆活动4——校庆晚会，策划一台以"传承中医药文化，践行强国有我"为主题的晚会。

学生活动：分组讨论如果由你来担任校庆晚会的总导演，你将如何在晚会中彰显中医药文化的魅力。学生以小组为单位分享策划思路；归纳总结青年人应该如何传承中医药文化，践行"强国有我"的铮铮誓言。

设计意图：通过策划园活动，让学生自己构思校庆晚会，体会中医药文化的魅力，感悟中华优秀传统文化的博大精深以及中华民族精神的伟大，以此提升学生的文化自信，激发学生的民族自豪感，同时引导学生践行"强国有我"的铮铮誓言。

（二）课堂小结

习近平总书记强调，中医药学"凝聚着中国人民和中华民族的博大智慧"。一株草药改变世界，一枚银针联通中西，一缕药香穿越古今。中医药学既是"中国古代科学的瑰宝"，也是"打开中华文明宝库的钥匙"，凝聚着中华民族的博大智慧。中医药的根是中华历史悠久的传统文化，中医药的魂在于我国劳动人民的辛勤和实践。我们看到的不仅是中医药神奇的魅力，中华民族传承的健康养生理念及其实践经验，更是源远流长、薪火相传的中国优秀传统文化。

（三）作业设计

以小组为单位，创作"中医药文化之美"手抄报，鼓励广大师生自发担当中医药文化产品的创作者和推广者，积极传播中医药文化的魅力。

（四）参考资料

[1] 赵建通、刘金辉、岳冉冉：《"向全世界展示中医之美"——冬奥会上的中医药展示区成为中外文明互鉴的新窗口》，新华网2022年2月13日。

[2] 唐红：《坚定中医药文化自信 让千年瑰宝在新时代焕发新的光彩》，《文汇报》2022年3月10日。

八、教学总结与反思

本课以培养学生核心素养为目标，以冬奥会中医药展厅为切入点，探索中医药文化背后的中华优秀传统文化与民族精神；通过引导学生完成具有逻辑关系的递进式任务，培养学生的语言表达能力和学科思维能力，达到理想的教学效果。梳理总结本节课的教学内容，具有以下教学特点。

（一）目标引领，学教一体

以教学目标为指针，设计评价量表，指向四个子议题的研学任务，聚焦学科知识，体现知识间的相互联系，做到核心知识与任务一一对应，保证核心素养目标落地。通过小组合作讨论及小组互评，力求达到教学评一体化，且评价指标明确、具体，直观呈现具体学习效果。

（二）学生主体，深度学习

四个子议题分别设计为探寻中医药文化之美、新时代该如何继承和发展中医药文化、从中医药参与抗"疫"中理解民族精神以及青年有担当，共筑文化强国梦，每一个子议题都反映了以问题为导向的教学思想，真正做到让教学设计服务学生学习、让教学内容服务学生成长，有助于学生在体验、探究、逐层推进学习的过程中获得知识和能力。

（三）四线合一，层层递进

四个子议题、四个情境、四个活动自然过渡，一条主线贯穿其中。从感知、品味、弘扬、践行四个维度开发议题、选择情境、设置问题、开展活动，使学生对中医药文化背后的中华优秀传统文化与民族精神从感性认识上升到理性认识，从理性认识转化为弘扬中华优秀传统文化与民族精神的实践行动，从而达到"内化于心，外化于行"的教学目的。

传承岐黄薪火　弘扬中华国粹

沈阳市皇姑区第三十三中学　宁焱

一、课程基本信息

主讲课程：《道德与法治》

使用教材版本：人教版（2016版）

教材章节出处：《道德与法治》九年级上册第三单元第五课第一框《延续文化血脉》

二、教学设计概述

中医药是中华民族的珍贵财产，它不仅是古代科学的精髓，更是世界文明发展的重要推动力。在新冠肺炎疫情面前，中医药也以出色的表现为全球对抗疫情作出了重要贡献。

《中医药文化传播行动实施方案（2021—2025年）》强调，要将中医药文化融入群众的日常生活中，"讲好中医药故事"则为此提供了明确的指导，以促进中医药文化的传承和发展。

中医药文化的价值理念、思想模式、哲理系统深植于中华传统文化之中，已经深深地融入中国人的日常生活中。为了让更多人正确认识中医的贡献和价值，我们应该努力讲好中医药文化的故事，宣传中医药文化精神，增加中医传统文化的魅力。

在新的时代，我们有责任将中华民族的原有优秀文化继承下来，让学生深入了解中医药文化，并将其融入他们的日常生活中，让他们更加深刻地认识到中医药的重要性，学习中医人身上的优秀品质，学会从中医的角度了解身体、了解疾病，提升自身的健康管理能力，从而培养中医药文化素养，为他们的健康发展奠定坚实的基础，在心里埋下了一颗热爱中医药的种子。

三、学情分析

中学生处于身体成长和心理成长的快速发展期，提高对自身的健康管理能力尤为重要。他们拥有比较丰富的知识储备，并具有一定的思考问题的能力。这些知识的来源主要通过曾经学过的教材课文内容、著名中医药名家的故事、基于生活中自己或家人身体不舒服时治疗的选择、影视作品等，并没有形成对中医药文化的一个系统的理解。

中学生拥有丰富的兴趣爱好和活跃的思维能力，他们有着强烈的探索精神。通过深入学习中医药传统文化中独到的人生观、保健观和病人观，可以更好地发掘中医药资源，从而为生命健康教育和科学素养教育提供有效的支持。

四、教学目标

（一）核心素养目标

1. 政治认同

体会中华文化的源远流长与博大精深；理解中华优秀传统文化的核心思想理念、人文精神和传统美德，弘扬民族精神，具有强烈的中华民族自豪感；学习和理解社会主义先进文化和革命文化，坚定文化自信。

2. 责任意识

通过学习优秀中医人身上所具备的品质，从而更有主人翁意识和担当精神。

（二）学习目标

1. 通过学习中医药常识，掌握相关知识，提高自身健康管理能力。

2. 通过学习中医药的基本理念，可以培养正确的生命观，并以科学的思维方式来理解、分析和解决问题。

3. 通过学习中医人的事迹，能够提升自身的思想道德素养，更能够自觉地实践社会主义核心价值观。

4. 通过学习，加强文化自信，更好地理解中医药文化，对其认可并感到自豪，从而培养爱国情感。

五、教学重点难点

（一）教学重点

了解中医药文化的特点，加强对中医药文化的认知，科学管理自身健康发展。

（二）教学难点

理解中医药文化独特风格和理论的医学体系，明确中医药文化对中华传统文化的发展和世界文明进步的重要意义，形成自己正确的生命观和健康观。

六、教学设计总体思路

本节课以"关注身边中医药，护佑身体健康"——"药香穿越古今，美德滋养心灵"——"助力全球抗疫，彰显大国担当"——"传承中医药文化，弘扬国粹精髓"为主线，通过项目学习，引导学生自主探究，在了解中医药文化的基础上，近距离感受中医药文化的魅力，增强文化自信，增强责任意识，为传承中医药文化贡献力量。

七、教学过程

（一）教学流程设计

环节一：关注身边中医药，护佑身体健康（第一组展示课前调查问卷结果）

教师活动：指导学生通过调查问卷，结合生活实际，真切感悟中医药对我们日常生活的影响。

学生活动：由第一组同学展示问卷结果，同学们结合生活实际，进行问卷调查，通过真实学习和自主归纳，得出结论。

教师活动：在中华文化的长河中，中医药文化是独树一帜的存在，它就在我们身边，为我们的身体健康保驾护航。课前我们进行了几个小的调查：

1. 有人说："小病不用吃药，一周左右自然就会康复。"对于这个说法你们怎么看？

2. 为了预防感冒，大家会选择什么措施？

3. 当你或家人生病时，选择采取怎样的治疗方式？

下面请第一组同学展示课前问卷调查结果。

学生活动：展示调查统计结果。

1. 选择不赞同的人居多。理由是不用药容易延误病情，加重症状，影响工作、学习和生活。

2. 在预防感冒方面，很多人选择多休息、适度运动、合理膳食等增强抵抗力。比如，不吃辛辣食品，有上火症状时喝菊花茶、金银花茶等，这些都是中医调养正气的方法。

3. 当自己或家人感冒时，选择吃药的人比较多，主要选择退烧药、感冒药和消炎药。很多人对中药和西药会有不同选择；有一部分人选择去医院挂吊瓶；有一部分人选择喝姜糖水、盖厚被子发汗。以上选择各有疗效，个人可依据病情和自身抵抗力进行选择。

教师活动：中医药在预防、治疗感冒等疾病方面有鲜明的特色、良好的效果。可见，中医药学是我国乃至世界医药文化的珍宝。通过中医药这扇窗户，我们可以穿越古今，与古人对话，感受祖先对我们的护佑。

设计意图：以学生亲身经历过的感冒，感受自己身边的中医药，引入中医药对调节人体免疫系统的重要观点及作用。引导学生以辩证的、科学的观点对待身体健康，提高学生对自身健康管理的能力。

环节二：药香穿越古今，美德滋养心灵（第二组展示学习成果）

教师活动：简单介绍我国中医药文化在世界发展中的重要地位，指导学生自主学习、展示学习成果。

学生活动：第二组的学习任务是，提前搜集相关的中医药知识，古今医药学家、科学家的感人事迹，由组员进行汇报。

教师活动：一缕药香穿越古今，博大精深的中医药知识令我们流连忘返，请第二组同学展示搜集整理的中医药知识。

学生活动：

1. 中医指中国传统医学，日本的汉方医学、韩国的韩医学、朝鲜的高丽医学、越南的东医学都是以中医为基础发展起来的。

2. 中医四大经典

《黄帝内经》——主要形成于战国至东汉时期；

《难经》——中医理论著作；

《神农本草经》——我国现存最早的药学专著；

《伤寒杂病论》——东汉张仲景所著。

3. 常见的中药材

人参，被称为"百草之王"，是闻名遐迩的"东北三宝"（人参、貂皮、鹿茸）之一，是驰名中外、老幼皆知的名贵药材。

生姜，味辛，性微温，归肺、脾、胃经，有发汗解表、温中止呕、温肺止咳、解鱼蟹毒、解药毒等功效。

薯蓣，通称山药，味甘，性平，归脾、肺、肾经，补脾养胃，生津益肺，补肾涩精。用于脾虚食少、久泻不止、肺虚喘咳、肾虚遗精、带下、尿频、虚热消渴。

蒲公英，味甘、微苦，性寒，清热解毒，消肿散结。多用于上呼吸道感染、眼结膜炎、流行性腮腺炎、乳痈肿痛、胃炎等疾病的治疗。

4. 中医基本理论

阴阳是中国古代哲学的一对范畴。五行是指金、木、水、火、土五类物质的运动。

教师活动：中医药文化代代传承，一代代的医药学家、科学家以自身的才智和劳动，创造出比自己有限的生命更持久的、不平凡的社会价值，为我们留下宝贵的物质财富和精神财富。

学生活动：展示搜集的古今医药学家、科学家的感人事迹。

教师活动：结合上述任意一位人物的贡献，说明其为人类社会带来的精神财富有哪些。

学生活动：李时珍撰写了药学著作《本草纲目》，为人类社会带来的精神财富有救死扶伤的崇高医德、不盲从古训的创新勇气、刻苦钻研的坚强意志、亲尝曼陀罗的献身精神、不耻下问的谦虚态度等。屠呦呦研发青蒿素，她有治病救人、造福人类的高度责任感，埋头苦干、锲而不舍的科学精神，吃苦耐劳、甘于牺牲的奉献精神，实事求是，坚持真理的执着态度等。

设计意图：引导学生对中华优秀传统文化知识的运用能力、独立思考能力，设置开放性、探究性任务，融知识、情境、素养于一体。要求学生根据所给材料，结合李时珍或屠呦呦的具体事迹，感悟他们的精神。

环节三：助力全球抗疫，彰显大国担当（第三组展示学习成果）

教师活动：介绍近几年来我国疫情防控的总体情况，指导学生通过自主探究、互助合作的形式，总结疫情中我国中医药发挥的作用。

学生活动：第三组的学习任务是，提前搜集时事新闻，整理抗击疫情过程中我国中医药发挥的作用，由组员进行汇报。

教师活动：面对新冠肺炎疫情，中国政府心系全球公共卫生安全，为全球抗击疫情作出了重要贡献，请第三组同学汇报抗击疫情过程中我国中医药发挥的作用。

学生活动：我国从古典医籍中挖掘精华，在传统方剂中寻找灵感，在现代科技中攻关突破，创造性、高效率地筛选出"三药三方"，为全球抗击疫情作出了重要贡献。

学生活动：我国持续推动中医药领域的中外合作更加深入。《推进中医药高质量融入共建"一带一路"发展规划（2021—2025 年）》提出，"十四五"时期，中方将与共建"一带一路"国家合作建设30 个高质量中医药海外中心，向共建"一带一路"国家民众提供优质的中医药服务。

学生活动：党的十八大以来，中医药已传播至196 个国家和地区，其内容纳入16 个自由贸易协定。中医药"走出去"步入快车道、迈出新步伐，取得一系列显著成果。

教师活动：请从中华文化发展和抗击疫情的角度说明，中医药文化产生怎样的深远影响。

学生活动：从中华文化发展的角度看，中医药文化有利于弘扬中华文化，提升中华文化在世界上的影响力；有助于世界各国人民加深对中国文化的了解，有助于增进中外文化交流和文明互鉴。从抗击疫情的角度看，中医药文化有助于推动包括中医药在内的世界传统医学更深入地参与新冠肺炎疫情防控，更好地保护世界各国人民健康。

设计意图：引导学生从不同角度认识、规范表述中医药文化对世界产生的影响，提高语言组织表达能力。同时，通过对时事热点的整理分析，培养理论联系实际的能力，提升对国家的认同感。

环节四：传承中医药文化，弘扬国粹精髓

教师活动：播放《长征大学》的视频，引领学生感悟中华民族精神的力量；设置开放性问题，如何为推动中医药传承创新发展贡献力量。

学生活动：分组讨论学习"长征大学"的感悟；讨论在国家发展建设中自己应当承担的历史责任。

教师活动：位于沈阳的中国医科大学和沈阳药科大学是两所"长征大学"。1934年至1948年的14年时间里，红军卫校（中国医科大学、沈阳药科大学）一直在长征的路上，在战争的硝烟中迁徙，最终在沈阳扎根，完成了一个不断吐故纳新的蜕变，在中国红色医学教育史上写下前无古人、后无来者的重要篇章。从这个角度说，"红医"长征的终点在沈阳。

教师活动："红医"精神是中华民族精神的丰富和发展，请问它的核心是什么？

学生活动：爱国主义。

教师活动：中华民族精神在不同的历史时期有着不同的表现，并随着时代的进步而不断丰富和发展。请分组讨论学习"长征大学"的感悟。

学生活动：分组阐述学习"长征大学"的感悟。

教师活动：同学们从树立理想、承担历史责任、弘扬民族精神等角度谈了自己的感受。传承和弘扬民族精神，可以表现在国家危难、民族危亡的紧要关头能够挺身而出、舍生忘死、前仆后继；表现在日常生活中的勤勤恳恳、任劳任怨、敬业创优。为推动中医药传承创新发展，你对国家有哪些建议？你自己准备怎样做？

学生活动：建议国家不断完善推动中医药传承创新发展的政策法规；加大对中医药事业的资金投入力度；积极培育中医药人才；加快推进中医药科研和创新；实施"互联网+中医药健康服务"行动；依法打击制造假冒伪劣中医药产品的行为；加大宣传力度，普及中医药防病治

病知识等。

　　学生活动：我们要学习中医药传统文化，增强文化自信；增强对本民族文化的自豪感，增强社会责任感；继承和弘扬中华优秀传统文化，积极宣传中华优秀文化，做好中外友好交流的使者。

　　设计意图：促进中医药传承创新发展，切实把这一祖先留给我们的宝贵财富继承好、发展好、利用好，国家和个人都责无旁贷。学生可以从国家层面的政策法规、科技研发等角度，个人层面的增强文化自信、增强社会责任感、中外文化的交流互鉴等多角度进行阐述，培养发散思维。

（二）课堂小结

　　中医药文化在中华民族发展的历史中扮演着重要的角色，它不仅为我们提供了健康的生活方式，而且还影响着全球文明的发展。我们应该为拥有这样伟大的传统感到骄傲，为中华民族的发展而自豪。传承和发扬中医药文化是我们每个中国人的责任，是我们的使命。让我们从现在做起，从小事做起，放飞梦想，创造精彩人生。

（三）作业设计

　　1. 药箱中的中药

　　（1）整理家中的药箱，看准药物的有效日期，失效药物要进行清理（如丢弃要注意将其投放到医疗垃圾或有害垃圾桶内）。

　　（2）找到家中药箱中的中药或中成药，观察药物成分和适应症。

　　2. 身边的中草药

　　（1）整理自己家中食品或保健品中的中草药名称及了解药性。

　　（2）认识自己家庭周边大自然中的中草药并了解其功效。

（四）参考资料

［1］李如辉、管斯琦：《关于中医"四大经典"书目的界定》，《辽宁中医药大学学报》2013年第12期。

［2］郭丽裕：《常见中药材的真伪鉴定方法分析与研究》，《中国实用医药》2020年第25期。

［3］《推进中医药高质量融入共建"一带一路"发展规划（2021—2025年）印发　推动中医药国际合作》，《中医杂志》2022年第4期。

［4］鄢圣英：《中医药与健康》，南京大学出版社，2015年。

八、教学总结与反思

中医药文化博大精深，课堂上只能通过对中医药知识的基本介绍来普及中学生对中医药文化的初步认知。其中，对于学生能够亲身感受到的中医药，有关中医药的人物事迹、历史故事，学生比较感兴趣，可以引导学生在课后通过读书、上网查阅资料等方式进行深入了解，引领学生深入学习中医药文化，领会、传承中医药精神。

传承中华文化　守望精神家园

沈阳市皇姑区第一一〇中学　贾喜茹

一、课程基本信息

主讲课程：《道德与法治》

使用教材版本：人教版（2016版）

教材章节出处：《道德与法治》九年级上册第三单元第五课第一框《延续文化血脉》

二、教学设计概述

本课所依据的课程标准的相应部分是"我与国家和社会"中的"认识国情，爱我中华"。具体对应的内容标准是："感受个人成长与民族文化和国家命运之间的联系，提高文化认同感、民族自豪感""学习和了解中华文化传统，增强与世界文明交流、对话的意识"。

本课选择由中医文化元素和现代流行音乐相结合的视频导入，使七、八年级的学生产生兴趣，渴望进一步了解；而九年级的学生已经有相关"文化建设"的知识基础，对于这部分内容理解会相对更深刻。所以选择由音乐作品引入作为突破口，每一阶段都选择视频与理解体验相结合的方式，带领学生观看详尽的介绍，了解中医药文化的形成过程。由兴趣开始，逐步将学生引领进情境之中，体会中医药文化形成过程中饱含的一代代中华儿女不惧挫折、克服困难、顽强不屈、心怀天下的品质与精神，对学生产生心灵的影响；在此基础上再进一步扩展出更多的优秀传统文化及日常生活中可体会到的中华传统美德；传承至今的无数优秀传统文化凝结成为伟大的民族精神、中国精神，这些中华民族宝贵的精神财富，在中华民族历经无数苦难和考验的时候，支撑着我们百折不挠、知难而进，愈加顽强生存和发展。

三、学情分析

中学生正处于世界观、人生观、价值观形成的关键时期，随着年龄的增长以及学科知识的积累，九年级学生对中华文化有了一定的认知，七、八年级学生对文化的理解相对较浅，面对历史的和现实的、本土的和外来的、先进的和腐朽的等各种各样的文化激荡的大环境，学生在一定程度上可能会淡漠对中华优秀传统文化价值的认识，从而忽视对中华优秀传统文化的继承与发展。

本课通过视频展现中医药文化形成过程中不同历史时期不同人物所展现的责任担当精神，使看似遥远陌生的中医药文化与学生的日常生活联系在一起，更有助于增强感染力，为学生打牢中华文化底色，为进一步引导学生体会中华优秀传统文化的内涵、明确文化信仰、坚定文化自信，起到"润物无声"的自然效果。

四、教学目标

通过学生比较感兴趣的音乐视频欣赏引出中医药文化的魅力对时下的影响，扩展到中华传统文化主题，使学生知道日常的音乐欣赏活动是与文化建设相联系的，明确知识认知。了解包含中医药文化等在内的中华文化的特点、内涵，理解中华民族精神的内涵，懂得美德的力量在于践行，知道中华民族精神的重要价值。

核心素养与学段目标：体会中华文化的源远流长、博大精深、薪火相传、历久弥新；理解中华优秀传统文化的核心思想理念、人文精神和传统美德，弘扬民族精神，能在日常行动中自觉践行，具有强烈的中华民族自豪感；坚定文化自信。

在情感、态度和价值观角度，由对歌曲的兴趣推动对歌词中包含的相关细节的进一步了解，由中医药文化一方面的认知带动对日常更多方面的探究，共同感受中华文化，尤其是中华优秀传统文化、中华传统美德、民族精神的魅力，热爱中华文化，自觉传承并弘扬中华文化；在文化的介绍中体会身边蕴含的文化现象，产生文化认同，坚定文化自信。

在能力上，正确认识中医药文化，提高辩证认识文化现象的能力，学会理性爱国，并能作出符合文化自信要求的判断和选择。

五、教学重点难点

（一）教学重点

1. 中华传统文化的重要性。
2. 中华传统美德的重要性。

（二）教学难点

1. 正确看待文化自信。
2. 弘扬和继承中华传统美德。

六、教学设计总体思路

（一）音乐导入：引发兴趣，激励探究

由学生喜爱的音乐视频《本草纲目》导入，引入中医药文化魅力话题，进入课题——"传承中华文化 守望精神家园"。通过观看视频进一步走进中医药文化，理解其发展历程，体会中医药文化发展源远流长的历史艰辛过程。

（二）思维拓展：感受除此之外的博大精深的中华文化

例如：感恩之心。

1. 感恩我们背后的力量——父母付出。

2. 感恩我们背后的力量——师恩难忘。

（三）感情升华：践行使命，承担责任——强国有我

提出疑问："身为青少年，怎样践行、传承祖先、父辈、恩师……对于我们的期盼？"引入行动——传承中华文化、弘扬民族精神、履行受教育义务、珍惜学习机会……

七、教学过程

（一）教学流程设计

环节一：课前预热，导入新课

教师活动：播放周杰伦《本草纲目》音乐视频，提出学生感兴趣的问题。你熟悉这首歌吗？会唱吗？喜欢这首歌的原因是什么？

学生活动：欣赏音乐，通过回答老师的问题，思考歌曲背后所表达的文化内容，感受音乐中所包含的文化因素，体会音乐与文化之间的联系，思索歌词中体现出的中医药文化。

设计意图：以简单的日常喜好为切入点，既吸引学生学习兴趣，又自然引入中医药文化话题。同时使学生感受到文化的魅力无处不在，善于发现身边的文化现象，并乐于思索。

环节二：讲授新课，加深思考

教师活动：播放《中医药文化发展历程》视频短片，与学生共同走进时间长河，了解其充满艰辛的发展历程。

学生活动：观看视频，体会中医药文化形成过程中所经历的艰辛

困苦。

教师活动：在播放过程中提出学生思考的问题。

1. 文化的形成是不是就等于每一项药材的发现或想法的形成？

2. 中医药发展过程中所经历的艰难困苦是依靠什么得以克服的？

3. 在中医药的逐步探索完善过程中，你有哪些感受或启示？

学生活动：通过思考老师的问题分享体会，畅所欲言。

1. 中华文化的形成是各族人民通过长期的实践和智慧共同开发创造的；中医药文化是中华文化的内容之一；中华文化具有源远流长、博大精深的特点，时至今日，仍薪火相传，历久弥新。

2. 中华文化得以传承至今，离不开一代代中华儿女的百折不挠的坚强意志、不服输不退缩的勇敢顽强毅力、勇于钻研探索的科学精神和不怕牺牲的奉献精神等。

3. 我们也要学习前辈们的这种精神，以推动民族发展为己任，乐于实践，勇于探索，不怕困难……

设计意图：带着问题观看感兴趣的内容，使观看与思考相结合，引导学生由现象了解本质，有利于对本课重点的了解；问题由浅入深，学生的思考也随之由浅入深，比较自然地体会中华文化源远流长、历久弥新的特点；体会中华文化中蕴含的优秀传统文化内容及伟大民族精神，使学生对抽象的文化内容更好地理解和接受。启示的回答与思考则为接下来"传承和弘扬优秀中华传统文化，坚定文化自信"打下情感基础。

环节三：拓展认知，指导实践

教师活动：由中医药文化中体现的勤劳勇敢、自强不息、爱国敬业等精神内容，拓展到我们成长过程中所经历的饱含中华传统美德的更多文化内容。

学生活动：思考探究，寻找日常学习生活中中华优秀传统文化、中华传统美德、民族精神存在的时刻或事件；感受文化、精神的力量。

设计意图：使学生由理论学习能够经由情感体会到态度选择，再落实到生活实践中，培养观察社会、善于思考的习惯，使继承弘扬中华优秀文化成为内化于心、外化于行的一种习惯。

环节四：思想升华，践行理论

教师活动：带领学生观看生活中存在的两个场景，感受藏于我们身边的美德与精神。

1. 感恩我们背后的力量——父母付出。播放电影《你好，李焕英》片段，感受成长过程中父母对孩子不求回报的深沉的爱。

2. 感恩我们背后的力量——师恩难忘。播放电影《青春派》中老师为了学生的成长与未来所表现出的无情与有情。

3. 回顾建党百年视频，重温誓言："请党放心，强国有我。"

学生活动：观看视频后分享感受。

教师活动：设置问题。

1. 父母和老师以及更多的人都为我们的健康成长默默付出着，在他们身上你体会到了哪些情感？他们为什么这么做？

2. 我们应该如何回报他们的无私付出？

学生活动：将践行中华民族传统美德的理念与生活实际相结合，突破难点中"弘扬和继承中华传统美德"，懂得继承和弘扬传统美德可以从小事做起，做到孝敬父母、尊敬师长等。

学生活动：体会新时代青年的责任和使命。

设计意图：通过视频使学生在生动的情境下反思父母、老师以及自身成长过程中所接受到的各种付出及关爱，从内心产生热爱祖国、奉献社会、尊敬老师、孝亲敬长的情感共鸣。

（二）课堂小结

通过本节课的学习，我们知道了中华文化的形成、特点、意义；知道了中华传统美德的重要性；增强了民族自豪感和民族自信心。重要的是懂得了我们要在日常生活中自觉传承中华文化，争做美德少年，弘扬中华传统美德，让美德走进生活，让中华文化走向世界。

（三）作业设计

1. 基础作业

将本课内容进行整理，构建思维导图。

2. 实践作业

（1）在校做到尊敬师长；在家做到孝敬父母；将自己的行动选择其一做好记录与同学分享。

（2）寻找身边践行中华传统美德的榜样，对榜样的行为进行宣传，用实际行动将文化的力量加以传承弘扬。

（四）参考资料

［1］漫沙画艺：《中医药发展史》沙画，https：//www.bilibili.com/video/BV1C84y1F7rX/?share_source=copy_web.

［2］央视新闻：《请党放心强国有我》诗朗诵，https：//www.bilibili.com/video/BV1Bh411h7fU/? share_source=copy_web&vd_source=0a9b91f2b48f5379c70ca2ffc72bc340.

八、教学总结与反思

本节课涉及内容繁杂，较为抽象，不容易理解。教学过程中选取了多个视频片段，可以有效地调动学生的兴趣；结合中医药文化发展史来理解中华文化在中华民族发展历程中的重要意义会更具体，便于学生理解概念间的联系，同时体会中华文化的魅力；关于父母与教师的视频片段，展示出的效果要比语言表述更加生动感人，直击心灵。以上都有助于进一步拓展结论：传承中华文化，践行中华传统美德。

在最后结合实践的部分，鼓励学生寻找身边的人或事，进行分享，或者结合社会中宣传的学生较为熟悉的榜样、模范人物来学习会更直观有效。

中华文化与中华传统美德、民族精神等概念的关系，要帮助学生弄清楚，这是个小难点。

延续文化血脉

沈阳市皇姑区第一一〇中学　支蕊

一、课程基本信息

主讲课程：《道德与法治》

使用教材版本：人教版（2016版）

教材章节出处：《道德与法治》九年级上册第三单元第五课第一框《延续文化血脉》

二、教学设计概述

本课内容对应《义务教育道德与法治课程标准（2022年版）》第三部分"我与国家和社会"中"积极适应社会的发展"和"认识国情爱我中华"部分："感受个人成长与民族文化和国家命运之间的联系，提高文化认同感、民族自豪感以及构建社会主义和谐社会的责任意识""学习和了解中华文化传统，增强与世界文明交流、对话的意识"。本框作为本单元的开篇内容，第一目重点学习中华传统文化是中华民族的根，第二目侧重阐释中华传统美德是中华文化的精髓。

党的十八大以来，以习近平同志为核心的党中央把中医药工作摆在更加重要的位置，作出一系列重大决策部署，为中医药传承和发展指明了方向。在教学设计中，教师有意识地融入中医药元素，旨在通过走进历史悠久的中医药文化，带领学生感受中华文明的博大精深，使学生打牢文化底色，传承中华美德，自觉践行社会主义核心价值观。

三、学情分析

初中阶段是学生成长的关键时期，随着年龄的增长以及学科知识的积累，他们的世界观、人生观和价值观正在逐渐形成。但是，因其知识结构水平和认知能力的局限，对中华优秀传统文化的了解和认识往往停留在表面而不够深入，更缺乏主动意识去继承和发展中华优秀传统文化。

九年级学生具有一定的观察、归纳和整理信息的能力，对于传统的中医药文化也有了一定的了解。在教学过程中教师将通过介绍中医药学家在探索中付出的努力和取得的成绩，让学生感受中医药学家不畏困难、勇于创新的科学态度。借此引导学生深刻感受中医药文化中蕴藏的更深层次的精神力量，增强学生的民族自豪感和使命感，以实际行动弘扬中华优秀文化。

四、教学目标

（一）知识目标

1. 知道弘扬中华优秀传统文化的重要性。
2. 了解中华传统文化的特点及其蕴含的强大力量。
3. 明确青少年在国家发展中担负的历史责任。

（二）能力目标

1. 学习如何弘扬中华优秀传统文化。
2. 以中医药文化为例，感受中医药的神奇力量。
3. 增强整理信息、综合归纳问题的能力和小组合作能力。

（三）情感、态度与价值观目标

1. 深入了解优秀传统文化，以实际行动做中华文化的传承者。

2. 学习中医药文化，激发探索中医药文化的热情。

3. 立足学习和生活实际，努力学习科学文化知识，提高服务社会、建设祖国的使命感。

五、教学重点难点

（一）教学重点

1. 感受中华文化的博大精深，增强文化自信心和民族自豪感。

2. 感受中医药的神奇魅力，了解中医药对世界医学界的巨大贡献和深远影响。

（二）教学难点

立足自身实际，用实际行动弘扬中华优秀传统文化，做中医药文化的宣传者和传承人。

六、教学设计总体思路

《义务教育道德与法治课程标准（2022年版）》明确要求，"对学生进行优秀传统文化教育，理解中华民族孝悌忠信、礼义廉耻的荣辱观念，崇德向善、见贤思齐的社会风尚；践行中华民族自强不息、敬业乐群、脚踏实地、实事求是的思想；了解中华优秀传统文化修齐治平的理想追求，锤炼高尚人格；感悟天下兴亡、匹夫有责的担当意识，厚植爱国主义情怀"。中医药文化是中华传统文化的瑰宝，不仅博大精深，而且充满魅力，是中华民族劳动人民智慧的结晶。

"人生的扣子从一开始就要扣好。"中学生在生活中很少接触中医药，对中医药文化的意义、价值认识不足。本节课教师将带领学生通过搜集有关中医药学的知识和中医药学家的事迹，理解医药学家的求真务实的医学态度，感受中医药的魅力，引导学生体会了解博大精深的中医药文化，明确自己的历史重任，增强文化自信，以实际行动弘扬中华文化和中华传统美德。

七、教学过程

（一）教学流程设计

环节一：创设情境，引发话题

教师活动：多媒体展示光明网《治疗新冠肺炎，中医药如何发挥作用?》

1. 中医药和中西医结合治疗新冠肺炎的诊疗方案，是中国方案的重要特色和优势。

2. 全国新冠肺炎确诊病例中，九成以上使用了中医药治疗，有效率达90%以上。

3. 中医药能够有效缓解新冠肺炎症状，减少轻型、普通型向重型发展，提高治愈率，降低病亡率，促进机体康复。

想一想：面对如此神奇的中医药，你有什么感受？

学生活动：思考并回答。

1. 中医药文化作为中华传统文化的瑰宝，是中国人民智慧的结晶。

2. 优秀的中华传统文化是祖先留给我们的宝贵财富，我们感到非常骄傲。

3. 当传统文化为现代科技所用，就会爆发出巨大的能量，为人民生产和生活服务。

4. 中西文化的交流与合作，将会更好地造福全世界人民。

教师总结：中医是我国的国粹，拥有着让世界羡慕的"独门绝技"，是中华民族优秀传统文化的代表。今天就让我们一起来走近中医，一起了解博大精深的中华传统文化。

设计意图：新型冠状病毒肺炎的预防和治疗是与学生生活息息相关的热点话题，以此引入，更容易让学生对"久远"的中医药文化产生兴趣，从而引出本节课的学习内容。让学生自主归纳出结论，从而激发学生对中医药文化的探索热情，增强文化自信心和民族自豪感，为本节课的学习奠定思想基础。

环节二：身临其境，感受文化

◎活动一：中华文化根——中医初体验

多媒体展示中医看病过程、中药的制作过程。

教师活动：想一想，在视频中，你看到医生是怎么为病人看病的，跟你平时到西医门诊看病有什么不一样。

学生活动：根据视频及教师提示回答。

1. 中医看病包括望、闻、问、切。

常用的中医疗法包括针灸、推拿、拔火罐、足底按摩等。

2. 中医主要依靠医者丰富的经验和细致的观察，西医的治疗更多依靠现代化的检测仪器。经过比较，感觉中医更加神奇。

教师活动：做一做，"我是小小中医"。

模仿视频内容，同桌相互切脉，说说感受。

学生活动：学生互动并回答。

只能感受到同桌脉搏跳动的频率，无法像中医大夫一样，从中判断出对方是否患有疾病。

教师总结：一名优秀的中医大夫不仅需要精深的专业知识，还要在日常的诊疗过程中积累丰富的临床经验。

教师活动：看一看，图片展示"中药堂"。

大家看到在中药堂里品类繁多的中草药了吗？目前，常用的中药已达5000种左右，经过几千年的研究，由它们配伍而形成的方剂，更是无法统计。在历代中医药人的共同努力下，也成为中国特有的一门独立的科学——本草学。对于中药你了解多少？

学生活动：学生小组合作交流，根据课前收集的资料和生活实际，发表观点。

1. 中药很多都非常常见，它味苦，需要煎服，服用时间长，有一定的疗程等。

2. 常见的中草药有：

生姜：去除体内寒气，增加免疫力，同时还被当作调味品。

冬瓜皮：促进排便，利水消肿。

还有麻黄、桂枝、薄荷、知母等。

教师活动：很多中草药在大自然中很常见，但是却"身价不菲"，它们对我们身体的健康起到保驾护航的作用，但仅仅认识这些中草药还远远不够，当我们生病的时候，我们还要去请医生看病，那你又了解中国历史上哪些著名的医生呢？

学生活动：学生根据课前收集的资料，总结医药学家的主要贡献。扁鹊著《难经》，创中医四诊望、闻、问、切；华佗创五禽戏，被称为中医运动养生开山鼻祖；孙思邈著《备急千金要方》，是我国最早的医学百科全书；孟诜著《食疗本草》，是世界上第一部食疗专著；李时珍著《本草纲目》，是一部经典著作。

教师补充：中医药史上，总有一些医家不畏艰难险阻，敢于突破，勇于创新：明代医家吴又可用《伤寒论》中的方剂治疗瘟疫效果不佳时，对瘟疫的理论与治法深入思考并提出了创见，撰写了《温疫论》一书。清代医家王清任开创活血化瘀治法，在当今临床上仍广泛运用，为世界医学的发展作出了巨大的贡献。

设计意图：中医药文化历史源远流长、博大精深，是中国传统文化的瑰宝，学生在课前收集常见的中草药资料，了解中草药的特点以及它们的功效，切身感受中草药的神奇。与此同时，了解中医药学家的事迹及其对后世的影响，感受他们的无私奉献和求真务实的态度，能够帮助学生认识到无论在传承中医药文化的过程中，还是在成长的道路上，都要不畏困难，勇于创新，走与时俱进的发展道路。增强学生的民族自豪感和文化自信心。

◎活动二：美德万年长——中医代代传

教师活动：读一读，中医不仅在我国普遍存在，而且还遍布全世界，让我们来了解一下中医在世界各地的发展。

教师出示资料介绍及提问。

1. 据世界卫生组织在21世纪初时的统计，当时全世界有40亿人使用中草药治病，占世界总人口80%。

2. 据报道，在21世纪初时，英国的中医诊所数量已猛增到3000多家。

学生活动：学生阅读补充材料，并分组在世界地图上标明拥有中医的国家。

教师活动：想一想，通过看这两份材料，你有什么想法，将来你是否也想成为中医药文化的传承者和发扬者。

学生活动：学生思考后回答。

我国的中医药原材料简单，操作方法简便易学，具有神奇的功效，所以为世界人民所接受和喜爱。

我会从现在开始多了解中医药文化的相关知识，将来我也想成为一名中医人，用中华文化瑰宝去治病救人，把优秀的中华传统文化发扬光大！

教师活动：议一议，文化是一个国家、一个民族的灵魂。特别是在党的十八大以来，以习近平同志为核心的党中央高度重视文化建设，在党的二十大报告中，习近平总书记又针对文化自信自强提出新的要求、作出新的部署。由此可见，文化在实现中华民族伟大复兴的历史征程中发挥着至关重要的作用。

请你说一说文化自信与中华民族伟大复兴的关系。

学生活动：学生分组讨论，以小组为单位表达观点。

中华优秀传统文化是历代中国人民智慧的结晶，是中华民族得以不断传承和发展的力量源泉，也是世界文明发展不可或缺的宝贵财富。

中华优秀传统文化是不断发展创新的文化，新时期的中华文化，更为全世界的发展贡献了中国智慧和中国力量。

教师总结：党的二十大开幕会上，习近平总书记作了题为"高举中国特色社会主义伟大旗帜　为全面建设社会主义现代化国家而团结奋斗"的报告，明确指出要"促进中医药传承创新发展，推进健康中国建设"。作为一名中学生，我们要充分认识到，没有高度的文化自信，没有文化的繁荣兴盛，就没有中华民族伟大复兴。学贵深潜、学贵精专，无论在传承中医药文化的过程中，还是在成长的道路上，我们都要走与时俱进的发展道路，时刻准备着，为实现中华民族伟大复兴的中国梦而不懈奋斗！

设计意图：中医药学在1000多年前就走出国门，影响到周边国家。现在，它日益受到世界各国人民的重视和欢迎。以此为切入点，培养学生对祖国文化的热爱和兴趣，增强民族自豪感。在此基础上，带领学生讨论文化自信与中华民族伟大复兴的关系，使学生切身体会实干才能实现中华民族伟大复兴的中国梦，继承和发扬优秀中华传统文化，是建设富强民主文明和谐美丽的社会主义现代化强国的精神力量。

（二）课堂小结

中医作为我国的瑰宝和国粹，已经有3000多年的历史，是我们祖先在与大自然作斗争的过程中创造出来的宝贵文化成果，是中华民族勤劳与智慧的结晶，并以其博大精深的理论和高超独特的医疗技术著称于世，有力地保障了中华民族的繁衍发展。在本节课的学习过程中，教师通过设计形式多样的教学环节，带领学生走进历史悠久的中医药文化，并以中医药文化为切入点感受博大精深的中华优秀传统文化，感受蕴含在其中的神奇力量。在此基础上，教师通过国内外实例，了解中华文化在世界舞台上起到越来越重要的作用，增强学生作为一名中国人的自豪感和自信心。引导学生认清现阶段的责任和使命，懂得要把中国梦变成现实，需要每个人刻苦学习和奉献社会，青少年应从现在做起，肩负起历史赋予我们的重任，完成时代赋予我们的使命。

（三）作业设计

1. 收集"中医锦囊"

采访身边的家人和朋友，看看他们有什么实用且便于操作的中医小药方，和大家分享。

2. 讲述"中医传奇"

收集与中医药相关的人或故事，与同学分享。

3. 描绘"文化图景"

制作中医药主题手抄报，带领大家了解中医药的历史和发展，或者介绍中医药学家及其历史贡献。

（四）参考资料

［1］路宗志：《古代食物本草性能的研究》，北京中医药大学硕士学位论文，2008年。

［2］牛杰：《不同山药营养成分分析及品质鉴定》，内蒙古农业大学硕士学位论文，2010年。

［3］李如辉、管斯琦：《关于中医"四大经典"书目的界定》，《辽宁中医药大学学报》2013年第12期。

［4］朱丽瑶：《〈本草品汇精要〉食物文献的研究》，北京中医药大学硕士学位论文，2011年。

八、教学总结与反思

青少年是国家的未来，为学生系好人生的第一粒扣子是思政课堂的主要作用，更是思政教师的责任所在。按照新课标要求，在课程设计中，教师通过设置与学生生活实际紧密相连的各种活动环节，让学生身临其境地感受到中华优秀传统文化，特别是中医药文化的魅力所在，认识到传承中华优秀传统文化对于中华民族生存与发展的作用。在今后的教学中，教师将根据课标要求和课程内容，持续进行渗透，让学生走进中医药文化，学习和发扬中华优秀传统文化，让学生成为中华优秀传统文化的继承者和传承者。

在具体教学的过程中，教师发现，因为自身对中医药知识的了解和掌握不够全面深入，在为学生做介绍的时候不能真正把握其内在精髓，教师需要在今后的工作中注意相关知识的积累。另外，由于时间所限，课堂知识的拓展不够，教师通过布置课后作业的形式进行有效的课外拓展和补充，以期更好地激发学生对中医药文化的探索热情和学习兴趣。

学中医传承国之瑰宝　立自信增强民族自豪

沈阳市皇姑区虹桥初级中学　孙萍

一、课程基本信息

主讲课程：《道德与法治》

使用教材版本：人教版（2016版）

教材章节出处：《道德与法治》九年级上册第三单元第五课第一框《延续文化血脉》

二、教学设计概述

（一）教学设计思路

1. 背景研究和现状分析

中华文化博大精深，中医药文化是中华优秀传统文化的重要组成部分，以我国文化瑰宝著称，是传统文化与社会实践相结合的时代产物，具有浓厚的中华文化元素，是中华优秀传统文化的重要代表。习近平总书记在十九大报告中指出"文化自信是一个国家、一个民族发展中更基本、更深沉、更持久的力量"。中医药文化不仅要在其学科领域有所呈现，以国家对中医药的重视程度来看，中医药文化必将逐步走进大中小学生课堂。弘扬中国传统医药文化是我国对文化的接续，也是为未来文化事业发展打下坚实基础。文化传承需要从小开始，初中阶段的学生也要接触相关知识，达到既学习中医药文化，又能理解中国传统文化的效果。

初中生有自身的局限性，如文化基础薄弱，学习的都是书本上的内容，对于传统文化认识不够深刻。虽然了解中国传统文化这一概念，但是并不明确其都包含什么文化，也有很大一部分学生认为中医药文化是医学领域，与国家的精神事业发展无关。因此本节课的任务是要让学生了解中医文化与我国传统文化以及文化自信之间的关系。按照习近平总书记提出的"立德树人，文化自信"，将中医药文化融入思政教育理论课程教学及实践中，运用课堂内外、线上线下多维教学模式，精心设计教学内容和形式，构建初中生的中国传统文化思维。

发展和传承中医药文化，使中医药成为中国文化的"活名片"，增强中国传统文化自信，让中医药文化作为医学领域中的瑰宝，成为中国传统文化发展和传承的重要载体，增强民族文化自信的关键。

2. 教学思路

作为中华优秀传统文化之一，中医药文化是以哲学、宇宙观、生命观为基础进行探寻的一种文化，与初中道德与法治学习属性密切相连。对中学阶段的学生进行我国传统文化的熏陶是有针对性的工作，教师在课堂教学时既要带领学生理解中医药文化价值，又要体会到中医药文化与文化自信之间的关系，可以通过以下步骤进行：

首先，了解学生对中国传统文化的看法。设计调查问卷，了解初中生对传统文化的理解程度。调查问卷不用设计得太复杂，设计的问题主要是关于中医药文化和文化自信。其次，课堂教学要采取适宜和能够被普遍接受的方式，运用先进的和熟悉的案例进行分析，极大地调动学生兴趣。分析案例时可采用不同的教学方式。在传统的教学方式上，初中思政课中教师多采用简单灌输式的教育方法，学生接受不能达到预期。针对这一问题，教师可通过播放音频、视频，以及组织学生进行情景表演、自我总结、小组讨论等多种方式丰富实施手段，以帮助学生更好地理解榜样的价值。在这个过程中要捋顺中医药文化、中国传统文化以及文化自信的关系。最后，升华总结环节，可以通过学生现场描述自己的感想入手，在班级同学面前针对文化内容提出自己的看法或者疑问，或者可以落实在纸面上，结合与老师的谈话，郑重地写下来自己的感想，这样既能体现出了解中国传统文化，又能在更深的程度思考文化。

初中生虽有其自身局限性，但是他们身上也有难以企及的优点，如接受文化速度快，而且对新内容比较感兴趣。将中医药文化融入初中道德与法治课堂具有一定的可行性，有助于提高思政课素养，达到传承中医药文化，进而增强文化自信的目的，更能激发学生的学习兴趣。

（二）教学设计理论依据

1. 新课标的要求

中医药文化与《道德与法治》教材相关的内容是九年级上册第三单元第五课《延续文化血脉》。本课所依据的课程标准的相应部分是"我与国家和社会"中的"积极适应社会发展""认识国情，爱我中华"。具体对应的内容标准是："感受个人成长与民族文化和国家命运之间的联系，提高文化认同感""深入了解我国是一个各民族平等互助，团结协作，艰苦创业，共同发展的统一的多民族国家""学习和了解中华文化传统，增强与世界文明交流、对话的意识"。新课标明确了中医药文化是我国传统文化的一部分，明确了中医药文化的重要地位。

2. 学科素养要求

7~9年级的学段目标要求学生在中华优秀传统文化中体会文化源远流长、博大精深的核心思想理念，弘扬民族精神等方面的内容；深入学习领会社会主义先进文化和革命文化，坚定文化自信。

要加强文化自信，就要先了解文化。帮助学生了解中华民族五千多年的历史所创造出的悠久与灿烂的中华文明。世界东方、熠熠生辉的中华民族，以文化的力量屹立于世界民族之林。

（三）教学设计特色

中医药文化博大精深，只有投入足够的时间和精力才能明白其中的玄机。对于中学生来说，只需要了解其文化内涵即可，内容过深过浅都会使教学效果适得其反，因此教师需要选取适合的内容融合教学。初中生已经有了一定的思想文化基础，且对于新鲜事物容易产生好奇心，因此教师在教学中可以采用创新的科普方式，既激发学生兴趣，同时也让学生感受到中医药文化的魅力。

三、学情分析

（一）学生的思想特点

中学时期是塑造学生世界观、人生观、价值观非常关键的阶段。初中生对新知识充满渴求，存在好奇心理，而且比较认同传统道德和思想。在中学阶段接受中医药文化学习对学生将传统文化扎根心中会起到很好的效果。

（二）学生的知识储备

初中生知识的获取一般是从学校中学习获得的，知识储备只是基础的程度。阅读自己感兴趣的书目、完成阅读笔记等，是获取课外知识的有效途径。学生的知识基础比较单纯，但因他们小学六年不断地受到我国传统文化的熏陶，对传统文化也能有大致的了解，所以在学习中医药知识时，也能体现其对传统文化的学习成果和效果。

（三）学生的理解能力

中学生不是成年人，整体来说，其理解能力并不完善，对知识的处理和消化需要一段时间。兴趣是最好的老师，中医药文化的学习和教学设计应该尽可能地从学生感兴趣的地方着手，这样其能更好地理解所学内容。

（四）学生接受本课内容的情况

学生对新知识都是积极的、好奇的。教师作为课堂的教育者，在中医药文化教学中要将身份由传授者向引导者转变，教师在课堂中设计相关活动，尤其是吸引学生注意力、与现实情况相关的例子，学生接受程度是非常好的。学生一方面了解了中医药浅显的知识，另一方面理解了中医药文化和文化自信的关系。

四、教学目标

（一）情感、态度与价值观目标

1. 深入挖掘中华优秀传统文化的当代价值，感受中华文化的力量，增强对中华文化的认同感和归属感。

2. 培养家国情怀，增进中华传统文化认同感和自信心。

3. 培养学生主人翁意识，中华文化与每个人息息相关，弘扬中华优秀传统文化是每个人不可推卸的责任。

（二）能力目标

1. 了解中华民族医学发展历史，对于相关著名中医药学家及事迹要有基本了解，学会明辨是非，摒弃错误的思想内容。

2. 学习中国传统文化内容，增强思考能力、分析能力、融会贯通能力。

3. 对于传承传统文化的相关实践活动要有想法、有创新。

（三）知识目标

1. 领会文化含义，明确文化自信的内涵，深入学习文化自信的相关知识。

2. 了解中医药文化的相关知识，深入思考中医药文化在中华传统文化中的重要地位。

3. 了解中华优秀传统文化传承的重要性、中医药文化与文化自信之间的内在联系。

五、教学重点难点

（一）教学重点

理解中医药文化与中国传统文化的关系。

鉴于学生理解能力和知识储备尚未完善，他们对于中医药文化和中国传统文化的融合思想还不能一步到位，因此教师需要强调，中医药文化是中华优秀传统文化的重要代表，是传统文化与社会实践相结合的时代产物，具有浓厚的中华文化氛围。在学习过程中，让学生简要了解阴阳五行理论、辨证论治、藏象学说理论，这些理论是传统文化的结晶，与中医药的产生和发展密不可分，中医药文化在一定程度上离不开传统文化的孕育。

（二）教学难点

理解文化自信。

中学生对于文化自信这一概念不能很好地理解，主要是其不知道文化自信的概念是什么、体现在哪些方面、有什么实践意义。在课堂中教师要向学生讲授这三方面的内容。文化自信是一个国家、一个民族、一个政党对于自身文化价值的充分肯定和积极践行，本质上是一种文化自觉，包括对历史传统文化、民俗文化、革命文化的审视。一个国家繁荣昌盛不仅要有硬实力的支撑，更需要有软实力的感召。优秀传统文化是中华民族和中华儿女生生不息的精神力量，是国家文化软实力最深层的优势。中医有完备和系统的理论体系，是一种治疗手段，更是一种文化信仰和思维方式。理解文化自信的内容，在大中小学教学中开展课程思政教学和实践具有重要意义。

六、教学设计总体思路

本课主要采用文献研究法、问卷调查法、教育实践法进行中医药文化融入初中道德与法治教学的实践与研究。

（一）学生对中医药文化的了解程度

本课主要采用问卷调查法、访谈法进行实践与研究。没有调查就没有发言权，要想了解学生对中医药文化究竟了解到什么程度，可以运用问卷调查的方式，然后根据调查结果进行数据分析。除了问卷以外，访谈法也是一个重要方法，而且其比较灵活随机，通过访谈往往更能了解学生对中医药的看法。

（二）精选中医相关案例和素材

中医药文化自古以来就是晦涩艰深的，教师呈现给中学生的相关内容要精心安排，不能让他们在一开始的时候就失去学习的兴趣，因此案例的设计和素材就要格外用心，既保证他们对中医感兴趣，又能使他们深层理解其文化底蕴。

（三）创新中医药文化教育方式

时代发展日新月异，科学技术也在不断创新，同时走进了校园和课堂。对中医药文化的学习不能再像以往一样简单灌输，而是要通过视频、课堂活动相关形式，让学生们产生兴趣。

（四）课堂实践效果反馈

"纸上得来终觉浅，绝知此事要躬行。"在学生经过我国传统文化的熏陶之后，为了巩固学习效果，也为了展现学生的精神风貌，教师通过布置一些小活动来增强学生内心的认同感，进一步展示民族文化力量。

七、教学过程

（一）教学流程设计

环节一：调动学生学习中医药文化的热情

教师活动：在这个环节中，设计一个简单易行的小活动。此活动有两个问题：

1. 请同学们说说你知道的中医人物及事迹。

2. 你觉得从他们身上学到什么。

学生活动：学生思考两分钟，在大脑中组织语言。可以将构思写下来，举手回答问题。

设计意图：这个小活动主要是唤醒学生对中医的了解，如果刚开始就和学生们提中医药文化，他们的接受和理解能力肯定是不高的，但是可以从他们熟知的方面入手。比如神农尝百草，关于神农的传说带有一些神话色彩在里面。但是作为农业和医药的开山鼻祖，神农尝百草的故事让我们后人敬仰。神农寻找药物治病救人的故事也代表了中华民族第一次开启医药探索之路。华佗被称为"外科鼻祖"，因为最早的麻醉剂"麻沸散"就是他发明的，还有"刮骨疗伤"的典故等。根据学生的回答，其他同学也能回忆起相关内容，这样一来，学生学习中医药文化的积极性就提高了。第二个问题的设计意图是希望学生在中医人物身上学到一些美好的思想品质，比如坚持不懈、爱国情怀、医者仁心等，使学生认同传统文化，培养学生的道德素养和责任担当意识。要使学生知道每个人都是国家的主人翁，传承中华文化是每个人身上不可推卸的责任。

环节二：深入思考中医药文化与文化自信

教师活动：在这个环节，教师可以给学生播放一些中医药文化发展的相关视频，并留下思考问题：

1. 你认为中医药文化和我国文化自信有什么关系，举例回答。

2. 为了弘扬中华传统文化，你会怎么做？

学生活动：学生认真观看视频，观看后进行小组讨论。

设计意图：本环节的第一个问题主要是让学生理解中医药文化与文化自信的关系，因为涉及举例回答，学生独立思考会有些难度，教师可组织学生进行小组讨论。中学的思政课教育主要着眼于帮助学生树立正确的世界观、人生观，把文化认同铭刻在心中，强化做社会主义建设者和接班人的思想意识。中医药文化是需要学生认识和发扬的，更需要学生进一步了解和学习的。这个小活动凸显出中医药文化与文化自信的关系，就如同个体与整体的关系一样，中医药文化是中华优秀文化的宝贵资源，更是中华优秀文明的重要组成部分。

中医药学蕴涵了中华民族几千年的养生理念及其实践经验，是凝聚着中华民族博大智慧的文明瑰宝。只要体现出这一观点，学生的思考就是成功的。第二个问题的设计意图是既使学生学习文化自信的相关内容，同时也巩固了学生在生活学习中的实践。学生作为未成年人，其参与弘扬传统文化的落脚点需要从现实情况出发，一方面通过思考，学生能够认识到道德与法治学科的答题技巧，更好地把握中考知识；另一方面，这些切实可行的活动也能够真正提升学生的文化自信和自豪感，使正能量的思想观念根植于其内心，是思政课围绕核心素养要求所要达到的目标。

（二）课堂小结

在我国，由于社会经济文化的影响，大多数家长认为孩子在学校学习要以文化课为主，开展其他的活动会让学生分心。近年来，学校实施素质教育，开展综合课程，对学生的德智体美劳开始重视起来。党的十九大以来，我国格外重视文化传承思想教育，重视中医药文化的传统地位。中华传统文化蕴含着中国传统医学原创思维的文化基因，是中国医学产生和发展的文化土壤。本节课教学设计以习近平总书记提出的"立德树人、文化自信"为主线，从认识考察到运用课堂形式教学模式，将思政教育融入中医基础知识的学习中，对教学内容和形式进行了精心设计，为学生今后弘扬中医药文化、实现文化自信奠定了坚实的理论基础。

（三）作业设计

本节课教学设计，相信落实到课堂中效果也会很好。针对中医药文化与文化自信的主题学习，要让学生加深对课堂内容的印象，因此可以给学生设计能完成的切实可行的实践作业。比如制作关于中医药文化宣传的手抄报、黑板报，举行班级文化自信演讲活动、相关征文活动，等等。在作业设计中，充分体现中华优秀传统文化教育，开展家国情怀教育和人格修养教育。传承中华优秀传统文化，大力弘扬核心思想理念，引导学生了解中华优秀传统文化的历史渊源，开展探究活动，树立学生的爱国意识，培养学生的爱国情感。

（四）参考资料

［1］陈先达：《文化自信中的传统与当代》，《光明日报》2016年11月23日。

［2］何清湖、陈洪：《中医药文化进校园重在进课堂》，《中国中医

药报》2018年8月9日。

　　[3] 习近平:《在庆祝中国共产党成立95周年大会上的讲话》,《人民日报》2016年7月2日。

八、教学总结与反思

　　这次的中医药文化与文化自信内容的教学设计,使学科属性融入传统文化,培养学生的民族自信心,增强民族自豪感,让学生在传承中华优秀传统文化的过程中,深刻认识到中医药文化的重要性。学生在此次课堂设计中能够欣赏和体悟到中医药文化的博大精深,相信今后其能主动从各种渠道了解传统中医药文化,将所学与家人和同伴分享,用其指导日常生活,并在交流中传递文化价值,更重要的是增强文化认同和对本民族文化的自豪,增强国家文化自信。

　　由于教师的教育理论储备不够,科研能力、研究深度有限,教学设计仍存在很多局限。今后会在课堂中加大对中医药文化的学习了解,获得更多的中医知识,通过中医药文化来引导学生树立文化自信、增强民族自豪感。

守望精神家园

朝阳市双塔区第五中学　吴琼

一、课程基本信息

主讲课程：《道德与法治》

使用教材版本：人教版（2016版）

教材章节出处：《道德与法治》九年级上册第三单元第五课第一框《延续文化血脉》

二、教学设计概述

文化艺术是一个民族之魂，文化的传承是一个国家、一个民族自信自强的精神力量。中华传统文化沉积着中华民族最浓厚的情感，代表着中华民族与众不同的价值标志。恪守文化强国建设，坚守社会主义社会的文化自信，是中华民族伟大复兴的必然选择。医药学自古以来就肩负着人类文明进步的重任，研究一个民族的历史文化，不得不思索医药学的功效价值。中医药始于中国传统文化，备受儒道释文化的影响，以儒为魂、以道为体、以释会用，弘扬着中华民族血液中文化基因，是中华民族传统文化的特征之一，始终与中华文化一脉相承。中医药现代化发展需要中华文化的滋润，中医药文化自信是中华民族文化强国的重要构成。中医药文化的传承离不开自信心，中医药的长远发展一定要开拓创新，降低怀疑。《推动中医药传承改革创新实施意见》中提到，开展中医药文化宣传策划活动，把中医药文化自始至终根植于国民教育体系当中，中小学校要进一步丰富拓展中医药文化进校园方式，让中医药文化观念变成普遍的社会意识形态。我国早已发布中医药进校园的实施意见及具体办法，各级各类学校应以此作为行动的战略方针，从青少年着手，传承改革创新中医药文化工作。

让中医药走进校园，就是为了培养中医药文化传承自主创新的土壤。从中国古代的神农尝百草，到当代社会抗击新冠肺炎疫情，中医药自始至终发挥着与众不同的功效。中医药文化博大精深、经久不衰，中医药文化著作举不胜举，凝结着中华文明数千年至今的健康生活理念和生活实践。可是，还有一些中国人对这笔珍贵的中医药文化财产了解很少。中医药进校园、入课堂，就是要把中医药文化的这枚种子深耕细作在孩子们的内心，使它扎根发芽，坚定青少年对中华民族优秀传统文化的自信；就是为了让中小学生自小受到中医药文化的滋润，在不知不觉中积极贯彻中医药文化的核心理念，不断提高他们的民族自尊心和荣誉感。

传承与创新中医药文化，从青少年做起，不仅能够补足基础教育阶段中医药专业知识缺乏的薄弱点，而且可以锻造青少年对中华民族优秀传统文化的认同度和信任感，促进中医药文化世代相传、源远流长。只有对中医药文化拥有充足的信心，青少年才会对民族文化拥有更深层次的认可。

三、学情分析

九年级学生对中国传统文化和中华传统美德有了一定的认知掌握，但是随着时代进步，传统式文化和新时代文明，当地文化和舶来文化，各种各样文化之间发生猛烈的接触与波动，导致文化层级参差不齐。学生对坚定不移文化自信观点有一些模棱两可。此外，学生对于中华传统文化的构成不太了解，特别是对于中医药文化也是了解很少，不能客观、清晰地看待中华优秀传统文化。

（一）认知能力趋向

中医药文化知识源远流长，其中不乏浅显易懂、妙趣横生的神话故事，但是其基础理论比较难懂，而中小学生还没具有很强的理解感悟能力。

（二）兴趣爱好动因

现如今最重要、最关键的是，中小学生对中医药文化了解不如人意。研究结果显示，大约近七成的中小学生未受过中医药文化的陶冶，甚至从来没阅读过和中医药有关的书籍，并且有近五成的中小学生厌恶学习中医药文化。因而，倘若进校园的中医药文化知识不能够与现实生活相关联，中小学生遇到艰深晦涩的知识就会丧失学习积极性及学习兴趣。

（三）知识能力

许多家长和教育者普遍认为，伴随着年级的提升，中小学生的学业压力持续加大，没办法高度重视中医药文化的熏陶，是中医药知识走入中小学课堂碰到的又一大艰难课题，从而导致了学生对中医药文化知识的储备极度匮乏。除此之外，受时长、意识、地区、自然环境等多种因素限制，许多中医药知识无法在课堂教学中呈现实体，比如一些中草药材的炮制过程、药用价值，动物与植物的各种形状等，更别提与中小学校不同年龄段相适应的中医药课时。

四、教学目标

（一）感受中医药文化

开展学生喜欢的实践活动，让学生切身体会中医针灸、拔火罐、推拿等中医治疗方法，在确保安全的前提下也能让他们亲身尝试，激起他们的兴趣爱好。带领学生参观考察药材基地，观看中草药材种植和生产的每个环节，引发学生的探索欲望，或是去中药店识别中药制剂、用中草药制作香包，让学生在亲身体验中感受身边的中医药文化，提升他们对中医药文化的热情，提高其对中华文化的认同度和信任感。

（二）与课堂教学相结合

古典书籍中有很多突显描绘中医药的药方，比如《大医精诚》《扁鹊见齐桓公》等，这种文章内容语言简洁、意义深刻。将中医学古典书籍和中小学语文课文相结合，根据不同年级的学生，设定难度系数适中的文言文，开辟新的路径让学生掌握中医药。此外，还可以将中医药文化具体内容翻译成童谣或谱成音乐，融入音乐教学中，在美术课堂教学过程中还可以具体指导学生制作一些中草药样本，应用各种不同教学方式和教学策略，将中医药与课堂教学有机结合起来。了解中华文化的形成、具体内容与作用，明白文化强国的重要性。

（三）与体育竞赛相结合

中医药文化蕴涵有很多养生保健的发展理念及增强体质的办法，如太极、五禽戏等，体育课程和课间活动时，学生可以进行操练学习，在体会中医药文化风采的同时也能强壮体魄。提高对中华文化的自尊心和荣誉感，深入体会中华文化的含义。

（四）与课余游戏娱乐相结合

由于时代的变化和社会的进步，学生的娱乐方法更加多样化，在中医药进校园、入课堂教学的方式上，将《本草药灵》等与中医药有关的动漫、电影融入娱乐活动中，既充实了学生的业余生活，也让他们能更多地接触中医药文化，时时刻刻体会着中医药文化的独特之处，体会中华文化独特的魅力，增强对中华传统文化的认识和应用能力。

以上方式将有益于弘扬中华传统文化，不仅可以提升学生探寻中医药文化的热情，弘扬中医药文化，并且可以达到增强文化自信，提高学生体能素质，丰富学生课外生活的目的。

五、教学重点难点

（一）教学重点

提高青少年对中医药文化的认同度。因为现代科学技术的快速发展，中医药学的生存与发展不容乐观。在我国对现有中医药的认识展示出了"人口老龄化"的趋势，从中小学校的基础教育阶段开始，抓牢中医药文化基础建设这一工程变得更加重要。构建较好的中医药学习氛围，让学生尽快了解把握中医药有关知识，将为他们未来更加深刻地了解中医药学理论思想与技术专业知识奠定基础。因此，从中小学校基础教育阶段开始宣传推广普及中医药文化的有关知识，合乎当今传统中医药教育的发展规律，也有助于扩大中医药文化影响力和推动中医药学的科目精准定位与发展方向。青少年在产生正确生活观念，挑选合理膳食等环节中，都离不开对中医药知识的认知与把握。根据对中医药知识的认知，学生可以善于观察生命规律、自然界的规律，重视自己身心健康，塑造科学运动观念，更改欠佳作息时间表和饮食结构，有益于提升身体免疫力，培养强壮的体魄。中医药知识进校园入课堂，学生打小就能切身体会到中医药文化的气氛，掌握"人体阴阳""五行"等理论见解，对中华传统文化将拥有全面的了解与认可。

（二）教学难点

提高中医药文化的文化自信。中医药文化推广、中医药事业的传承和永续发展正面临着实际考验。习近平总书记曾强调，政治文化是一个国家、一个民族之魂，文化自信实质上是广大群众心理上针对我国思想政治教育体系的认可，反映一个国家或一个政党的意识形态。因而，文化自信不但体现在主体内心对民族文化有坚定的信念，还具体表现在言行举止上。在经济与社会高速发展的今天，文化自信的开拓创新，将有助于化解社会发展不均衡的难题。西医方面的治疗药物早已流行至今，很多青少年自小便对西医方面药物接触很多，对中医药知识却了解很少。开展好中小学生的中医药文化的塑造工作，将中医药知识融入文化教育教学中，让学生沉醉于中医药的学习氛围中，便会持续提高他们对中医药文化的情感认同，提高对中华传统文化的信心。

六、教学设计总体思路

（一）精准定位课程目标

培养对中医药传统文化的兴趣是激发学习行为的动力装置和推进器，学生有兴趣，才能够产生探索精神，学习效率才会进一步提升。利用中小学生喜欢玩游戏、看电视剧的年纪特性，针对其认知能力的差别进行分层次讲课，从诗歌赏析、动画电影、猜谜语游戏等多个方面下手，充分激发他们的探索热情。中医药文化的进校园入课堂教学，使学生自小就能够认知中医药文化，为中医药文化的创新和发展引入动力源泉。学生对中医药基础知识的拥有掌握，对一般中医治疗方法及常用的中医药的认知能力，可以进一步激发他们对于中医药的热情，进而更深层次地认同弘扬中医药、改革创新中医药，中医药文化才能真正意义上感染每一名学生。可是让学生自小接触到中医药文化之美，并不是单纯地塑造中医药的继承者，不能变相加剧中小学生的作业负担。

（二）利用现代信息技术丰富课堂教学

课程目标始终都是教学过程的关键，教学课件制作是改进学习效果的方法，对于中医药专业知识的科目特性，充分运用多媒体高效率、便捷、视觉功效的优点，活跃学生逻辑思维，持续激发学生对中医药文化追求的热情。除此之外，也可以通过多媒体系统远程连线的方法，邀约中医药领域专家和学校的老师开展中医药知识培训讲座，结合临床案例对中医药基础理论开展论述，让青少年学生接受并相信中医药知识的合理性和高效性。

七、教学过程

（一）教学流程设计

环节一：多媒体播放歌曲《本草纲目》的视频

教师活动：从歌曲中，可以听到哪些我国中医药文化元素？

学生活动：歌词中出现的中草药方，有中草药丸、中草药膏，还有关于制作中草药的过程。先后呈现了决明子、苍耳子、莲子、马钱子、黄药子、怀山药、当归、枸杞子、鹿茸片、穿山龙、仙草冻、红药水、云南白药、冬虫夏草等中药材。

设计意图：感受传统中医药文化的力量。

环节二：出示文化典籍、科学工艺、语言文字、文学艺术等方面的图片

教师活动：优秀的传统文化是怎样形成的？它的内容和特点分别是什么？

学生活动：中华文化的具体内容：文化典籍，科学工艺，语言文字，文学艺术。中华文化的特点：源远流长、博大精深、薪火相传、历久弥新。

设计意图：知道中华文化的产生、内容和特点。

（二）课堂小结

1. 感悟：中医药文化是中华优秀传统文化的重要组成部分，时刻发挥着文化的感召力、影响力和凝聚力。

2. 探究：中华文化的诞生与发展。

（1）56个民族所组成的中华民族大家族一直以来就在中华大地上耕种和生产活动。

（2）各族群众相互依赖，团结友爱，荣辱与共，相互交流，用自己的辛勤汗水共同点缀着祖国的大好河山，造就了辉煌灿烂的中华文化。

播放影片：《习近平总书记谈中国特色社会主义》。

提出问题：中国特色社会主义文化的含义和意义是什么？学生思考回答。

归纳总结：中国特色社会主义文化，来自中华优秀传统文化，融炼于革命文化和社会主义先进文化，根植于中国特色社会主义社会伟大实践。

实际意义：

（1）文化理论是一个国家、一个民族之魂，每一个文明的国度都以发展文化为核心。新形势下，延续文化血脉务必发扬中国特色社会主义先进文化。

（2）中华文化是中华民族最深层次精神层面的积累，是中华民族最与众不同的奋斗精神标志，是促进中华民族强国梦的精神源泉。

（3）中华文化的继承与发展将进一步增强中华儿女心灵深处的荣誉感。

3. 基础理论积累。

摘抄一：我们有博大精深的传统文化，它是文化软实力的一种体现，是文化传承发展趋势的根本原因，必将增强我们作为中国人的骨气和自信。

摘抄二：我们有历史悠久、旗帜鲜明的革命文化。革命文化颇具时代特色、民族特征，它来自中华优秀传统文化，在新的时代阶段中进行着再延续再发展、提炼并升华，为我们在新的时代条件下推动文化强国建设夯实基础。

摘抄三：我们有承先启后、继往开来的社会主义先进文化。在几十年的社会主义改革和实践中，打开了中国模式、独创了中国成就，充分说明社会主义先进文化具备强劲活力和想象力，更能体现人类文明前进发展的文化成果。

（三）作业设计

一直以来，中医药文化教育仅仅在一些高等院校略有耳闻，可是对于中小学生而言，中医药是十分陌生的定义，更不用说延续弘扬中医药文化了。没有针对性的文化教育，缺少中医药基本常识的了解，导致一部分青少年养成了一些不良的生活习惯，比如不吃早饭，大吃大喝，喜欢吃辣食，喝冰镇饮料，穿低腰裤，染指甲，熬夜打游戏，晚睡晚起，听课坐姿不正确，等等。这些不良生活习惯会影响一生，不但会对身体产生隐性的伤害，还会影响我国总体人口的身体素质。请结合本课具体内容，说一说，青少年应如何利用中医药文化来强壮体魄，不断增强我们的文化认同。

展示材料：

1. 文明瑰宝，医学科学

中医药学是扎根于中华大地的传统医学，是中华民族文明曙光的印证，多方面展现了中华儿女世界观、生命观、人生价值观、健康养生观，具备科学特性和历史人文属性。改革开放至今，我国中医药工作取得突出成就，为健康中国建设作出了巨大贡献。习近平总书记强调中医药学有着中华民族数千年以来的健康养生智慧，是中华文明的国粹之一，凝结着中华民族的聪明智慧；中医药基础理论因其在疾病防治、临床观察、康复治疗等方面与众不同的功效受到了来自不同国家群众的认同。进一步探索和系统总结中医药学将对未来世界医学事业的发展、加速生命科学研究具有极其深远的意义。

这种见解深入反映了中医药是扎根于浓厚的中华传统文化土壤之中，拥有融进中华文化血脉的基因，是中华文明的一大象征；深层次表明了中医药在疾病防治与治疗层面发挥特有功效、坚定"用中国传统医学攻破全球性医学难题"的自信。以上重要阐述，从认知能力、做事态度、理论和实践的视角，充分展现出关乎中医药改革创新发展最急迫、最重要的实际问题，增强了我们不断继承、创新和发展中医药学的文化信念。

2. 弘扬精粹，开拓创新

中医药数千年的发展为中华民族繁衍生息、接续文化发挥了重要作用。在新时代中国特色社会主义建设的新形势下，广大群众对中医药有什么新需求、如何再次自主创新发展中医药，是我们亟须考虑和解决的问题。习近平总书记强调中医药自主创新发展迎来新的机会，中医药工作人员要坚定民族文化自信心，占领医药学科的主阵地；要把中医药这一先辈留给我们的珍贵遗产保护好、接续好、发展好，在推进中华民族复兴的伟大征程上创造新的辉煌；注重中医药发展要遵循规律，去其糟粕，传承创新，持续推进中医药文化产业建设，坚持中医西医相互借鉴，推动中西医相互结合、互为补充，共同发展。

以上主要思想把中医药文化建设放到了新时代中国特色社会主义文化创新的空间布局中，摆在健康中国战略、共圆中国梦的历程内进行实际策划；确定了中医药未来的改革目标和发展路径，把尊重规律、开拓创新、接续精粹、创新发展辩证统一来看，把中医药文化传承和产业发展结合在一起。充分阐述了中医药发展部分与整体、接续和创新等实际问题，进一步强化了我们弘扬和发展中医药文化的责任与使命。

3. 创造力转换，创新能力发展

中医药既是我们民族的，更是这个世界的，在勇于探索中怎么丰富和发展当代中医药学，如何做到接续并自主创新，是当今中医药发展所面临的最实际问题。习近平总书记着重指出要让中医药传统医学创造性转化、创新性发展；充分发挥中医药防病治病方面的独有功效，促进中医药产业发展智能化，让中医药面向世界；要接续好、守护好、运用好中医药学，用更为开放包容的心态全方位推动当代医药学的创新发展。

以上见解阐述，反映了"创造力转换，创新能力发展"是新形势下中医药学面向世界的必然选择；细化了中医药在人才培养、创新发展理念、产业发展更新等方面的规则制定；讲述了传统式中医药与现代科学有机融合是现实的需要，充分彰显了自主创新中医药工作，推动现代医学事业发展，构建人类命运共同体的大国担当。

（四）参考资料

[1] 张其成：《中医生命哲学》，中国中医药出版社，2016年。

[2] 袁纲：《中医药文化的当代价值研究》，中国中医药出版社，2014年。

八、教学总结与反思

习近平总书记对我国未来中医药事业发展提出的明确要求，时时刻刻激励着中医药人奋勇当先，持续传承和发展中医药事业，为民族振兴、祖国富强贡献自己的一份力量。中医药文化的发展拥有悠久历史，是中华优秀传统文化的重要构成。根据党的十九大"健康中国战略、传承发展中医药事业"的总体思路，全国各地中小学都在积极主动开展中医药文化进校园入课堂活动。本节课从国家中医药文化与中华优秀传统文化结合的视角，具体描述中医药文化的重要性。中医药文化精神的培养不是一蹴即至的，必须多种渠道、多方位一起努力。大力加强中医药文化建设和课堂教学的有机融合，将有利于增强我国中医药文化的自信心，有益于我国中医药文化事业的保护传承发展。中医药文化进入中小学仍需要长时间的努力和政策的完善，希望本节课可以为我国中医药事业的发展和中华优秀传统文化的传承汇聚力量、凝聚共识。

赓续中医基因　坚定文化自信

沈阳市皇姑区第四十三中学　卢承怡

一、课程基本信息

主讲课程：《道德与法治》

使用教材版本：人教版（2016版）

教材章节出处：《道德与法治》九年级上册第三单元第五课第一框《延续文化血脉》

二、教学设计概述

本课主要通过讲授法、问答法、讨论法等教学方法进行，其主要内容为中华文化。对应核心素养中政治认同部分："体会中华文化的源远流长与博大精深，理解中华优秀传统文化的核心思想理念、人文精神和传统美德，弘扬民族精神，具有强烈的中华民族自豪感；学习和理解社会主义先进文化和革命文化，坚定文化自信。"

导入环节：播放视频《中医药为战"疫"贡献中国智慧》，通过视频播放的方式，吸引学生兴趣，迅速将学生的注意力转移到课堂上来，引导学生感受中医的重要作用，感受中华文化的博大精深。

新课讲授部分：分别运用不同的案例材料进行分析，传授新知。通过展示不同的案例材料，吸引学生的兴趣，并可以主动参与到课堂中来，明白中医就在身边，文化就在身边，引发学生共鸣。近年来，我国致力于振兴中医药文化，大力推动中医药读本进入中小学，引导学生切身体会到优秀传统文化与中华民族精神。

课堂小结部分：课堂小结主要以思维导图和相关习题的形式呈现。由学生总结知识点的思维导图，教师帮助学生梳理本课脉络；教师设计相关习题检验学生对本课内容的掌握程度，帮助学生学会实际应用知识点解题。

三、学情分析

随着生活经验的不断丰富及知识的不断积累，本学段学生对于中华文化有了一定的认知基础。但是随着经济全球化的不断加深，互联网技术不断普及，各种文化相互激荡，历史与现实、民族与外来等文化相互交融的社会大环境深刻影响九年级学生的价值观念的形成，同时，由于未成年人辨别是非的能力较弱，在一定程度上会受到外来文化的影响，从而忽视传统文化的传承与弘扬。

党的十八大以来，习近平总书记在多个场合谈到中国传统文化，并多次提到核心价值观和文化自信，同时多次论述"文化自信是坚定道路自信、理论自信、制度自信的题中应有之义"。因此，文化自信是更基础、更广泛、更深厚的自信。当今世界，各种思想文化相互激荡，我们要坚定文化自信，需要从中华优秀传统文化中发掘资源，构筑共同的精神家园，中学生正处于价值观形成的关键时期，感受中华优秀传统文化，坚定文化自信，对学生的健康成长具有重要意义。

四、教学目标

（一）政治认同

提高中华文化认同感、归属感，民族自豪感；坚定文化自信。

（二）道德修养

感受中华文化的魅力，热爱中华文化，体会中华传统美德的力量；树立自觉传承中华优秀文化的积极态度。

（三）法治观念

提高对中华文化的认知和运用能力；立足于社会主义先进文化，提高辩证认识文化现象的能力，并能作出符合文化自信要求的判断和选择。

（四）责任意识

坚定文化自信；自觉弘扬社会主义先进文化，自觉践行中华传统美德。

五、教学重点难点

（一）教学重点

了解中华优秀传统文化。

（二）教学难点

树立正确价值观念，弘扬优秀文化，坚定文化自信。

六、教学设计总体思路

以视频《中医药为抗"疫"贡献中国力量》导入新课，引导学生理解中医药在抗击疫情过程中所贡献的巨大力量，领略中华文化，彰显中国智慧。

本课运用讲授法、情境法、讨论法等教学方法。首先，播放视频

《中医药发展史——源远流长》，介绍从古至今中医药文化的发展历程，引导学生感受中医药文化的特点；展示药草等图片，讲解中华文化的组成部分；通过对比中华优秀传统文化的发展历史和中医药文化的演进历程，分析中国特色社会主义文化的内涵。

其次，通过中医药文化、戏曲文化、武术文化进校园活动的开展，引导学生了解中华文化的意义与价值，理解中华文化为中华民族的伟大复兴提供精神动力；通过中医药文化在国际范围之内也备受关注和推崇的事例材料，分析文化自信的内涵；引用社会上存在的"崇尚西医，拒绝中医"的现象，凸显坚定文化自信的重要性；利用中医药专业学生的采访记录，分析如何坚定文化自信。

最后，以思维导图与习题练习的形式，复习本节课知识点，并学会实际应用。

七、教学过程

（一）教学流程设计

环节一：导入

教师活动：播放视频《中医药为战"疫"贡献中国智慧》。视频主要讲述在疫情不断影响大众生活的过程当中，不仅仅是西医文化为抗击疫情作出贡献，中国优秀传统中医药文化也在抗击疫情过程中贡献了中国智慧和中国力量，引导学生感受中医的重要作用。提出问题：从视频中你感受到了什么？

学生活动：学生观看视频，从视频中感受在抗击疫情过程中，中医药防治疫病的重要作用，同时思考问题，并表达自己观看视频的感受。

设计意图：利用最为贴近生活的疫情案例与中医药文化相结合，引发学生共鸣，可以引导学生关注中医药文化，感受中医药文化的源远流长、博大精深。

环节二：新课讲授

教师活动：播放视频《中医药发展史——源远流长》，介绍从古至今中医药文化的发展历程。视频中主要介绍了从神农尝百草起源的中医药文化经过几代人不断发展创新流传数千年的过程。提出问题：从视频中你感受到中医文化是什么样子的，有什么特点？

学生活动：观看视频，感受中医药文化的历史悠久，并思考问题，表达自己的感受与想法，自己总结中华文化的特点。

教师活动：根据学生总结的中华文化的特点，分析视频中的中医药文化的发展历程，并结合中医药文化的实际应用情况，总结讲解中华文化的特点。

学生活动：了解记录中华文化的特点：源远流长、博大精深、薪火相传、历久弥新。

教师活动：展示图片中草药的名字、制作工艺、中医书籍等引导学生思考：你所见所闻的中草药有哪些？从这些中草药中你能感受到中华文化由哪些部分组成？

学生活动：通过欣赏图片的内容并联系生活实际，感受中华文化的丰富多彩与博大精深。并根据教师引导总结中华文化由独具特色的语言文字、浩如烟海的文化典籍、名扬世界的科技工业、异彩纷呈的文学艺术等组成。

教师活动：展示中医药文化的发展历程：伏羲针灸—神农尝百草—《黄帝内经》—伊尹成汤—扁鹊—华佗—张仲景等，对比教材相关链接了解中华优秀传统文化、革命文化和社会主义先进文化的关系。

学生活动：通过了解中医药文化的发展历程，在教师的引导下，对比中华优秀传统文化的传承发展，体会中国特色社会主义文化的内涵，与中华文化薪火相传的重要原因。

教师活动：教师根据学生回答总结：中国特色社会主义文化源自中华民族5000多年文明历史所孕育的中华优秀传统文化，熔铸于党领导人民在革命、建设、改革中创造的革命文化和社会主义先进文化，植根于中国特色社会主义伟大实践。中华文化具有应对挑战与时俱进的创造力和海纳百川有容乃大的包容力。

学生活动：学生根据教师总结对应教材内容进行重点记录，并理解相关内容。

教师活动：通过中医药文化、戏曲文化、武术文化进校园活动的开展，展示学校将中医药文化融入学校生活与教育的案例材料，引导学生了解中华文化的意义与价值，理解中华文化为中华民族的伟大复兴提供精神动力。提出讨论问题：你如何看待传统文化进校园的现象？

学生活动：学生通过讨论分享，品味传统文化进校园的现象，并总结其感受，结合校园生活实际回答对应问题，表达对于传统文化进校园的肯定与赞同，并愿意接受传统文化的教育。

教师活动：根据学生的回答，总结中华文化的意义与价值：积淀着中华民族最深层次的精神追求，代表着中华民族独特的精神标识，为中华民族的伟大复兴提供精神动力。

学生活动：学生根据教师总结，对应教材记录重要内容。

教师活动：展示中医药在国外发展现状的数据材料。中医药是中国的国粹与瑰宝，是开发新药的"金矿"。据统计，目前在全世界有40亿人使用中草药治病，占世界总人口的80%。据估计，中草药的开发利用在未来的10年内将在世界上全面兴起。提出问题：通过中医药在国际上的现状数据材料分析，你的感受是什么？

学生活动：学生研读材料相关内容，并结合自己了解的现实情况，通过分析数据说明中医药文化在国际层面的广泛推崇，表达自己的感受与想法。根据教师引导感受以中医药为代表的中华文化的博大精深。

教师活动：教师根据学生的回答，解读文化自信是一个国家、一个民族对自身文化价值的充分肯定，是对自身文化生命力的坚定信念，是更基础、更广泛、更深厚的自信，是一个国家、一个民族发展中最基本、最深沉、最持久的力量。

学生活动：通过材料数据显示与教师讲解，领会文化自信的内涵。

教师活动：展示历史资料：90多年前，当时的政府下令废除中医，那个时候中医面临着生死险境。1929年，国民政府相关部门通过了一个"废止旧医案"。方案里面称中医不科学，遏制了中国卫生医疗事业的进一步发展，认为应该效仿明治维新，革除旧弊，全面推行西医。甚至还规定，禁止报纸宣传中医，禁止各地成立中医学校，学中医的国家不承认学历。同时利用现代社会上仍然存在的"崇尚西医，拒绝中医"现象，提出问题：为什么社会上会存在这样的情况，如果真的只崇尚西医，没有中医会变成什么样子？

学生活动：学生分析材料，联系古今，思考相应问题，以中医药文化为切入点，探究中华文化与西方文化的交融问题，表达自己的观点。根据教师引导，总结文化自信对于一个国家的重要性：没有高度的文化自信，没有文化的繁荣兴盛，就没有中华民族伟大复兴。坚定文化自信，事关国运兴衰、文化安全和民族精神的传承发展。

教师活动：展示对中医药专业学生的采访视频及演讲视频，以中医药文化为切入点，解读文化自信的重要性，以及青少年应如何坚定文化自信。

学生活动：学生观看采访与演讲视频，根据教师解读，明确如何坚定文化自信：必须坚持以马克思主义为指导，推动中华优秀传统文化创造性转化、创新性发展，继承革命文化，发展社会主义先进文化，不忘本来，吸收外来，面向未来，不断铸就中华文化新辉煌。

设计意图：通过有关中医药文化的各种视频及事例材料，解读中华优秀传统文化不断创新发展。以中医药文化为切入点，延伸中华优秀传统文化，引导学生坚定文化自信。

（二）课堂小结

本课学习了第三单元第五课第一框《延续文化血脉》。在学习本课相关知识的过程中，主要以中医药文化为切入点，深度融合中医药文化，延伸至中华优秀传统文化，并通过多种教学方法，帮助学生更好地理解贯通，感受中华文化的源远流长，同时促进本阶段学生树立正确价值观念，坚定文化自信，增强民族自豪感以及民族自信心。

（三）作业设计

1. 基础作业：总结本课知识框架，通过相关习题实际应用相关知识点。

2. 实践性作业：选择一种感兴趣的中华优秀传统文化，收集资料，课堂展示；或选择自己了解的中医药文化的其中一部分，收集资料，制作手抄报。

（四）参考资料

［1］刘娜、刘芯川、刘鲲：《"文化自信"背景下中医药文化校园传承的内涵价值和路径分析》，《数据》2022年第8期。

［2］苏正文：《在中医药文化传承中厚植爱国情怀树立文化自信的策略研究》，《文化创新比较研究》2021年第5期。

［3］周航、刘明军、王自善等：《扩大中国文化国际影响力的路径探索——以"中医药"文化为例》，《传媒论坛》2020年第3期。

八、教学总结与反思

本课主要从了解中华优秀传统文化出发，坚定学生文化自信，树立正确价值观念。本课的教学环节主要有课堂导入、新知讲授、课堂小结。其重点内容主要在于新知讲授部分的文化自信相关内容。运用讲授法、讨论法、问答法等多种教学方法，帮助学生更进一步了解中华文化，并掌握相关知识点，从而达到高效的课堂标准。

本课主要以中医药文化为切入点，系统讲述中医药文化与中华优秀传统文化的密切关系，通过不同角度的中医药文化相关案例材料，帮助学生了解中华民族在漫长的历史发展过程中形成的优秀文化，坚定文化自信，提高文化认同感以及民族自豪感。

中医药文化源远流长、博大精深

沈阳市皇姑区第四十三中学　乔秀娟

一、课程基本信息

主讲课程：《道德与法治》

使用教材版本：人教版（2016版）

教材章节出处：《道德与法治》九年级上册第三单元第五课第一框
《延续文化血脉》

二、教学设计概述

（一）教学设计思路

　　本节课运用中医药学的知识阐述其发展历程，并结合九年级教学内
容，讲述中华民族的文化源远流长、博大精深。联系中医药的起源会得
出其源远流长的特点，再结合文化特点来谈中医药文化具有博大精深的
特点，符合我国文化的具体特点。

（二）理论依据

　　教育部对全国政协委员《关于改革中医药人才培养体系的提案》中
相关建议进行了答复。其中，关于将中医药文化知识全面纳入义务教育
课程体系的建议方面，教育部表示，加大中医药文化知识在义务教育阶

段的推广力度，不仅有助于中小学生养成健康的生活理念和生活方式，还可以有效增进青少年对中医药文化的认同和了解，培养民族自信心和自豪感。教育部和国家中医药管理局一直高度重视此项工作，近年来多措并举，推动中医药文化知识进校园、进课堂、进教材。具体包括：修订国家课程标准《普通高中课程方案（2017年版2020年修订）》，在历史、生物、体育与健康等学科课程标准中融入中医药文化教育内容，明确要求学生了解"中医学已形成的系统理论和独特治疗方法""体会中医对我们日常生活的广泛影响"。鼓励地校结合实际，开设中医特色课程。

（三）设计特色

利用精美的PPT或视频作为辅助的教学手段，利用多媒体来激发学生对传统文化的兴趣。融理论于直观的教学图片之间，符合中学生的认知和理解能力。

（四）可行性分析

九年级学生的认知水平已经达到了一定的高度，对于文化的特点基本上理解并掌握，新课标强调学科的渗透。中医药进入课堂是一个非常好的契机，让学生对祖国的文化瑰宝加以了解。

三、学情分析

（一）思想特点

中学生接受了爱国主义教育，他们热爱祖国的传统文化，中医药是我们中国的瑰宝之一，所以我们认为学生会热爱学习，并能积极思考，认真接受。

（二）知识储备

课前让学生上网查阅相关的知识，给学生一定的准备时间。中学生知识储备是有限的，所以我们尽可能深入浅出地教学，融理论于实践。

（三）能力水平

九年级学生的认知能力有待于进一步提高，他们的思维处在由感性向理性思维的转化过程中，需要老师的引导和帮助，也需要老师的鼓励和课前的指导。

四、教学目标

根据新课标的要求，在义务教育阶段教学目标分为政治认同、道德修养、责任意识、法制观念、健全人格。

（一）总目标

1. 政治认同：表现为政治方向、价值取向和家国情怀。对党、对社会主义、对中华民族的信任和信仰，需要有种民族自豪感。在本节课中，增强中医药进入思政课课堂的理解，弘扬爱国主义精神，热爱传统文化——中医药文化。

2. 健全人格：是身心健康的表现。表现为自尊自信、理性平和、积极向上、友爱互助。

（二）学段目标

1. 知识目标：了解中华文化的特点及中医药文化的特点。

2. 能力目标：理解什么是源远流长、博大精深。

3. 情感、态度、价值观目标：培养热爱中医药文化的情怀，培养热爱祖国的情感。

五、教学重点难点

（一）教学重点

中医药文化源远流长，宝藏丰富，象征着几千年来我国人民和疾病作斗争的睿智。

（二）教学难点

中医药文化博大精深。药物方面，唐代政府组织编写的《新修本草》，不但是我国第一部由政府颁定的药典本草，而且也是世界上最早的一部药典。宋金元时期，在解剖学、诊断学、病因学、法医学，以及临床各科和对《伤寒论》的研究诸方面，又有了突破性的发展。降至金元，医学上的最大成就就是学术流派的空前繁荣。明代，李时珍著《本草纲目》，这是我国药学史上最为辉煌的一部巨著。清朝是我国最后一个王朝，在这一时期，祖国医学的最大成就是形成了与伤寒学说相羽翼而又有相对独立性的新理论——温病学说，从而丰富了祖国医学对于外感热病治疗的手段和经验。

六、教学设计总体思路

（一）概括总体设计思路

运用PPT展示中医药的发展过程，分为原始时期、周王朝、魏晋南北朝、唐、宋、元、明、清时期中医药的发展，展示中医药源远流长；通过一系列活动设计，得出中医药"博大精深"的特点。

（二）教学方法

启发式教学为主，配以讲解式方法，这样既激发了学生的兴趣，又丰富了学生的知识，达到了课堂的效果。

（三）信息化手段

运用多媒体辅助教学，达到事半功倍的效果。

七、教学过程

（一）教学流程设计

环节一：课程导入，激发学生兴趣

教师活动：播放《中医药文化源远流长》PPT，让学生对中医药的发展有一个初步的了解，知道我国中医药的发展具有"源远流长"的特点。

学生活动：观看PPT，对传统的文化有认同感，培养热爱祖国的情感。

设计意图：由浅入深，环环相扣。了解中医药文化的发展。

环节二：趣味课堂，引导学生思考

教师活动：设计对联"熟地迎白头益母红娘一见喜，怀山送牵牛国老使君千年健"，让学生猜一猜其中包括哪十味药。

学生活动：学生以小组为单位，踊跃发言，课堂气氛活跃，得出中医"博大精深"的特点。

设计意图：寓教于乐，在乐中学。既学到知识，又增加了趣味性。

（二）课堂小结

本节课通过教师的精心设计，学生的积极参与，做到了寓教于乐，学中有思，达到了良好的课堂效果。

（三）作业设计

上网查询中医药的发展历程。

（四）参考资料

［1］李成文、李东阳：《两宋金元中医药文化研究》，中国医药科技出版社，2021年。

［2］申俊龙、曾智：《中医药文化传承与传播的哲学智慧》，科学出版社，2015年。

［3］吕利东：《浅谈中医药文化与药理》，《医学信息（中旬刊）》2010年第5期。

八、教学总结与反思

本节课从两个角度讲解了中医药的特点，并结合九年级课本提到的中国文化的特点进行教学。中国文化教育是初中思政课的重要教学内容，而中医药文化作为我国传统文化中的瑰宝，应该在教学中予以充分的重视，在教学设计的过程中，力争告别"老资料、旧视角"，在教学资源的选择上充分利用互联网资源，经过反复筛选，找到适合学生的资料，在教学实施中注重启发性教学，引导学生主动思考，提高学习效率，达到较好的教学效果。

传承中医药文化　弘扬民族精神

沈阳市皇姑区第三十三中学　赵婉凝

一、课程基本信息

主讲课程：《道德与法治》

使用教材版本：人教版（2016版）

教材章节出处：《道德与法治》九年级上册第三单元第五课第二框《凝聚价值追求》

二、教学设计概述

本课教学内容分为"高扬民族精神"和"构筑中国价值"两部分。在第一目"高扬民族精神"中强调了中华民族精神的内涵、爱国主义的本质、中华民族精神具有与时俱进的品格。在这一部分的学习中要求学生能够深刻领会中华民族精神，将中华民族精神内化于心、外化于行，在学习生活中真正做到传承和弘扬伟大的中华民族精神。第二目"构筑中国价值"中强调了社会主义核心价值观的具体内容，引导学生思考在日常生活中如何践行社会主义核心价值观。第一目重点落在"以爱国主义为核心的民族精神具有与时俱进的品格""传承和弘扬民族精神，放飞梦想，创造精彩人生"。第二目重点落在"培育和践行社会主义核心价值观，要与日常生活紧密联系，做到落细、落小、落实""构筑中国价值，中国少年当争先"。

中医药的发展在中华文明发展的几千年中始终铭刻着印记，古有神农尝百草的传说，在当今时代中医药为世界医学发展作出的卓越贡献更是不胜枚举。在中医药发展中所形成的中医药文化是中医药事业的根基和灵魂，同时也是中国优秀传统文化的重要组成部分。在中医药文化传承和发展过程中所凝聚出的中医药文化精神是中华民族精神的具体体现。在本课的教学过程中，可以以中医药文化的发展与传承为切入点，将中医药文化典故作为本课的教学案例，深挖中医药文化精神，引导学生在分析与理解教材知识的过程中吸收中医药文化精华，领会中医药文化精神，从而进一步感悟中华民族精神。中医药文化传承过程中所体现的精神与美德也是社会主义核心价值观的具体体现，选用优秀中医药工作者的先进事迹，引导学生在中医药文化的传承中感受社会主义核心价值观与生活的紧密联系，进而明确在日常生活中如何践行社会主义核心价值观。

三、学情分析

中学生正处于世界观、人生观、价值观形成的关键时期，引导中学生学习中华文化，传承中华美德，弘扬民族精神，自觉培育和践行社会主义核心价值观，对于其健康成长具有重要意义。通过本课学习，引导中学生树立正确的文化观念，明确中华文化价值，增强中国特色社会主义文化的价值认同，增强文化自信，在学习生活中自觉践行社会主义核心价值观。

中学生对中医药文化的接触和学习不够充分，对中医药文化精神的理解还不够深入，需要在教师的引导下，在与学科知识的结合中不断进行中医药文化的渗透，加强自主理解与感悟。这需要教师将中医药文化作为课堂教学的重要教学资源，引用中医药发展历史过程中的经典案例，以案例为中心引导学生思考，激发学生的求知兴趣，在案例探索中体会中医药文化精神，在领悟中医药文化精神的过程中将教材知识融会贯通。

四、教学目标

初中道德与法治学科新课程标准中明确提出了本课对初中生的核心素养要求，要增强学生的政治认同、道德修养、法治观念、健全人格、责任意识。

核心素养内涵的价值取向中要求学生践行和弘扬社会主义核心价值观，坚定共产主义远大理想和中国特色社会主义共同理想，增进中华民族价值认同和文化自信。

在总目标中要求学生能够初步了解中国的基本国情、中华优秀传统文化的主要代表性成果，了解中国共产党的历史和革命传统、改革开放和中国特色社会主义的伟大成就，汲取党史、新中国史、改革开放史，社会主义发展史所蕴含的精神力量。能够理解社会主义核心价值观的内涵及其重要意义，并在社会生活中自觉践行。

在学段目标中要求学生体会中华文化的源远流长与博大精深，理解中华优秀传统文化的核心思想理念、人文精神和传统美德，弘扬民族精神，具有强烈的中华民族自豪感，学习和理解社会主义先进文化和革命文化，增强文化自信。理解社会主义核心价值观的内涵及其重要意义，在日常生活和社会活动中自觉践行。

本课教学特色在于将教材知识与中医药文化紧密结合，教学目标不仅要突出教学内容，更要体现中医药文化在学生学习中华民族精神、明确社会主义核心价值观中的重要作用。

认识中医药文化的发展历史，特别是沈阳市中医药文化发展的历史背景和取得的重要成就。明确中医药文化是中华优秀传统文化的重要组成部分，是中华优秀传统文化的继承与发展，增强学生的文化认同感和文化自信。

学习中医药文化精神中的优秀品质，与社会主义核心价值观内涵进行融合。领会中医药文化精神，学习优秀中医药工作者的先进事迹，感悟优秀中医药工作者的美德与精神，树立远大理想，明确社会主义核心价值观的重要意义，自觉弘扬和践行社会主义核心价值观。

明确中医药文化对中华文化发展的推动作用，在中医药文化发展中形成的中医药文化精神是中华民族精神的重要组成部分，在领会中医药文化精神的过程中提升民族自豪感，理解中医药文化精神的重要作用，进一步在日常生活中弘扬和传承中华民族精神。

五、教学重点难点

（一）教学重点

1. 明确中华民族精神的内涵，明确中医药文化精神与中华民族精神之间的联系。

2. 明确社会主义核心价值观的内容，在中医药文化精神中如何体现社会主义核心价值观的具体内涵。

（二）教学难点

让学生理解如何在生活中弘扬和践行中医药文化精神，如何培育和弘扬社会主义核心价值观。

六、教学设计总体思路

本课主要将中医药文化和中华民族精神相结合，体现出中医药文化传承与发展过程中体现的中医药文化精神，突出中医药文化精神在中华民族精神中的地位。根据对中医药文化精神内涵的探析，将中医药文化精神与社会主义核心价值观的具体内涵相结合，引导学生思考在生活中如何弘扬和践行社会主义核心价值观。

本课的设计思路是，首先根据辽宁中医药大学的建校历史，引导学生思考在辽宁中医药大学建校发展过程中中医药文化得到了怎样的发展，体现了怎样的中医药文化精神。进而引导学生思考中医药文化精神与中华民族精神之间的联系，得出中华民族精神的内涵。学生课前自主查找中医药文化发展历史中的典型案例，将中华民族精神的内涵与中医药文化精神深入结合，在案例中自主发掘爱国主义、团结统一、爱好和平、勤劳勇敢、自强不息的具体体现，得出结论，中医药文化精神是中华民族精神的重要组成部分。根据学生查找的中医药文化发展过程中的典型事例，发掘各个时期中医药文化精神的具体体现，总结出中华民族精神具有与时俱进的品格。引用屠呦呦曾说过的话，将当代优秀中医药工作者身上体现的优秀精神品质与社会主义核心价值观的内涵相结合，引导学生通过对优秀中医药工作者的学习，明确如何在日常学习生活中践行社会主义核心价值观。

七、教学过程

（一）教学流程设计

环节一：要闻回顾，探寻地方文化

教师活动：小组代表带来要闻回顾。2021年4月12日，人民网发布文章《百年路上的我们｜辽宁中医药大学：传承红色基因，凝聚奋进力量》。小组代表对文章内容进行介绍与讲解，同时教师给予适当的内容补充。学生们通过学习要闻共同了解辽宁中医药大学的建校历史背景与发展历程，同时引导学生进行要闻思考：在辽宁中医药大学的发展历程中，中医药文化得到了怎样的发展，在中医药文化的发展过程中体现了怎样的精神？通过学生的回答，教师进行总结引导，中医药文化精神也是中华民族精神的具体体现。

学生活动：小组进行课前活动，收集整理与本课主题相关的新闻要闻。本节课学生选取了辽宁中医药大学的建校历史与发展历程，并以辽宁中医药大学为例，寻找身边的中医药文化，进一步思考中医药文化的发展，在教师的引导下感受文章中中医药工作者在发展中医药文化过程中所体现的仁心仁术、扶危救困、见义勇为的精神品质。这也是中华民族精神的具体体现，学生自主阅读教材找出中华民族精神的内涵。

设计意图：学生通过对身边中医药文化的学习理解，明确中医药文化的传承与发展就在我们身边，并进一步体会在传承与发展过程中所体现的精神品质，从而建立起中医药文化精神与中华民族精神间的联系。

环节二：合作展示，追寻精神足迹

教师活动：组织进行小组活动，各小组分别展示课前收集查找的能够体现中医药文化精神的人物故事（例如宾川县中医院坚持铸牢中华民族共同体意识；孙思邈嗜学如渴，撰写《备急千金要方》；华佗谦虚好学，不耻下问；屠呦呦发现青蒿素等）。学生共同思考，故事中主人公身上分别能够体现中华民族精神的哪一具体内容。

学生活动：各小组进行人物故事汇报。学生们结合中华民族精神内涵的具体内容进行讨论，找到故事主人公身上爱国主义、团结统一、爱好和平、勤劳勇敢、自强不息的具体体现。在深入理解中华民族精神的基础上得出结论，中医药文化精神是中华民族精神的具体体现。

设计意图：通过学生自主查找的人物故事引导学生自主探寻中医药文化精神与中华民族精神之间的联系，在学习教材知识的基础上进一步加深对中医药文化精神的体会，突出本课教学重点。

环节三：自主思考，连接古今脉络

教师活动：将学生自主查找的体现中医药文化精神的人物故事按照时间顺序进行排列，并根据学生查找的内容进行适当故事补充，引导学生思考：中医药文化精神由古至今不断发展，体现了中医药文化精神的什么特点，体现了中华民族精神具有怎样的品格？

学生活动：通过古今中医药工作者的人物故事，学生们思考中医药文化精神的传承性，由此得出中华民族精神具有与时俱进的品格。

设计意图：充分运用学生自主查找的资料，引导学生充分思考，体现学生的主体地位，激发学生的学习积极性，自主得出结论，并将中医药文化精神与中华民族精神进行更深入的联系。

环节四：经典再现，深挖核心价值

教师活动：教师向学生进一步介绍诺贝尔奖得主屠呦呦的事迹。屠呦呦曾说"青蒿素是人类征服疟疾进程中的一小步，也是中国传统医药献给人类的一份礼物"。引导学生思考：在以屠呦呦为代表的当代优秀中医药工作者身上体现出了怎样的精神品质？这些精神品质能够体现出社会主义核心价值观中哪一层面的具体内容？

学生活动：通过对当代中医药工作者所体现出的精神品质的分析总结，引导学生自主将中医药文化精神与社会主义核心价值观相结合。

设计意图：通过对中医药工作者先进事迹的学习，引导学生能够进一步领会中医药文化精神，同时使学生能够根据自己的思考将中医药文化精神同社会主义核心价值自然融合，建立联系。

环节五：学习探究，理论联系实际

教师活动：引导学生思考交流，在日常学习生活中我们可以学习这些优秀中医药工作者身上的哪些优秀品质，列举出生活中的具体行为，并说明这是对社会主义核心价值观中哪一价值准则的具体体现。

学生活动：小组交流，学生将所学知识与生活实践充分结合，思考日常生活中中学生应当如何学习优秀中医药工作者身上的优秀品质，如何用实际行动践行社会主义核心价值观。小组交流讨论后选出代表进行总结。

设计意图：引导学生将所学的课堂知识与生活实际紧密结合，在充分领会中医药文化精神的基础上积极践行社会主义核心价值观，这也是本节课的难点所在。

环节六：交流分享，增强文化自信

教师活动：引导学生进行总结分享，共同交流本节课的学习收获。

共同回顾中医药文化的发展历程，思考中医药文化在中华优秀传统文化中的重要地位，中医药文化精神在中医药文化发展中的重要作用。

学生活动：学生将自己的所思所想在课堂中充分表达，大家共同交流讨论，明确中医药文化作为中华优秀传统文化体现出了国家深厚的文化底蕴，在中医药文化发展的过程中无数辛勤付出的中医药工作者用自己的双手推动中医药事业的发展，也正是在这个过程中凝聚成了中医药文化精神，只有在这种精神力量的支持下中医药文化才能走得更快、更远，步伐更加坚定有力，为中国人民乃至世界人民的健康发展作出贡献。这是中医药文化，也是我们的中华民族文化，是我们文化自信的重要来源。

设计意图：引导学生自主整合课堂学习内容，并进行更深入的思考和感悟，在互相交流中感受中华文化的力量，增强文化自信。

（二）课堂小结

本节课的重点就是建立中医药文化精神与中华民族精神之间的联系，建立中医药文化精神与社会主义核心价值观之间的联系，从而引导学生在充分领悟中华民族精神和社会主义核心价值观的基础上，学习中医药文化精神，了解中医药文化的发展历史，感受中医药文化精神的传承，体会中医药文化精神的具体体现，自觉弘扬和践行社会主义核心价值观。

（三）作业设计

探究分析在日常生活中我们该如何继承和发扬中医药文化精神，记录生活中的具体事例，各小组在课堂中交流讨论。

（四）参考资料

中华人民共和国教育部：《义务教育道德与法治课程标准（2022年

版）》，北京师范大学出版社，2022年。

八、教学总结与反思

（一）教学总结

本节课的教学重点在于建立中医药文化精神与中华民族精神之间的联系，进而引导学生更深入领悟中华民族精神的内涵，在实际生活中继承和弘扬中华民族精神，增强文化自信。发掘社会主义核心价值观中的中医药文化精神，引导学生向优秀的中医药工作者学习，自觉践行社会主义核心价值观。

（二）教学反思

在教学过程中要充分与学生的生活实际相结合，加强学生的课堂参与感，真正做到以学生为主体、教师为主导。注重课堂内容的完整性和逻辑性、课堂问题的有效性。在课堂教学中对学生的引导还需加强，问题应层层深入。

辨证施治　看"未病"

——辩证思维的含义与特征

沈阳市皇姑区教师进修学校　姜丽

一、课程基本信息

主讲课程：《逻辑与思维》

使用教材版本：人教版统编教材（2022版）

教材章节出处：高中思想政治选择性必修三《逻辑与思维》第三单元第八课第一框《辩证思维的含义与特征》

二、教学设计概述

（一）设计理念

结合2020年新修订的《普通高中思想政治课程标准》和本课在教材中的地位与作用，以及本课与必修四《哲学与文化》模块间的内在联系，运用大单元教学思想设计本课时教学内容。选择与本课契合度较高的中医药文化方面的素材资源，使之更好地服务于选择性必修三的教学目标，达到传播中医药文化、提高文化自信的目的。利用现有的平台资源创新课堂教学场景，打造活动型学科课程。

（二）理论依据

1. 课标要求

依据《普通高中思想政治课程标准（2017年版2020年修订）》选择性必修三《逻辑与思维》的内容要求编写。课程标准的具体内容是：结合对复杂事物的把握，体会辩证思维的特征。

2. 教材内容分析

（1）逻辑脉络：第三单元《运用辩证思维方法》与第二单元《遵循逻辑思维规则》都是对第一单元《走进思维世界》中"思维形态"的深入研究。同时，本单元的内容与必修四的哲学部分存在着千丝万缕的联系，哲学中联系、发展、矛盾的观点可以帮助学生更好地把握辩证思维，实践的观点可以引导学生明白未经实践检验的认识不能轻信和盲从，进一步理解动态性思维与诡辩论的根本区别。

（2）地位作用：本单元共有三课，本课是第三单元第一课第一框，紧紧围绕辩证思维展开，宏观掌握辩证思维的含义与特征，是第三单元的重要开端。本课重点在于带领学生理解辩证思维的内涵与特征，体会和分析中医药文化故事中的辩证思维，引导学生自觉运用整体性和动态性思维，自觉反对形而上学和诡辩论，为后面学习辩证分合中"把握事物的本质和规律"奠定基础。

（3）融入的可行性：中医"治未病"是一个古老而又常新的话题，是中国古典哲学与传统医学相互交融的产物。"治未病"最早记录于《黄帝内经·素问》中，提出了"不治已病治未病"的原则，概括起来就是未病养生，防病于先；欲病救萌，防微杜渐；已病早治，防其传变；大病初愈，扶正祛邪；瘥后调摄，防其复发五个方面，这其中蕴含着联系、发展、全面看问题的观点，体现了整体性和动态结合的诊治思维，是与本课《辩证思维的含义与特征》非常契合的教学资源，可以在融入思政课课堂教学的过程中发挥出叠加效应。

3. 设计特色

本节课采用"四步三段"教学法。"四步"指"导—教—学—评"一体化教学设计，"三段"分别是："故事分享　走进中医药""议题设置　创设情境""课堂小结　共话收获"一盘棋教学施策。旨在抛砖引玉，探索高中思政课教学中融入中医药文化的规范式教学策略。

拓展课堂教学，布置开放性前置作业。让学生搜集"治未病"的中医故事，采访亲朋好友寻找中医"治未病"的典型案例，引导学生正确认识中医理论，体会传统中医药文化的神奇魅力，坚定对中华优秀传统文化的自信。

一体化设计、一盘棋施策。以中医故事《扁鹊治病》为情境线索，围绕总议题"中医'治未病'蕴含怎样的辩证思维"，分别设置"中医治病　怎见辩证""未雨绸缪　怎断未病""防微杜渐　怎治未病"三个分议题，由表及里、逐层深入设计课堂教学。通过耳熟能详的中医故事和生活案例来引导学生全面认识中医"治未病"理论，并启发学生理解其中的辩证思维道理，通过递进式问题的设置和项目任务的规划关注学生思维的培养。

落实活动型学科课程。聘请校外专家走进高中校园，开设"中医小讲堂"讲解中医"治未病"理论，开展"中医小诊室"活动，通过专家现场示范、现场诊治，让师生沉浸式体验寻医问药过程，突破重难点，多元认识并认可祖国传统医学，让中医药文化与思政课融合得更真实、更深刻。

三、学情分析

（一）知识经验分析

哲学唯物辩证法的观点与本课的辩证思维在根本上是一致的，通过必修四的学习，学生已经对唯物辩证法有了一定的理解，对实践的观点也有了正确的认知，这些为本课《辩证思维的含义与特征》奠定了知识基础；《扁鹊治病》和《扁鹊见蔡桓公》分别是小学与初中的课文，学生极为熟悉，这为进一步理解中医"治未病"的原理和辩证思维提供了文学积淀。

（二）学习能力分析

高二下学期的学生已经具备了一定的整合学科相关知识、认识和分析事物的能力，但在认识的全面性和准确性上还有一定欠缺，在核心价值、关键能力、学科素养上还存在一些不足，思维能力和实践水平还有待提高。

（三）学习兴趣分析

高中生对中医药文化有一定了解，受家庭和社会生活的影响，对中医"治未病"原理比较感兴趣，有学习的动力和研究的欲望，更有参与中医诊治活动的意愿。

四、教学目标

第一，以"中医治病　怎见辩证"为议题，讲述《扁鹊治病》的中医故事导入课堂教学，反思故事情节，领会故事中体现出来的辩证思维思想，坚定对中医药文化的自信。

第二，以"未雨绸缪　怎断未病"为议题，通过"中医小讲堂"活动让权威专家进课堂，介绍中医诊断未病的方法和原理，深刻理解联系、发展、全面看问题的意义，总结辩证思维的含义，了解辩证思维的发展历程；通过现场体验中医诊病的过程，理解辩证思维与形而上学思维的区别，自觉地坚持辩证思维，反对形而上学和诡辩论。

第三，以"防微杜渐　怎治未病"为议题，结合"中医小诊室"的体验和社会经历，从"未病养生，防病于先；欲病救萌，防微杜渐；已病早治，防其传变；大病初愈，扶正祛邪；瘥后调摄，防其复发"五个方面，深刻体会中医辨证施治的理念，提高运用整体性思维和动态性思维的能力，提高对祖国传统医学的认可程度，自觉做好未来人生规划，为中医药事业培养接班人。

第四，借助"课堂小结 共话收获"环节，进行学科知识、生活常识和情感、态度、价值观等方面的总结，注重评价知识目标、情感目标、素养目标等的实现程度，在升华课堂教学的同时，辅助嵌入式教学评价，实现教学评一体化，提高课堂教学质量和效率。

五、教学重点难点

（一）教学重点

讲清楚辩证思维的特征。

（二）教学难点

讲清楚整体性、动态性的内涵、作用和特点。

突破策略是课前让学生搜集亲朋好友寻医问药的故事，课上通过"中医小诊室"活动沉浸式体验中医"治未病"的理论，通过介绍养生方法、冬病夏治、新冠愈后调理等生活经验，从未病、欲病、已病、初愈、愈后等方面分析诊疗方式的选择和变化，深刻把握整体性、动态性的特征，从而认可祖国传统医学，正确引导未来职业规划。

六、教学设计总体思路

（一）教学创新

积极探索"四步三段"教学法，运用"导—教—学—评"四步一体的设计，和"故事分享 走进中医药""议题设置 创设情境""课堂小

结　共话收获"三段式的施教策略，实现"中医药文化融入高中思政课"教学策略的探索。

（二）教学实施

尊重知识之间的内在联系和学生的认知规律，运用大单元教学思想，在必修四和选择性必修三整个第三单元整体把握上设计教学，打通模块间隔，畅通思维路径，达到对知识深入透彻地理解。

以《扁鹊治病》的中医故事为情境线索一以贯之设计教学，围绕总议题"中医'治未病'蕴含怎样的辩证思维"设置三个分议题，分别是"中医治病　怎见辩证""未雨绸缪　怎断未病""防微杜渐　怎治未病"，启发学生全面认识中医"治未病"理论，并深入理解其中蕴含的辩证思维道理。在知识上实现与必修四《哲学与文化》内容的衔接，奠定选择性必修三《逻辑与思维》第三单元《运用辩证思维方法》后几课学习的基础。

（三）教学方法

1. 讲授法：通过开设"中医小讲堂"，由辽宁中医药大学养生专家介绍专业的中医"治未病"理论，判断其中所蕴含的辩证思维。

2. 体验教学法：通过开展"中医小诊室"活动，师生共同体验中医寻医问药过程，感受中医"治未病"方法，分析辩证思维整体性和动态性的表现。

3. 讨论交流法：通过师生互动、生生交流的方式，充分交流意见，深刻体会中医药文化的魅力，升华情感，坚定文化自信。

七、教学过程

（一）教学流程设计

环节一：故事分享　走进中医药

◎总议题：中医"治未病"蕴含怎样的辩证思维

教师活动：习近平总书记特别强调，"中医药学凝聚着深邃的哲学智慧和中华民族几千年的健康养生理念及其实践经验，是中国古代科学的瑰宝，也是打开中华文明宝库的钥匙"。

今天就请同学们分享你们在课前收集到的中医"治未病"的小故事，让我们共同走进祖国的传统医学，感受中医药文化中蕴含的辩证思维。

学生活动：讲《扁鹊治病》的故事（以下为预设故事内容）。

扁鹊医术声名远播，曾周游列国为君侯看病，也为百姓除疾。

有一次，魏文王问扁鹊："你们家兄弟三人，都精于医术，谁的医术最好？"扁鹊回答说："大哥最好，二哥差些，我是三人中最差的一个。"魏文王不解地说："那怎么大家只听说过你的大名，而从来没有听说过你两个哥哥的名声？"

扁鹊说："大哥治病，都是在病情发作之前，那时候病人自己还不觉得有病，但大哥就下药铲除了病根，因为病人无法直观感受医治的效果，使他的医术难以被人认可，所以没有名气，只在我们家中被推崇备至。二哥治病，是在病初起之时，症状尚不十分明显，病人也没有觉得痛苦，二哥就能药到病除，使乡里人都认为二哥只是治小病很灵。我治病，都是在病情十分严重之时，病人痛苦万分，病人家属心急如焚。此时，他们看到我在经脉上穿刺，用针放血，或在患处敷以毒药以毒攻毒，或动大手术直指病灶，使重症病情得到缓解或很快治愈，所以大家误认为我医术最好，我的名声也就传得最广了。但即使我暂时医好了他们的病，他们都大伤了元气，身体不会恢复到从前了。"

但这不过是扁鹊的自谦罢了，其实他深谙中医"治病莫如防病，良医防患于未然"的道理。有一次，扁鹊见到了蔡桓公。扁鹊说："君王有病，就在肌肤之间，不治会加重的。"桓公不相信，还很不高兴。十天之后，扁鹊再去见他，说道："大王的病已到了血脉，不治会加深的。"桓公仍然不信，而且更加不高兴了。又过了十天，扁鹊又见到桓公时说："病已到肠胃，不治会更重。"桓公十分生气，他不喜欢别人说他有病。十天又过去了，这次，扁鹊一见到桓公，就赶快避开了。桓公十分纳闷，就派人去问他为何回避。扁鹊说："病在肌肤之间时，可用熨药治愈；在血脉里时，可用针刺、砭石的方法达到治疗效果；在肠胃里时，借助火剂汤的力量也能达到；可病到了骨髓，就无法治疗了，现在大王的病已在骨髓，我已经无能为力了。"果然，五天后桓公重病发作，忙派人去找扁鹊，但是扁鹊已经远走秦国了。不久，桓公就病死了。这就是我们初中学到的《扁鹊见蔡桓公》。

设计意图：

1. 情景导入，提高对中医药文化认识的高度。

2. 让学生收集并讲述中医故事，加深学生对中医"治未病"理念的理解，激发学生对传统中医药文化的兴趣，引导学生未来的职业规划，为中医事业发展培养人才。

3. 故事内容与语文课文和课外读物联系起来，加强了学科间的融合，拓展了思政课资源，使思政一体化和大思政理念深入人心，以熟知的故事细节引发学生对辩证思维的思考。

环节二：议题设置　创设情境

◎议题一：中医治病　怎见辩证

教师活动：以上同学们讲的这个就是典型的中医"治未病"的故事，那么什么是中医"治未病"？它医治的原理又是什么？今天我们有幸请来了辽宁中医药大学的中医学养生专家给我们做权威的解读。

专家活动：刚才同学们讲述的扁鹊三兄弟这个故事就是"上医治未病，中医治欲病，下医治已病"的由来。扁鹊的大哥和二哥是典型的"治未病"。人在发病之前形体虽然没有太大变化，但神态的变化是最早出现的异常表现，是疾病发生的最初征兆。扁鹊的大哥治于发病之前，在疾病发生之前就采取措施，使疾病没有发生，这是真正意义上的"上医治未病"，是最高明的医生。扁鹊的二哥善于防微杜渐，也属于"治未病"的范畴，疾病刚刚表现出很轻微的症状就把它祛除了，而不是等到疾病发展严重，那时再治就晚了。扁鹊妙手回春，善于运用扎针、放血、敷药等手段治疗疑难杂症，虽然声名远播，但他用的都是最基本的医疗手法。

"治未病"就是在疾病发生之前或在萌芽状态时，采取治疗措施，以阻断疾病发生发展。最早是《黄帝内经》中明确提出了"治未病"的概念，后人在医疗实践探索中的不断总结、丰富、充实和完善，"治未病"的内涵已经发生了极大的扩展，成为了一个庞大的理论技法体系。"未病"的含义，除了"无病"之外，还包括"病而未发""病而未传""病后未复"几种状态。因此，"治未病"不是单纯的预防、养生，也不是让人在没病的时候乱吃药，而是及早察觉疾病发生的异常变化，采取及时有效的阻断和治疗措施。"未病养生，防病于先；欲病救萌，防微杜渐；已病早治，防其传变；大病初愈，扶正祛邪；瘥后调摄，防其复发"五个方面都是中医讲求"治未病"的表现。

教师活动：请同学们结合《扁鹊治病》的故事情节和专家的讲解，思考中医"治未病"体现了怎样的辩证思维方式？可以借鉴必修四《哲学与文化》综合探究"坚持辩证法反对形而上学"的相关知识。

学生活动：总结辩证思维与形而上学思维的含义与区别。

形而上学思维，认为事物是一成不变的，事物之间的界限都是绝对分明和固定不变的，并把这种看法变成一种世界观、方法论。完全切断事物及其各个部分、各种性质之间的联系，不能正确地反映事物的本来面貌。辩证思维用联系、发展、全面的观点看待事物和思考问题，其实质和核心是运用矛盾分析方法，在对立统一中把握事物。经不起实践检验的诡辩，不是真正的辩证思维。辩证思维是用实践的观点看问题，凡未经实践检验的东西，决不轻信和盲从。这是辩证思维同唯心主义诡辩论的根本区别。

学生活动：人的脏腑是一个有机的整体，生理上紧密相连，病理上息息相关，中医从整体的角度出发，就能判断一个脏器有病，容易导致其他相关联的脏腑发生改变，并且在没有发病之前通过人的神态、行为举止表现出来——联系的观点。

"君有疾在腠理，不治将恐深。""君之病在肌肤，不治将益深。""君之病在肠胃，不治将益深。"几个"将"表现出依据当前状况推测未来变化，提高预见性或防微杜渐——发展的观点。

正确认识"已病"与"未病"，全面界定什么是"未病"，"未病"除了包括"无病"之外，还有"病而未发""病而未传""病后未复"几种状态。因此，"治未病"不是单纯的预防、养生，也不是让人在没病的时候乱吃药，而是及早察觉疾病发生的异常变化，及时有效地阻断和治疗——全面的观点。

设计意图：

1. 设置"中医小讲堂"环节，聘请辽宁中医药大学专家教授走进高中课堂，讲授中医"治未病"的医学原理，增强学生认识的准确性、科学性，推动大中小学思政课一体化建设的实践，在学生心中埋下一颗信仰中医药学的种子，为祖国医学培养接班人。

2. 学生讨论交流，让学生在相互交流中体现自身价值，深入探究中医"治未病"的道理和《扁鹊治病》的故事，让学生参与课堂活动，提高思政课的亲和力和吸引力。

3. 引导学生正确分析中医"治未病"中蕴含的辩证思维，培养高阶思维能力。

4. 总结辩证思维含义，以及与形而上学思维的区别。

◎议题二：未雨绸缪　怎断未病

教师活动：通过查找资料并与周围的同学交流，可能有些同学会有一种跃跃欲试的感觉。实际上中医治病理论是非常复杂的，医学院学生七年也未必学得精髓，但是今天我们有中医养生方面的专家坐镇，再加上同学们相对比较健康，没什么疑难杂症，老师就大胆地给大家创造一个现场体验"大型会诊"的机会。请专家走进我们小组，我们既是"病人"，又是医学院的学生，在导师现场示范、现场教学的帮助下，同学们认真学习、深刻体会，争取迅速出徒、马上上岗，在小组其他同学身上立刻展示你们"现学现卖"的本领。在这个过程中，同学们要勤于学习、善于观察、互相启发，总结中医"治未病"的方法。

学生活动：现场体验，讨论交流。

教师活动：这个体验只是让我们触碰一下中医诊治的边缘而已，同学们想真正达到能够出诊的程度还需要在未来的学习中继续深造，毕竟医学是非常严谨的，希望今天的你们能够成为未来的名医。

设计意图：设置"中医小诊室"环节，由专家现场示范、现场教学，也可以让一些有中医药学常识的同学共同参与，让学生亲身体验寻医问药过程，创新思政课教学场景，增强学生的体验感，引导未来职业规划。

◎议题三：防微杜渐　怎治未病

教师活动：请同学们从刚刚的体验中结合自己的理解，总结中医"治未病"的方法，这些治未病的方法与辩证思维的整体性、动态性之间有什么关联。

学生活动：发表个人观点并进行总结。

教师活动：辩证思维强调整体性，但不排斥局部的独立性；强调动态性，但不排斥相对的静态性。辩证思维是在整体性与独立性、动态性与静态性的对立统一中把握事物。主张用实践的观点看问题，凡未经实践检验的认识，决不能轻信和盲从，否则就会犯唯心主义诡辩论的错误。我们以后在生活中要自觉用整体性、动态性的思维认识事物与处理问题，提高做事的预见性。

设计意图：学生讨论交流之后联系自己实际及时总结"治未病"的方法，并分析动态性、整体性的表现，锻炼高阶思维。交流中带入自己或者亲朋好友的社会经历，突破本课的重点和难点——辩证思维特征，培养学生理论联系实际的能力。

环节三：课堂小结　共话收获

教师活动：本课学习接近尾声，下面请同学们分享一下你这节课都有什么收获。（以下是预设角度）

1. 可以通过"背靠背"的方式，总结自己这节课学到了哪些知识。

2. 可以通过自由发言的方式，表达自己在课堂活动中的感受。

3. 可以通过自由发言的方式，发表对中医药传统文化的认识。

4. 可以通过隔空对话的方式，告诉神医扁鹊今天中国医学的发展。

5. 可以通过自由发言的方式，表达对未来职业规划的想法等。

附表：课堂评价量表

权重分值	知识内容	情感深度	独创性	延展性
	X1	X1	X2	X2
3分	能充分呈现辩证思维的含义和特征的相关知识	能充分感受中医药文化的魅力，充分认可祖国传统医学	对中医"治未病"有特别强的独创性见解	有丰富的中医药知识和实践经验
2分	能呈现辩证思维的含义和特征的重点知识	能感受到中医药文化的魅力，认可祖国传统医学	对中医"治未病"有一定的独创性见解	有一定的中医药知识和实践经验
1分	能少部分呈现辩证思维的含义和特征的知识	能浅显感受中医药文化的魅力	对中医"治未病"有少量的独创性见解	能有少部分中医药知识和实践经验

课堂评价量表（见附表）设计意图：属于课堂评价环节，通过学生自我评价、学生互评和教师评价相结合的方式，实现对课堂教学效果的嵌入式评价，升华主题。

（二）课堂小结

中医"治未病"的思想为我们今天辩证思维的学习提供了丰富的资源，《扁鹊治病》的故事给了我们深刻的启迪，中医养生专家的指导让我们真正走进了中医药的世界。中医药文化博大精深、魅力神奇，在预防、保健、康复等方面作用独特，针灸、推拿、拔罐、中药敷贴等多种特色理疗项目远播海外，老师希望通过今天这节课在同学们心中能种下一颗中医药学的种子，未来与你们共同见证祖国医学更大的腾飞。

（三）作业设计

运用本节课中医养生专家传授的知识，回到家中与父母交流中医"治未病"的心得，帮助全家建立起"未病先防、既病防变、瘥后防复"的中医理念。

（四）参考资料

[1] 刘徽：《大概念教学：素养导向的单元整体设计》，教育科学出版社，2022年。

[2] 谭洪福：《扁鹊论"治未病"》，《中国中医药报》2017年8月3日。

[3] 李梅：《新时代高中思想政治教育创新研究》，《教育学文摘》2022年第15期。

八、教学总结与反思

（一）设计亮点

1. 创造性地使用"四步三段"教学法，探索可供借鉴的范式教学策略。

2. 运用大单元教学思想，在准确把握选择性必修三与必修四知识之间内在联系、精准研判本课在必修三第三单元中地位和作用的基础上设计本课教学。

3. 运用议题式教学，逻辑上层层深入设计教学环节，培养学生的高阶思维。

4. 聘请中医药大学专家进课堂，开展"中医小讲堂""中医小诊室"活动，创新思政课教学场景，提高学生的体验感，打造活动型学科课程。

5. 运用嵌入式教学评价，提供课堂评价量表作为评价课堂教学质量的参考，把"教—学—评"一体化的思想落到实处。

（二）问题反思

1. 在校外专家的指导下，学生能够获得确切的中医药文化方面的知识，易产生职业崇拜感，但无论聘请专家走进高中校园，还是高中学生走进大学校园，受各种因素影响，目前有待形成长效机制。

2. 开展课堂学生活动，我们要充分考虑班级的学情和自身的控场能力，避免出现"不参与"或"收不住"的极端现象。

走近屠呦呦与青蒿素

——用联系的观点看问题

沈阳市第四十中学　杨明杰

一、课程基本信息

主讲课程：《哲学与文化》

使用教材版本：人教版统编教材（2019版）

教材章节出处：高中思想政治必修四《哲学与文化》第一单元第三课第一框《世界是普遍联系的》

二、教学设计概述

本课属于唯物辩证法联系观的内容。通过上一目的学习，学生学会了世界是普遍联系的，为进一步从方法论层面介绍如何用联系的观点看问题奠定了基础。通过本课学习，学生将学习如何正确认识和处理整体与部分的关系，掌握系统优化的方法。

本课教学内容涉及整体与部分辩证关系原理和系统要素的辩证关系，可以选取中医药文化突出贡献者屠呦呦与青蒿素的案例开展教学。屠呦呦因发现青蒿素获得了包括诺贝尔奖在内的诸多荣誉，但她一直强调，这个奖不属于她个人，而属于团队、属于集体、属于国家。青蒿素是中医药送给世界的礼物。综上，选取屠呦呦与青蒿素作为本节课的教学案例，不仅与本课教学内容高度契合，还将进一步实现马克思主义哲学的教学与中医药文化相融合。

三、学情分析

通过前面的学习，学生初步了解了哲学，接触了辩证唯物论的相关知识，懂得了哲学的学习需要从原理和方法论两个角度准确把握，为本课内容做了知识上的铺垫。高二学生经过一年多的政治学科素养的培养，辩证思维方式逐渐形成，思辨能力不断提高，逻辑分析能力有了长足的进步。

学生对屠呦呦这个诺贝尔奖获得者并不陌生，特别是在网络时代，学生除了语文课本、政治课教学，还有广播、电视以及网络等传播途径来了解。但是，学生对青蒿素研发过程背后的事迹了解并不多，对青蒿素的研究现状和发展前景知之甚少。因此，深入挖掘屠呦呦与青蒿素的案例，既可以激发学生的学习兴趣，也有利于通过案例教学，增强学生对于中医药文化和中华优秀传统文化的文化自信。

四、教学目标

1. 通过走近屠呦呦与青蒿素的故事，学会用联系的观点看问题。理解哲学意义上的整体、部分、系统的含义，正确认识和处理整体与部分的关系、学会掌握系统优化的方法。能够在不同的见解中，树立正确的世界观、人生观和价值观，提高逻辑分析能力和思辨能力。

2. 在政治认同方面，增强对党的弘扬和发展中医药文化事业的方针政策的理解，激发学生对传承和发展中医药文化的热情。

3. 在科学精神方面，通过了解青蒿素发现的曲折探索过程，鼓励学生以科学家为榜样，培养不怕困难、敢于攻坚的精神品质，认真对待自己的学习、工作和生活。

4. 在公共参与方面，引导学生学会正确评价生活中的现象，践行社会主义核心价值观，坚持集体主义价值取向，为整体贡献自己的智慧和力量。

五、教学重点难点

(一) 教学重点

整体和部分的辩证关系；掌握系统优化的方法。本课核心任务就是理解并运用联系的观点看问题，具体包括：整体和部分的辩证关系以及掌握系统优化的方法这两个内容。对于整体和部分的含义，系统的含义及基本特征，学生在理解上只要稍加点拨、举例说明就可以掌握。但是对于辩证关系的学习，学生需要明确区别和联系两个方面，而且每个角度各有侧重。学生不仅要识记，更需要学会结合实际分析和运用。

(二) 教学难点

整体功能不一定大于部分功能之和。在整体和部分的区别与联系区分清楚的基础上，学生容易产生疑惑，即整体功能是否一定大于部分功能之和。这需要老师帮助学生理解：整体与部分的关系不等于系统与要素的关系。系统除了要求具有整体性之外，还要求具有有序性和内部结构优化的特点。也就是说，如果是零散的部分凑成整体，整体的功能也许无法很好地发挥出来。只有当部分以有序的结构构成整体，整体功能才能大于部分功能之和。所以设计教学环节时，教师要将案例与知识进行巧妙的设计，帮助学生理解本课难点。

六、教学设计总体思路

(一) 单元教学目标

1. 引导学生联系生活实际，了解哲学的起源、哲学的基本问题及其两个方面的具体内容，学会用马克思主义的基本立场和观点分析唯物主义与唯心主义，坚持唯物辩证法，反对形而上学，培养科学精神。

2. 引导学生理解马克思主义及其中国化的理论成果是我们坚持的指导思想，掌握习近平新时代中国特色社会主义思想的核心内涵，坚定理论自信。

3. 引导学生树立正确的世界观、人生观、价值观，坚定对马克思主义的信仰，积极投身于中国特色社会主义的伟大实践，增强政治认同、公共参与等。

（二）本课设计思路

本课教学将采取马克思主义哲学与中医药文化相融合的教学策略，采取案例教学，选用屠呦呦与青蒿素的有关影像资料和文字材料为情境，以屠呦呦与青蒿素的案例贯通教学过程，引导学生在中医药文化的背景下学哲学、用哲学，汲取马克思主义哲学中辩证法的智慧，感受中医药文化的独特魅力，既收获知识、提高能力，又培养学生的思想政治学科核心素养，激发学生对中医药文化和中华优秀传统文化的文化自信。教学将充分发挥学生的主体作用，鼓励在情境中合作研究，分享交流碰撞，获得知识、方法和价值观等多重收获。

七、教学过程

（一）教学流程设计

环节一：导入新课

教师活动：猜猜她是谁？教师逐条给学生提供线索，鼓励学生猜猜本课的主人公。

学生活动：结合教师给的提示大胆猜测。

设计意图：设计了热身游戏环节。一方面，调动学生快速进入课堂状态，另一方面，介绍了本课的情境主人公——屠呦呦。对于这位科学家，学生比较熟悉，但是对于她过去的那段艰苦的科学攻关历程，学生又比较陌生，以此调动学生的求知欲。

环节二：讲授新课

攻坚求索——获奖风波——永无止境

◎攻坚求索

教师活动：屠呦呦被公众熟知，源于她在2015年获得诺贝尔生理学或医学奖。之后，在聚焦了更多的光环和荣誉同时，屠呦呦也被人称为"三无科学家"。大家知道什么是"三无科学家"吗？这样一位"三无科学家"又是如何发现抗疟神药青蒿素的呢？

学生活动：简单介绍屠呦呦"三无科学家"称谓的由来。

教师活动：今天这节课，我们将通过屠呦呦与青蒿素的案例，学习马克思主义辩证法当中整体和部分之间联系的内容。

教师活动：播放视频《屠呦呦与青蒿素》。

学生活动：观看视频，思考并回答问题。

设计意图：集各种荣誉于一身的屠呦呦，还有一个"三无科学家"的称呼，通过视频，旨在使学生了解屠呦呦在20世纪60年代末加入研发抗疟新药"523"项目组后，如何克服各种困难，取得青蒿素的重大发现的案例。教师要引导学生在课前预习整体和部分的含义，用以分析这段研发过程，帮助学生全面深刻地理解整体与部分的含义。

教师活动：教师对情境中的整体与部分进行详细解读。

学生活动：学生将自己课前小组预习时产生的疑惑和大家分享。

设计意图：学生可以结合视频，说出故事中涉及的整体和部分。教师可以对学生的观点进行整合，从动态、静态和数量三个方面，全面理解整体和部分。鼓励学生提出预习中的疑问，在师生交流、生生合作中促进学生成长。

◎获奖风波

教师活动：同学们，在2011年，屠呦呦还获得过被称作"诺贝尔奖风向标"的美国拉斯克临床医学研究奖，但是这件事在当时的国内学术界引发了一场争论。

教师活动：播放视频《屠呦呦获奖引发的争论》。

教师活动：同学们，视频中争论的双方各自是什么观点？屠呦呦本人对获奖持什么态度？你能否用整体和部分的关系进行论述呢？你对屠呦呦获奖怎么看？

学生活动：带着探究问题观看视频，组内交流各自的想法，然后小组间分享各自的见解。尝试着从整体和部分的辩证关系角度，分析不同立场的理解，发表看法。

设计意图：通过小组合作学习的方式，就视频中的争论，用本课的重点知识进行分析，实现学以致用。鼓励学生大胆说出自己的观点，培养学生以辩证思维方式分析问题，全面理解整体和部分的辩证关系。引导学生学习屠呦呦的谦虚低调的品质和踏实钻研、永不放弃的精神，落实本课的重点以及相关核心素养的要求。

教师活动：指导学生从区别与联系两个角度，论证整体与部分的辩证关系。

学生活动：学生将自己课前小组预习中的疑惑和大家分享。

设计意图：梳理知识，并把学生提出的疑问与全班同学一起进行深入分析。鼓励学生大胆质疑，勇于提出不同的见解。给学生设置几个易混易错的观点，以夯实学生对基本原理的把握。

教师活动：屠呦呦获得国际大奖实至名归，她在诺贝尔奖颁奖现场的讲话，更是展示了中国人的自信和中医药的魅力。我们来看看她当时的演讲视频。

播放视频：《屠呦呦获奖演讲》。

学生活动：观看视频。

设计意图：经过之前的讨论，学生对屠呦呦的认识和评价更科学完整。通过重温屠呦呦获奖演讲视频，更能激起学生对中华优秀传统文化特别是中医药文化的自信。鼓励学生以屠呦呦为榜样，不断克服困难，汲取中华优秀传统文化的营养，弘扬和传承中医药文化。

◎永无止境

教师活动：诺贝尔奖、共和国勋章这些荣誉，并不是屠呦呦奋斗的终点，耄耋之年的她仍然在前进。现在，青蒿素研究团队又取得了新的突破，越来越多的年轻人接过老一辈科学家的接力棒。

议学材料：《青蒿素团队的新突破》。

教师活动：结合教材思考：屠呦呦带领的青蒿素团队和一些制药企业，应该如何合作才能推动这项研究的持续发展？仅靠实验室的科研实验能更好地造福人类吗？

学生活动：阅读材料和教材，小组讨论，组间分享展示。

设计意图：屠呦呦的成绩属于过去，今天她仍在奋斗的路上，这将激励学生勇担民族复兴大任，争做时代新人。青蒿素的发现与应用没有止境，这不仅需要科学家的努力，还需要国家政策支持，企业不断创新，各方通力合作。教师以此引出本课的重点和难点：系统优化的方法。

教师活动：同学们了解了屠呦呦与青蒿素的故事，学会了用联系的观点看问题。你有什么心得体会想和大家分享吗？

学生活动：学生畅所欲言。

教师活动：课堂留白。

设计意图：知识学习不是教学的唯一目的，学习过后给学生一定的人生启迪，才能更好地实现本节课的价值。教师通过设置课堂留白，让学生再回忆、再沉淀、再思考，这些精神财富也将成为学生战胜学习、工作和生活中困难的精神动力。

（二）课堂小结

同学们，1972年，以屠呦呦为代表的中国科研团队成功提取出青蒿素并研发成药物治疗疟疾，攻克了困扰人类千百年来的疟疾疫情，时至今日，青蒿素仍是全球抗疟利器。2021年，世界卫生组织向中国颁发消除疟疾认证。在全球抗击新冠肺炎疫情的艰苦斗争中，中国共产党带领中国人民，发扬生命至上、举国同心、舍生忘死、尊重科学、命运与共的抗疫精神，充分发挥了中医药的独特优势，为打造卫生健康共同体和构建人类命运共同体贡献了中国智慧和中国力量。

（三）作业设计

请同学们结合今天学习的整体与部分的辩证关系，或者掌握系统优化的方法，任选一个角度，写一篇新闻评述，致敬我们的国之脊梁——屠呦呦。字数150~200字。

（四）参考资料：

［1］中华人民共和国教育部：《普通高中思想政治课程标准（2017年版2020年修订）》，人民教育出版社，2020年。

［2］刘忠杰：《以大单元教学推进思想政治综合探究课的策略探析——以必修四〈哲学与文化〉为例》，《高考》2023年第8期。

［3］房涛：《核心素养导向下的大单元教学》，《湖南教育（B版）》2022年第9期。

［4］常库存等：《中医学的文化哲学研究》，吉林人民出版社，1998年。

［5］《大家：屠呦呦 一株小草的力量》，https：//tv.cctv.com/2017/03/15/VIDE78RlMXGHpXkUIgXFyCSq170315.shtml.

八、教学总结与反思

本课教学设计选取中医药文化的突出贡献者屠呦呦作为案例的主人公，一方面对学生进行马克思主义哲学的知识传授，另一方面结合案例，对学生展开世界观、人生观、价值观教育和中华优秀传统文化教育。为了将二者有机结合，教师设计了攻坚求索——获奖风波——永无止境三个节点，引导学生解决课前预设的知识重点和难点，围绕核心素养目标，让学生有思考、有收获，实现立德树人的教育目标。在学习方式的设计上，教师重视发挥学生的主体作用，引导学生做好课前预习和探究型学习，鼓励学生发表观点，引导学生树立正确的世界观、人生观和价值观。教师通过课后的教学复盘，也发现了一些问题，例如：教学案例的凝练、教师语言感染力提升等问题，将在今后教学中继续优化完善。

源远流长的中医药文化

沈阳市第二十四中学　卢毅

一、课程基本信息

主讲课程：《哲学与文化》

使用教材版本：人教版统编教材（2022版）

教材章节出处：高中思想政治必修四《哲学与文化》第三单元第七课第二框《正确认识中华传统文化》

二、教学设计概述

（一）教学设计思路

教学内容：如何坚定中医药文化自信。

1. 为什么中医药文化是文明瑰宝

（1）中医药文化的特点——源远流长。

（2）中医药文化的内容——博大精深。

（3）中医药文化的影响——杰出贡献。

2. 中医药文化如何传承精华，守正创新

（1）对待中医药文化的正确态度——传承精华。

（2）发挥中医药文化的当代价值——守正创新。

（二）理论依据

统编版高中思想政治必修四《哲学与文化》的主要内容包括马克思主义的世界观、方法论和文化观。本课《正确认识中华传统文化》以马克思主义世界观和方法论为理论基础，为后续发展中国特色社会主义文化的内容学习起到承前启后的作用。

本课依据《普通高中思想政治课程标准（2017年版2020年修订）》和必修四《哲学与文化》内容要求3.1编写，即"辩证地看待传统文化，领会对中华优秀传统文化进行创造性转化、创新性发展的重要意义，弘扬民族精神"。

（三）设计特色

1. 课前研学和课堂讲授相结合。课前参观辽宁中医药大学博物馆，课堂通过学生对中医药文化的了解，提升学生对中医药文化的理解和认同，增强学生对中华优秀传统文化的自信。

2. 将习近平总书记关于中华优秀传统文化的论述金句贯穿导入、讲授、总结升华等教学全过程，在品读习近平总书记经典语句中加深对中华优秀传统文化的理解，感悟中华文化的魅力。

三、学情分析

（一）心智特征分析

高二学生已经具备了一定的政治素养，思维较活跃，处在对新事物充满好奇且具有一定辨别能力的阶段，学习积极性较容易被调动。学生经过统编版必修四《哲学与文化》前两个单元中有关哲学部分的学习，已经初步具备了辩证看待问题的能力，进而对于"如何正确认识中华传统文化"，能够作出更加客观科学的回答。

（二）认知结构分析

经过前一框《文化的内涵与功能》的学习，学生对文化的基本概念和内涵已有了一定的理解。但是将文化限定在"中华传统文化与中华优秀传统文化"则缺乏系统性、学理性认知。中华传统文化博大精深、内容丰富，本节课选取中华优秀传统文化中具有代表性的中医药文化，使学生通过对中医药文化的学习，加深对中华优秀传统文化的认识和体验，从而正确认识中华传统文化。

四、教学目标

1. 学生通过研学参观、收集资料、课堂探究，了解中医药文化的内容、特点、影响，从而认同中华优秀传统文化，增强民族自尊自信自立自强意识，进而坚定中国特色社会主义文化自信。

2. 学生通过实践研学、收集分析中医药文化的相关资料，提高分析问题、解决问题和明辨是非的能力，提升获取信息和探究论证的能力，锻炼逻辑思维能力，培养科学精神素养。

3. 通过引导学生了解中医药文化守正创新的方案，感受中医药文化在当代的价值，增强学生的民族自信心和自豪感，引导学生主动担当民族时代大任，培养公共参与素养。

五、教学重点难点

（一）教学重点

中华传统文化的基本内容与特点。

中医药文化是中华传统文化的突出代表。通过引导学生加强对中医药文化的了解，进而加深对中华传统文化的认识。中华传统文化的特点主要表现在"源远流长、博大精深"和"强大的凝聚力和连续性"两个方面，本课采取的突破方式是先由学生将自己所收集的有关中医药文化的资料与其他学生分享，然后教师向学生展示中医药文化发展简史，采用时间轴的方式，向学生直观展示中医药文化从原始社会发展至今，从未中断，成果颇丰，进而通过中医药文化发展得出中华传统文化的特点。对于中华传统文化内容的学习，先由学生分享自己的想法，教师提炼总结，从而寻找中医药文化与中华传统文化内容的共通之处，进而加深学生对中华传统文化内容和特点的认识和掌握。

（二）教学难点

中华优秀传统文化的当代价值。

中华优秀传统文化的当代价值，体现在中华优秀传统文化在新时代中国特色社会主义的发展中发挥的作用。本课选择一段关于习近平总书记对于中医药文化传承创新方案的议学材料，要求学生结合材料畅所欲言，再由教师进行引导，既发挥了学生的主体作用，又将时政与传统文化相结合。使学生体会到国家对中医药文化的重视，进而升华到对中华优秀传统文化发展的重视，加深学生对中华优秀传统文化为我国当代社会发展作出了不可磨灭的贡献的理解。

六、教学设计总体思路

本课将中医药文化与思想政治课充分融合，采用实践研学与课堂探究结合的方法，体现了活动型课堂教学。将中医药文化作为本课的重要课程资源，贯穿始终。课前布置学生走进辽宁中医药大学博物馆进行实践研学，课堂教学设计主要是学生分享和教师引导相结合。教师采用议题式教学法，给予学生适当的引领指导，学生通过研学、课前预习、小组讨论等完成教师布置的任务。充分运用信息化手段，比如播放习近平总书记关于传统文化的金句，使学生产生思想共鸣。

七、教学过程

（一）教学流程设计

环节一：课前研学

　　教师活动：安排学生利用周末时间参观辽宁中医药大学博物馆。

　　学生活动：学生参观。

　　设计意图：通过参观学习，直观感受中医药文化。

环节二：课堂导入

　　教师活动：同学们，通过参观你对中医药文化有哪些了解？

　　学生活动：学生回答。

　　教师活动：播放视频《习近平对中医药工作作出重要指示强调：传承精华，守正创新，为建设健康中国贡献力量》。

　　央视网消息（新闻联播）：中共中央总书记、国家主席、中央军委主席习近平近日对中医药工作作出重要指示指出，中医药学包含着中华民族几千年的健康养生理念及其实践经验，是中华文明的一个瑰宝，凝聚着中国人民和中华民族的博大智慧。我国中医药事业在新中国成立以后取得了很大的成效，对于人民健康起了很大作用。习近平总书记强调，要遵循中医药发展规律，传承精华，守正创新，加快推进中医药现代化、产业化，坚持中西医并重，推动中医药和西医药相互补充、协调发展，推动中医药事业和产业高质量发展，推动中医药走向世界，充分发挥中医药防病治病的独特优势和作用，为建设健康中国、实现中华民族伟大复兴的中国梦贡献力量。

　　学生活动：学生观看视频。

　　设计意图：本环节以播放视频《习近平对中医药工作作出重要指示强调：传承精华，守正创新，为建设健康中国贡献力量》作为导入，视频中提到中医药学，激发学生对中医药文化的兴趣。学生通过视频感受习近平总书记高度重视中医药文化的发展，了解习近平总书记对中医药文化发展作出的战略部署。将文化发展与时政相结合来导入新课，既体现思想政治课的时政特色，又加深学生对中医药文化的认识。

环节三：如何坚定中医药文化自信——为什么说中医药文化是文明瑰宝

◎源远流长：中医药文化的特点。

教师活动：辽宁中医药大学博物馆由医史馆、人体生命馆、中药标本馆、医史教育博物馆和校史馆组成。其中，医史教育馆主要通过壁画展示、多媒体展示、中医药古籍展示等介绍中医药发展简史和中国古代文化与中医药学的密切关系，建筑面积660平方米，馆藏文物430余件，通过文物、景观、绘画、图表、照片和文献资料展现中医药学的发展成就，展品突出辽宁省地方特色。同学们在参观医史教育博物馆时，有哪些令你印象深刻的中医药文化发展成就？能具体说一说你所了解的原始社会的医药活动吗？

学生活动：在了解中医药文化发展简史的过程中，我知道中医药起源于人类的劳动实践，早在原始社会就有了医药活动。原始人在使用石器作为生产工具的过程中，发现人体某一部位受到刺伤后反能解除另一部位的病痛，从而创造了运用砭石、骨针治疗的方法，并在此基础上逐渐发展为针刺疗法，以致后来形成了经络学说。再比如火的发明和使用，逐渐产生了热熨法、汤剂治病等。

教师活动：这位同学生动地描述了中医药起源于人类的劳动实践，来源于对医疗经验的总结，并在实践中不断运用自然科学文化充实和发展。能具体说说你了解到的有关四大经典医药典籍吗？或者其中一部？

学生活动：印象最深的是中医四大经典《黄帝内经》《难经》《伤寒杂病论》《神农本草经》。收集了关于《神农本草经》的资料。《神农本草经》是我国现存最早的药物学专著，是我国早期临床用药经验的第一次系统总结，历代被誉为中药学经典著作。

教师活动：我国最早的中医理论专著是哪部医学著作？谁能介绍

一下？

学生活动：《黄帝内经》是我国最早的中医理论专著。在理论上建立了中医学上的"阴阳五行学说""脉象学说""经络学说"等，其医学理论是建立在我国古代道家理论的基础上，反映了古代天人合一的思想。《黄帝内经》确立了中医学独特的理论体系，成为中国医药学发展的理论基础和源泉。

教师活动：同学们对中医药著名典籍的分享，使我们感受到了古人的智慧。中医药根植于中华文明土壤，在数千年的生产生活实践中逐渐形成并不断发展。老师按照时间顺序，整理了中医药发展简史，同学们简单了解并思考：从中医药发展的历程中，体现出中医药文化有哪些特点？

议学材料：《中医药发展简史》。

神农（远古）炎帝，生活在新石器时代，传说中的部落首领，亲自尝百草，探索植物的充饥和医疗功能，神农被认为是中医的鼻祖。

公元前5世纪，扁鹊用"望、闻、问、切"四诊法和针灸技术诊疗各科疾病。

2000多年前，我国现存最早的中医理论专著《黄帝内经》问世，标志着中医学理论基础的奠定。

东汉张仲景深研古典医籍，著成《伤寒杂病论》。

西晋医家皇甫谧撰成《针灸甲乙经》，该书为中国现存最早的一部针灸学专著。

唐代孙思邈著成《备急千金要方》《千金翼方》各30卷。

宋代在中医药各科取得重要成就，有陈自明的《妇人良方大全》，钱乙的《小儿药证直诀》，宋慈的《洗冤录》，官修药典《开宝本草》《嘉祐本草》《本草图经》，等等。

金元时期，连年战祸，疫病增多，出现了许多具有争鸣和创新的医学流派，其中有代表性的有四大家。

明代伟大医药学家李时珍编著里程碑式药物巨著《本草纲目》。

自鸦片战争以来，随着西医在中国广泛传播，形成中医、西医并存的局面。一些医家逐渐认识到中西医各有所长，试图把两种学术加以汇通，逐渐形成了中西医汇通学派。

在中医药发展的历程中，中医药文化具有哪些特点？

学生活动：学生分组讨论并发言。从议学材料中所呈现的中医药文化延续至今并取得的成就，我们小组认为，在时间上，中医药文化从原始社会发展至今，体现了中医药文化源远流长的特点；在内容上，中医药文化向我们呈现了丰富多彩的医学著作、药材著作等，体现了中医药文化博大精深的特点。我们所了解的中医药文化，每个时期都在不断发展丰富，从未中断。因此，我们小组认为，这体现了中医药文化具有强大的凝聚力和连续性的特点。

教师活动：中医药文化具有源远流长、博大精深以及强大的凝聚力和连续性的特点。这得益于中医药文化求同存异、兼收并蓄的包容性。中医药文化在包容中不断发展。

设计意图：以学生分享的形式学习中医药文化发展简史，通过课前布置学生参观辽宁中医药大学博物馆，使学生身临其境，流转在千百年的中医药历史长河中，感受中华医药的神奇魅力，感受中医药学的发展成就。调动学生的学习积极性，发挥学生的主体作用。

◎博大精深：中医药文化的内容。

教师活动：我们一起感悟了中医药文化的源远流长，那么你对中医药文化的内容又有哪些了解呢？

学生活动：学生分组讨论并发言。我认为，中医药文化体现了中医仁者爱人、生命至上的伦理思想，并以救死扶伤、济世活人为宗旨，表现了尊重生命、敬畏生命、爱护生命。

教师活动：这位同学提到了中医药文化关于"仁"的内容。中医药文化中的"仁"，既是医术之仁，也是医心之仁。中医药文化是中华优秀传统文化的重要组成部分，体现了中华优秀传统文化中讲仁爱、重民本的核心思想理念。

学生活动：我认为，中医药文化体现了崇尚和谐的价值取向。例如：中医药文化在人与自然方面是天人合一的整体观，在人体自身方面是阴阳平和的健康观，在执业方法上是调和致中的治疗观，在人与人的关系方面是医患信和、同道谦和的伦理观。

教师活动：这位同学认为，中医药文化强调"和"，如和谐、信和、谦和等。这充分体现了中华优秀传统文化中提倡的促进社会和谐、鼓励人们向上向善的中华人文精神。

学生活动：我认为，中医学有着独特的思维方法，最有代表性的是取象运数和直觉体悟思维方式，所以中医药文化中的医道精髓应该是精勤治学、精研医道、追求精湛的医术，以及具有高超的直觉心悟的能力和取象类比的能力。

教师活动：这位同学对中医药文化的内容的总结，强调一个"精"字。这也提示我们作为中医，要专心医道，寻思妙理，审问慎思，明辨笃行，持之以恒，才能临证不惑，救死扶伤。这体现了中华优秀传统文化中自强不息、扶危济困的中华传统美德。

学生活动：我认为，中医药文化内容应该是中医在治病救人过程中心怀至诚，言行诚谨。在为人处事、治学诊疗、著述科研等方面诚笃端方，不诳语妄言、弄虚作假。

教师活动：这位同学对中医药文化内容的分析体现了一个"诚"字。医者心地诚谨，待患真诚，一药一术，皆至诚恳。展现了中华优秀传统文化中守诚信、崇正义的核心思想理念。

根据同学们的回答，我们可以将中医药文化所呈现的内容概括为仁、和、精、诚四个字。从中医药文化展现的内容中可以看出，作为中华优秀传统文化的重要组成部分，中医药文化彰显了中华优秀传统文化的核心思想理念、中华传统美德以及中华人文精神等方面内容。

设计意图：结合学生在辽宁中医药大学博物馆的参观感悟，分享学生眼中中医药文化所呈现的内容，提炼出中医药文化仁、和、精、诚的特点，加深学生对中医药文化内容博大精深的理解。

◎杰出贡献：中医药文化的影响。

教师活动：同学们在参观辽宁中医药大学博物馆的时候，感受到了该馆通过文物、景观、绘画、图表、照片和文献资料展现中华医药的精髓，其中很多突出了辽宁地方特色。其实在我国还有很多类似的博物馆，如北京中医药大学博物馆、成都中医药大学博物馆等，为什么我国如此重视中医药文化？大力推崇中医药文化？

学生活动：学生分组讨论并发言。这是我们小组找到的一些关于中华民族遭遇天灾、战乱和瘟疫的图片，可以看到：中华民族在每次灾难中都转危为安，并且人口不断增加，文明也得以传承。毋庸置疑的是，中医药在其中发挥了重大作用。因此，我们小组认为，中医药文化推动着中华文化的发展，为中华民族的繁衍生息作出了巨大贡献。

教师活动：这名同学从中医药文化对中华文化的发展，为中华民族的繁衍生息的贡献角度进行了阐述。还有哪个小组想说一说你们的想法？

学生活动：我们小组在收集的资料中发现，早在秦汉时期，中医药就传播到周边国家，并对这些国家的传统医药产生了重大影响。时至今日，抗疟药物青蒿素的研发与应用，拯救了全球特别是发展中国家数百万人的生命。在抗击新冠肺炎疫情中，中国向世界提供了中医药治疗方案。可以看出，中医药不仅为中华民族的繁衍生息作出了巨大贡献，而且对世界文明进步产生了积极影响，贡献了中国力量和中国方案。

教师活动：这是从中医药文化对周边国家和世界文明的角度，分析了中医药文化的影响。可以看出，我国的中医药文化对周边国家和世界文明进程产生了深远影响，也为人类文明进步作出了不可磨灭的贡献。

作为中华民族原创的医学科学，中医药成为人们治病祛疾、强身健体、延年益寿的重要手段，为人类健康事业发展作出了不可磨灭的贡献。我们要坚定中医药文化自信，坚定中国特色社会主义文化自信。

设计意图：结合学生在辽宁中医药大学博物馆听取讲解员对中医药文化产生影响的体验经历，感受中医药文化为我国和世界的贡献。

环节四：如何坚定中医药文化自信——中医药文化如何传承精华，守正创新

◎传承精华：对待中医药文化的正确态度。

教师活动：中医药学包含着中华民族几千年的健康养生理念及其实践经验，是中华文明的一个瑰宝，凝聚着中国人民和中华民族的博大智慧。经过重大传染病特别是新冠肺炎疫情以后，中医药的作用更加凸显。同学们在参观辽宁中医药大学博物馆的过程中，也对中医药文化有了深刻的认识。同学们讨论思考一下，如果你们遇到身体上的问题，会选择中医治疗吗？

学生活动：会选择中医治疗。从了解的中医药文化中，我们知道中医能防患于未然，中医治病，发现早，治疗彻底，对机体没有损伤或者损伤小，愈后也比较稳定。中药成分复杂，完全依赖于古人的经验，貌似不太科学。而且我个人觉得熬中药比较麻烦还很难喝。中医治疗周期太长，效果太慢。但是中医治疗治病求本，可以从根本上除疾病使机体恢复正常状态。

教师活动：从同学们的选择以及给出的理由可以看出，同学们既没有完全否定中医，也没有全员跟风中医，而是说出了中医的优势以及存在的问题。那么，我们究竟应该如何正确地看待中医药？对待中医药文化应该持一个什么样的正确态度呢？

学生活动：对中医药事业发展，党和国家提出坚持中西医并重，推动中医药和西医药相互补充、协调发展，推动中医药事业和产业高质量发展等重大决策。我们小组认为，推动中医药和西医药相互补充、协调发展，应当努力实现中医药健康养生文化的创造性转化、创新性发展。

不忘本来才能开辟未来，善于继承才能更好创新。新冠肺炎疫情防控阻击战告诉我们，中医药学在应对当代面临的严重健康挑战中，可以发挥独特的优势和特色，具有不可替代的重要地位和作用。

教师活动：对待中医药文化，我们应该坚持古为今用、推陈出新，鉴别地加以对待，批判地予以继承，这样才能让中医药文化在新时代的中国焕发出更强的生机，为人类健康作出新的重大贡献。

设计意图：本环节提出"如果是同学们遇到身体上的问题，会选择中医治疗吗"这一问题，让同学们自由讨论回答。学生通过作出选择并阐述理由，激发学习兴趣，这也更贴近学生生活，使其体验感更强烈。教师进一步追问，应该如何正确地看待中医药，对待中医药文化应该持怎样的态度，从而引导学生在探讨中思考中医药文化的继承与发展，加深学生对中医药文化的认识，并以正确的态度对待中医药文化的发展。

◎守正创新：发挥中医药文化的当代价值。

教师活动：党的十八大以来，习近平总书记高度重视中医药文化的发展问题，充分肯定中医药独特优势和作用，为新时代中医药传承创新发展明确了任务、指明了方向。同学们想一想，习近平总书记高度重视新时代中医药文化的发展体现出中医药文化具有怎么样的当代价值？老师这里准备了一段关于习近平总书记对于中医药文化传承创新的方案的议学材料。

议学材料：《中医药传承创新，要深刻认识中医药的历史地位和时代价值》。

习近平总书记指出，中医药学凝聚着深邃的哲学智慧和中华民族几千年的健康养生理念及其实践经验，是中国古代科学的瑰宝，也是打开中华文明宝库的钥匙，在促进文明互鉴、维护人民健康等方面发挥着重要作用。

深刻认识传承创新发展中医药的目标任务。习近平总书记指出，希望广大中医药工作者推进中医药现代化，推动中医药走向世界，切实把中医药这一祖先留给我们的宝贵财富继承好、发展好、利用好。

深刻认识中医药在防病治病中的独特优势。习近平总书记指出，坚持中西医并重，推动中医药和西医药相互补充、协调发展；发挥中医药在治未病、重大疾病治疗、疾病康复中的重要作用；努力实现中医药健康养生文化的创造性转化、创新性发展，使之与现代健康理念相融相通，服务于人民健康。

深刻认识新时代中医药高质量发展道路。习近平总书记指出，要遵循中医药发展规律，传承精华，守正创新；建立健全中医药法规；用开放包容的心态促进传统医学和现代医学更好融合。

议学任务：结合材料思考：在习近平总书记关于中医药文化传承创新的重要论述中，反映出中医药文化具有哪些当代价值？

学生活动：学生分组讨论并发言。议学材料中，习近平总书记强调，要深刻认识中医药的历史地位和时代价值。我们小组认为，中医药文化作为中华优秀传统文化重要组成部分，蕴含着中华民族共同的精神标识，涵养着中华民族共同的价值观。

议学材料中，习近平总书记强调，要深刻认识中医药在防病治病中的独特优势，尤其是在新冠肺炎疫情中采取中西医结合的治疗方式。我们小组认为，中医药为世界抗疫提供了中国智慧和中国方案，有利于推动构建人类命运共同体。

议学材料中，习近平总书记指出，要遵循中医药发展规律，建立健全中医药法规等都体现了革故鼎新、开放包容等思想。我们小组认为，这些都为解决中国和世界问题提供了思想借鉴。

教师活动：从中医药文化到中华优秀传统文化，再到人类文明的发展进步，让我们感受到了中华优秀传统文化的魅力。从中医药文化的视角，我们了解到中华文化的形成，中华优秀传统文化的内涵、特点以及当代价值。希望本节课可以让同学们从中医药文化中感受中华优秀传统文化的魅力，获得启发、汲取力量、坚定信仰，增强中华民族文化自信，坚定走中国特色社会主义文化发展道路，推动建设社会主义文化强国。

设计意图：通过向学生展示习近平总书记关于中医药文化传承创新的重要论述，让学生感受中医药文化在新时代中国经济社会发展中的重要作用，结合抗击非典、新冠肺炎疫情防控阻击战等实际案例，增强学生的民族自信心和自豪感。

（二）课堂小结

中华文化源远流长、博大精深。对于中华优秀传统文化的学习，本节课教学选取的是具有代表性的中医药文化，为加强学生中医药文化的了解，以课前作业的方式布置给学生，并设计了实践研学项目——参观辽宁中医药大学博物馆。在5000多年悠久灿烂的中华优秀传统文化长河中，除了中医药文化，还有诸如茶文化、戏曲文化等文化形态和文化载体，需要我们慢慢探索、感悟。中华优秀传统文化的继承和弘扬，需要与培育和践行社会主义核心价值观有机结合，树立正确的历史观、民族观、国家观、文化观，增强对中华民族的认同感、归属感、尊严感和荣誉感。

（三）作业设计

根据自身情况，从下列四个选题中，任选其一：

1. 请结合所学知识，谈谈中医药文化对文化继承与创新的启示。

2. 预习下一框《弘扬中华优秀传统文化与民族精神》，以中医药文化为例，思考：如何弘扬中华优秀传统文化？

3. 做一份手抄报，展示你眼中最美的中华文化。

4. 以"传承精华，守正创新"为题，写一篇演讲稿，字数200字左右。

（四）参考资料

［1］王海莉、李根林：《中医药文化探微》，河南科学技术出版社，2022年。

［2］钱超尘主编：《黄帝内经》，中华书局，2011年。

［3］中华人民共和国教育部：《普通高中思想政治课程标准（2017年版2020年修订）》，人民教育出版社，2020年。

［4］中华人民共和国教育部：《普通高中思想政治课程标准解读（2017年版2020年修订）》，高等教育出版社，2020年。

［5］赵鑫军、范波、祁建军：《高中思想政治新课标案例解读》，北京师范大学出版社，2020年。

八、教学总结与反思

本节课强调教师主导和学生主体相结合，更加重视学生怎么学，学得怎么样。教学以习近平总书记关于中华优秀传统文化的经典论述贯穿全课，采用学生实践研学、课下收集资料、课上思考讨论，教师恰当讲授、生动总结相结合的方式进行。教师通过讲授，引导学生更深层次地思考，并帮助学生总结归纳思考结果，使学生掌握更加系统完整的知识。但同时，在课堂中，新课程标准的实施改变了学生传统的学习方式，倡导学生主动参与、乐于探究和勤于动脑，因此，本课教学设置了精选活动或议题推动学生互动，将大部分课堂时间交给学生，这也无形中增加了教师调控教学的难度。教师还要进一步思考，如何让学生在轻松愉快的课堂氛围中，紧扣学习主题，让学生在掌握知识的同时，体会过程与方法，培养情感、态度、价值观，培养与运用创造性思维。

弘扬中医药文化，传承中医药国粹

沈阳市第十一中学　佟思颖

一、课程基本信息

主讲课程：《哲学与文化》

使用教材版本：人教版统编教材（2019版）

教材章节出处：高中思想政治必修四《哲学与文化》第三单元第七课第二框《正确认识中华传统文化》

二、教学设计概述

（一）设计思路

结合新修订的高中课程标准和本课在教材中的地位，在设计本课时，力求将内容和活动有机结合起来。以"弘扬中医药文化，传承中医药国粹"为课堂线索，紧紧围绕"如何正确认识中华传统文化"的总议题，设置"中华传统文化缘起何处""中华传统文化是财富还是包袱""中华传统文化有何当代价值"三个子议题，分别实现探究中华优秀传统文化的主要内容及特点、引领学生辩证地看待传统文化、领会中华优秀传统文化的当代价值的目标。

（二）理论依据

1. 课标要求

本课依据《普通高中思想政治课程标准（2017年版2020年修订）》模块4《哲学与文化》的内容要求编写。课程标准内容如下：辩证地看待传统文化，领会对中华传统文化进行创造性转化、创新性发展的重要意义，弘扬民族精神。

2. 教材内容分析

《正确认识中华传统文化》是统编版高中思想政治必修四《哲学与文化》第七课的第二课时，承接上一课时的内容，阐述中华传统文化的相关知识，为后续文化部分的学习奠定知识基础。教材主要有两个序列化的探究活动：一是中华优秀传统文化的主要内容及特点，引领学生感悟中华优秀传统文化的形成与发展过程，阐明中华优秀传统文化的主要内容及特点；二是中华优秀传统文化的当代价值，引领学生辩证地看待传统文化，领会中华优秀传统文化的当代价值，坚定文化自觉和文化自信。

（三）设计特色

1. 开放性前置作业，生成无限可能

学生通过排练情景剧《国医有方》，深度解析全球抗疫背景下的中国智慧，领悟中华优秀传统文化的影响力和感召力，坚定文化自信，在这个过程中提高自身的科学素养和政治认同。

2. 系列化议题设计，引导学生自主建构

本课以"弘扬中医药文化，传承中医药国粹"为课堂线索，紧紧围绕"如何正确认识中华传统文化"的总议题，设置"中华传统文化缘起何处""中华传统文化是财富还是包袱""中华传统文化有何当代价值"三个子议题，条理清晰，层层递进。通过富有挑战的任务群来规划和引

领学生的学与教师的教，使教师和学生在整个学习过程当中方向明确，并通过层层递进的问题，把学生的思维不断引向深入。

3. 总书记金句进课堂，凸显政治引领和价值引领

本课多次引用习近平总书记在党的二十大报告及其他场合中涉及中华传统文化、中医药的重要论述，引导学生认识中华优秀传统文化对当代中国发展、社会治理的积极作用，认同中华优秀传统文化在当代具有重要价值，增强文化自信。

三、学情分析

(一) 认知结构

哲学是文化的活的灵魂，通过对前面哲学部分的学习，学生了解了马克思主义哲学的基本原理；能够结合社会实践活动，运用辩证唯物主义和历史唯物主义方法论来正确地观察与分析经济、政治、文化、社会、生态等现象；通过对第一框《文化的内涵与功能》的学习，学生理解了文化引领风尚、教育人民、服务社会、推动发展的功能，懂得了文化兴国运兴、文化强民族强的道理，坚定了树立高度文化自信的理想信念。

(二) 心智特征

学生已经具备了良好的政治素质、道德品质，并掌握了一定的科学思维方法，能有效整合学科相关知识，运用学科相关能力，高质量地认识问题、分析问题、解决问题。但在核心价值、学科素养、关键能力上还有一定欠缺，思维方法和实践探索能力水平还不够高，思维的深度和广度还不够，在调动和运用知识、论证和探究问题方面还有困难，需要进行专项提升。

四、教学目标

基于对教材课程标准的理解以及学情的思考，本节课设计了如下教学目标。

1. 通过观看视频，小组合作探究，了解中华优秀传统文化的产生和发展，把握中华优秀传统文化的主要内容和特点，认同源远流长与博大精深的中华优秀传统文化，树立文化自信。

2. 通过"中医药在今天是财富还是包袱"的辩论活动，明确对待中华传统文化的正确态度和原则，能够运用马克思主义唯物史观等认识、分析、对待中华传统文化，培养全面看问题、分析问题的思维能力。

3. 通过排练情景剧《国医有方》，分析习近平总书记关于中医药及传统文化的重要论述，明确以中医药为代表的中华传统文化的当代价值，领悟中华优秀传统文化的影响力和感召力，坚定文化自信，积极投身于社会主义文化建设的伟大实践。

五、教学重点难点

（一）教学重点

中华优秀传统文化的内容和特点。将中医药素材与课堂教学有机结合，通过观看视频材料，小组合作探究，用鲜活的事例展现给学生，引导学生进一步认识中华传统文化的内容和特点，树立文化自信，增强民族认同感，自觉成为中华优秀传统文化的传播者、弘扬者、建设者。

（二）教学难点

中华优秀传统文化的当代价值。通过排练情景剧《国医有方》，深度解析全球抗疫背景下的中国智慧，并结合习近平总书记的经典语句，多角度阐述中华传统文化的当代价值。

六、教学设计总体思路

(一) 设计思路

本课以"弘扬中医药文化,传承中医药国粹"为课堂线索,紧紧围绕"如何正确认识中华传统文化"的总议题,设置"中华传统文化缘起何处""中华传统文化是财富还是包袱""中华传统文化有何当代价值"三个子议题,分别实现探究中华优秀传统文化的主要内容及特点、引领学生辩证地看待传统文化、领会中华优秀传统文化的当代价值的目标。

(二) 教学策略选择

结合教学任务,教学综合运用任务驱动式教学法、导学探究式教学法、项目教学法等多种教学方法为学生创设议学情境,通过富有挑战的任务群来规划和引领学生的学与教师的教,使教师和学生在整个学习过程当中方向明确,并通过层层递进的问题,把学生的思维不断引向深入。

七、教学过程

(一) 教学流程设计

环节一:课堂导入,创设探究氛围

教师活动:从党的十八大提出"坚持中西医并重""扶持中医药和民族医药事业发展",到党的十九大提出"坚持中西医并重,传承发展中医药事业",再到党的二十大提出"促进中医药传承创新发展",近些年我们切身感受到了中医药事业的蓬勃发展及其在疫情防控和健康中国建设中发挥的重要作用。习近平总书记将中医药学称为"中国古代科学的瑰宝""打开中华文明宝库的钥匙"。这节课就让我们传承中医药国粹，共同学习《正确认识中华传统文化》。如何正确认识中华传统文化？

学生活动：积极回答问题。

设计意图：与时政热点紧密结合，引入习近平总书记在党的二十大报告及其他场合中涉及中医药的重要论述，既有利于激发学生探究的兴趣，顺势导入主线的构建，又有利于学生感悟中华优秀传统文化的博大精深，培养学生的文化自信，激发学生的民族自豪感。

环节二：新课讲授，表达碰撞融合

◎议题一：中华传统文化缘起何处？

教师活动：普遍性寓于特殊性之中，并通过特殊性表现出来。中医药文化是中华传统文化的重要组成部分，是观察和了解中华传统文化的一面镜子。观看中医药文化纪录片《大国岐黄》，小组合作，探究问题。根据纪录片的内容，请你说说中华传统文化是如何形成和发展的。视频中提到中医药学是中国古代"科学+哲学"的结晶，那么中医药中蕴含了中华传统文化中的哪些精神内核？请结合视频及中医药发展历程，说明中华传统文化有何特点。

学生活动：回答问题。

教师活动：中华优秀传统文化的主要内容及特点。

设计意图：将中医药素材与课堂教学有机结合，巧妙地推动学生更深层次地思考，激发学生的学习兴趣。通过小组合作探究，结合中医药文化的发展历史，了解中华传统文化的形成和发展，领会中华传统文化蕴涵的思想理念、传统美德、人文精神等，同时感受中华优秀传统文化的源远流长、博大精深，自觉成为中华优秀传统文化的传播者、弘扬者、建设者。

◎议题二：中华传统文化是财富还是包袱？

教师活动：中华优秀传统文化主要产生于中国封建社会，不可避免地受到当时人们认识水平、时代条件、社会制度的局限性等方面制约和影响，因而也不可避免地存在陈旧、过时或已经成为糟粕的东西。中医药的发展也是如此，那么中医药在今天究竟是财富还是包袱呢？请同学们围绕这个问题展开辩论。

学生活动：一、二小组代表正方"中医药在今天是财富"；三、四小组代表反方"中医药在今天是包袱"。

教师活动：评价小组认真听取双方观点，依据评分规则给予打分，并阐述理由。教师总结学生辩论成果，引导学生进一步思考：当今我们正处于一个伟大的时代，中医药文化如何适应与跟进这样一个创新变革的时代，以一个全新的文化形态服务于这个伟大时代的人类健康文明？我们该如何正确看待传统文化？

设计意图：通过"中医药在今天是财富还是包袱"的辩论活动，提供关于传统文化的正、反两种观点，引导学生对如何看待传统文化进行深刻的思考，形成自己的认识，并明确要发挥中华优秀传统文化的当代价值。通过辨析、论证，促进学生将所学知识与生活实际结合起来，提高调动和运用知识、论证和探究问题的能力。

◎议题三：中华传统文化有何当代价值？

教师活动：同学们排练情景剧《国医有方》，展现新冠肺炎疫情出现之后，以黄璐琦、仝小林、张伯礼三位中医院士为代表的中医力量，身先士卒带队深入武汉展开辨证论治：黄璐琦带领的国家中医医疗队，作为先遣队伍，进入疫情的"风暴之眼"，接管金银潭医院的南一病区展开医疗救治；仝小林深入社区，展开疫情防控，在大规模战线上阻断疫情的蔓延；张伯礼依托雄厚的实验室大后方，结合前线的临床数据筛选有效方剂，为前线作战提供有效作战"武器"，深度解析全球抗疫背景下的中国智慧。

第四次中国国家形象全球调查的结果显示，50%的受访者认为中医药是最具有代表性的中国元素。

2010年6月20日，习近平在澳大利亚墨尔本出席皇家墨尔本理工大学中医孔子学院授牌仪式时讲话中指出：中医药学凝聚着深邃的哲学智慧和中华民族几千年的健康养生理念及其实践经验，是中国古代科学的瑰宝，也是打开中华文明宝库的钥匙。

2017年1月18日，习近平在中国向世界卫生组织赠送针灸铜人雕塑仪式上的致辞中指出：中国期待世界卫生组织为推动传统医学振兴发展发挥更大作用，为促进人类健康、改善全球卫生治理作出更大贡献。

结合情景剧，合作探究，说一说以中医药为代表的中华传统文化有何当代价值。

学生活动：表演情景剧，小组讨论。

教师活动：教师对学生小组讨论的成果进行总结，分析以中医药文化为代表的中华传统文化当代价值。

设计意图：通过排练情景剧《国医有方》，激发学生学习兴趣，深度解析全球抗疫背景下的中国智慧，并通过解读习近平总书记关于中医药及传统文化的重要论述，深入阐述中华传统文化的当代价值，引导学生认识中华优秀传统文化对当代中国发展、社会治理的积极作用，认同中华优秀传统文化在当代依然具有重要价值，增强文化自信。

环节三：课堂小结，知识深化总结

教师活动：通过本节课的学习，我们知道了中华优秀传统文化的主要内容及特点，明确了中华传统文化的当代价值。习近平总书记在党的十九大报告中指出："文化是一个国家、一个民族的灵魂。文化兴国运兴，文化强民族强。没有高度的文化自信，没有文化的繁荣兴盛，就没有中华民族伟大复兴。"中华优秀传统文化是中华民族的精神命脉，是中华文明的根与魂。站在新的历史起点，要实现中华民族伟大复兴，在世界文化的激荡中厚植根基、站稳脚跟，就离不开对中华优秀传统文化的传承与弘扬，希望同学们自觉做中华优秀传统文化的学习者、践行者、传承者。

（二）作业设计

请同学们以"传承中医文化，弘扬国药精粹"为主题，写一篇小作文，简要说明今后自己如何为传承中医药文化贡献力量。

（三）参考资料

[1] 中华人民共和国教育部：《普通高中思想政治课程标准（2017年版2020年修订）》，人民教育出版社，2020年。

[2] 人民教育出版社课程教材研究所、中学德育课程教材研究开发中心：《教师教学用书》，人民教育出版社，2020年。

[3] 费孝通著，方李莉编：《费孝通论文化自觉与学科建设》，商务印书馆，2021年。

[4] 臧守虎主编：《中国传统文化》，人民卫生出版社，2018年。

八、教学总结与反思

（一）设计亮点：

1. 契合学生实际，解决真实问题

本课以"弘扬中医药文化，传承中医药国粹"为课堂线索，紧紧围绕"如何正确认识中华传统文化"的总议题，设置一系列富有挑战的任务群来规划和引领学生的学和教师的教，把学生的思维不断引向深入，最终达到使学生坚定文化自信，积极投身于社会主义文化建设的伟大实践的目标。

2. 瞄准价值立意，增强政治认同

学生通过收集中医药形成与发展历程方面的资料，了解中华优秀传统文化的产生和发展；通过排练情景剧《国医有方》，深度解析全球抗疫背景下的中国智慧，领悟中华优秀传统文化的影响力和感召力，坚定文化自信，在这个过程中提高学生的科学素养和政治认同。

3. 嵌入过程评价，促进素养落地

本课力求将课程标准、学习目标、评价任务、教学活动进行一致性地思考，设定合理的评价量表，力求实现教、学、评统一。

（二）问题和对策

学生有思考空间，有表达空间，是素养落地的前提。这也是本课教学中不足的一面，内容铺陈较多，留给学生思考的余地和表达的空间仍然不够充足。

勇担发展中华优秀传统文化之重任

沈阳市第十一中学　赵明杰

一、课程基本信息

主讲课程：《哲学与文化》

使用教材版本：人教版统编教材（2022版）

教材章节出处：高中思想政治必修四《哲学与文化》第三单元第七课第二框《正确认识中华传统文化》

二、教学设计概述

本课是高中思想政治必修四《哲学与文化》第三单元第七课第二框的内容。具体内容包括两目，分别是"中华优秀传统文化的主要内容及特点"和"中华优秀传统文化的当代价值"，主要讲述了中华文化的形成与发展、中华优秀传统文化的主要内容及特点、正确对待传统文化及中华优秀传统文化的当代价值。本框既承接了上一框第二目"文化的功能"这部分内容，又为第九课第三框《文化强国与文化自信》作了铺垫，埋下伏笔。

中华文化是我国各民族在交流碰撞交锋中发展起来的，也是在与世界各国文化的交流碰撞交锋中发展起来的，中华文化既能与不同文化和睦相处，又能吸收借鉴有益的文明成果，具有极强的包容性。习近平总书记说，我们的同胞无论生活在哪里身上都有鲜明的中华文化烙印，不忘本来、吸收外来、面向未来，这种开放包容的态度是中国有坚定的文化自信的力量之源。

中华优秀传统文化是中华民族的精神命脉，是涵养社会主义核心价值观的重要源泉，也是我们在世界文化激荡中站稳脚跟的坚实根基。中华民族有着深厚的文化传统，形成了富有特色的思想体系，体现了中国几千年来积淀的知识智慧和理性思辨。中华优秀传统文化体现在文学、艺术、哲学、科学技术等方面，其主要内容是核心思想理念、中华传统美德和中华人文精神。这些千百年传承的理念，已浸润于每个国人心中，也是中华民族治国理政的思想渊源。

中华文明延续着我们国家和民族的精神血脉，既需要薪火相传、代代守护，也需要与时俱进、推陈出新。要推动中华文明创造性转化、创新性发展，激活其生命力，围绕我国和世界发展面临的重大问题，着力提出能够体现中国立场、中国智慧、中国价值的理念、主张、方案。

传承创新发展中医药是新时代中国特色社会主义事业的重要内容，是中华民族伟大复兴的大事，对弘扬中华优秀传统文化、增强民族自信和文化自信，促进文明互鉴和民心相通、推动构建人类命运共同体具有重要意义。党和政府高度重视中医药工作，特别是党的十八大以来，以习近平同志为核心的党中央把中医药工作摆在更加突出的位置。将中医药文化融入课堂教学是贯彻落实国家发展中医药战略的一次有益尝试。

三、学情分析

1. 通过初中道德与法治课、历史课相关内容的学习，学生对中华传统文化的形成和特点等知识有所了解；在日常生活中，学生能够通过各种传媒接触到中华优秀传统文化，因此，学生对如何正确认识中华传统文化有一定感受性积累。但是，但是大多数学生对中华优秀传统文化的当代价值，中华优秀传统文化和中国特色社会主义文化的关系缺乏系统认识和深入思考，对弘扬传承中华优秀传统文化缺乏自觉意识。这是教学中需要重点解决的问题。

2. 学生通过初中历史的学习，对中医药文化的古代成就有所了解，同时大部分同学具有亲身使用中医药的经历，因此中医药文化素材贴近学生、贴近生活，便于学生进行分析探究。

四、教学目标

1. 以中医药文化发展历程为情境，设置三个分议题，通过小组合作探究，了解中华优秀传统文化的形成条件、主要内容和特点，理解中华优秀传统文化的当代价值，明确对待中华传统文化的正确态度和原则，能够运用马克思主义唯物史观认识、分析、对待中华传统文化。提升信息获取和加工处理的能力、知识整合能力和语言表达能力。

2. 以视频、文字等形式展示中医药文化成就，中国共产党对发展中医药事业的政策主张，感受中华文化的博大精深，增强对中华优秀传统文化的认同，增强对坚持中国共产党领导的信念，坚定文化自信、制度自信。

3. 通过小组合作探究，明确中华优秀传统文化的当代价值，主动学习、弘扬、传播中华优秀传统文化，增强主人翁意识和社会责任感。

五、教学重点难点

（一）教学重点

对待中华传统文化的正确态度。在当代中国，学习、研究、应用传统文化，既是一个"取其精华，去其糟粕"，改造传统文化的过程，也是一个"推陈出新，革故鼎新"，创造新文化、发展先进文化的过程。只有坚持正确的态度，才能使中华优秀传统文化服务于社会主义文化强国建设，推动中国特色社会主义文化发展。

（二）教学难点

分析中华优秀传统文化的当代价值是本课的教学难点。教材中从三个角度阐述了中华优秀传统文化的当代价值：首先，从文化和民族的关系看，中华文化是中华民族共同的精神标识，涵养着中华民族共同的价值观。传承和弘扬中华优秀传统文化，能够激发民族自信心和自豪感，有助于促进民族团结，维护国家的安全和统一，铸牢中华民族共同体意识。其次，从中华优秀传统文化的丰富内容角度看，中华优秀传统文化所蕴含的思想能够为解决当代中国和世界发展中的许多问题提供有益借鉴。最后，从世界影响角度看，中华优秀传统文化强调求同存异、和而不同、和平发展，这些思想观念有助于正确认识和处理国际关系，推动建立以合作共赢为核心的新型国际关系，构建人类命运共同体。

教材中的总结侧重宏观角度，学生理解上会比较困难。因此，这部分需要教师结合现实情况创设情境，引导学生思考现实问题，在分析中生成中华优秀传统文化的当代价值，而非死记硬背，进而坚定文化自信。

六、教学设计总体思路

本课用中医药文化发展的历程为学生创设情境，设置三个分议题——忆中医药古代辉煌，感中华优秀传统文化之博大；析中医药近代衰落，承中华优秀传统文化之精华；寻中医药文化现代成就，担发展中华优秀传统文化之重任。通过合作探究、情境解读等活动，设置多种类型的学科任务，引导学生分析解决问题、完成学科任务，理解和认同中华传统文化的当代价值，增强文化自信，使学科核心素养得到培育和提升。

七、教学过程

（一）教学流程设计

环节一：课堂导入

教师活动：播放视频《乙卯重五诗》。

中华传统文化形式丰富，请同学们观看视频，同时找到视频中体现的中华传统文化有哪些。

形式丰富的中华传统文化是如何形成发展起来的呢？在当代的价值又是什么呢？今天这节课我们将通过回顾中医药文化发展历程的三个议学活动，找寻这些问题的答案。

学生活动：结合视频，回答教师提问。

设计意图：用视频《乙卯重五诗》引入课题，引发学生对学习内容的关注，激发学习兴趣，为后续教学情境的呈现、课堂活动的开展奠定基础，同时突出了本课教学的主题。

环节二：讲授新课

◎议题一：忆中医药古代辉煌，感中华优秀传统文化之博大

教师活动：同学们课前已经阅读老师为大家准备的资料《中医药的历史发展》，现在结合资料小组讨论，分析说明中华传统文化产生的条件、特点。

源远流长、博大精深的中华传统文化是中华民族劳动创造的，是在我国各民族交流、碰撞、交锋中发展起来的，是在与世界各国文化交流、碰撞、交锋中发展起来的。

学生活动：学生分成五个小组，分别从传统文化的产生条件、特点两个方面进行分析，每组选派一名同学作为代表发言，其他同学可补充发言。五个小组学生做发言。

第一小组：中医药学是一代代中华民族的行医者在与疾病的不懈斗

争中不断探索形成的科学认识。中华传统文化是中华民族以勤劳智慧、自强不息创造得来的。第二小组：中医药是包括汉族和少数民族医药在内的我国各民族医药的统称，广义的"中医药"除了汉族传统医药外，还包括藏族医药、蒙古族医药、维吾尔族医药、满族医药、彝族医药、傣族医药等众多民族医药。中华传统文化是在各民族文化交流中产生的。第三小组：清代中期以来，特别是民国时期，随着西方医学的传入，一些学者开始探索中西医药学汇通、融合。中华文化是在与世界文化交流中发展起来的。第四小组：中医药文化产生于远古时代，延续几千年从未间断，体现了中华传统文化源远流长。第五小组：中医药文化在古代取得了领先于世界的成就，如华佗的麻沸散，预防天花的种痘技术，李时珍的《本草纲目》在世界上首次对药用植物进行了科学分类等，中医药治疗方法除了采用药物之外，还有非药物疗法的针灸、推拿、拔罐等方法，具有独特性，这些体现了中国传统文化的博大精深。

设计意图：政治认同必然体现为情感认同，而情感总是在一定的情境中产生。带领学生回顾古代中医药的辉煌历程，能够激发学生对民族文化的自豪感，也为之后面对中华文化衰落产生主动承担的情感进行了铺垫。同时通过讨论完成学生对中华传统文化的感性认识—理性分析—理性认识的思维提升。

◎议题二：析中医药近代衰落，承中华优秀传统文化之精华

教师活动：中医药文化的发展并不是一帆风顺的。近代出现多次废除中医药文化事件。为什么会出现废除中医药文化的现象呢？主张废除中医药文化本质就是主张抛弃传统文化，文化发展要全盘西化，这种观点错在哪里呢？正确对待中国传统文化的态度是什么呢？

展示近代历史废除中医药文化事件：

晚清时期，西方医学大规模输入中国，有人以西方医学作比照，对中医提出了批评，甚至提出"废医论"。

1912年，北洋政府在教育部第一届临时教育会议上，通过并随后

颁布了《中华民国教育新法令》。该法令前后颁布两次（1912年11月和1913年1月），都没有把"中医药"作为教育学科，而是只提倡专门的西医学校。这就是近代史上著名的"教育系统漏列中医案"。

1929年2月23日至26日，南京政府卫生部召开第一届中央卫生委员会。会上讨论了四项关于"废止中医"的提案，最后通过了废止中医案——《规定旧医登记案原则》。中医界掀起了全国性抗争活动，最后，国民政府只得暂缓废医案。

正确对待中华传统文化要"取其精华"，那么中华传统文化的精华都包括哪些内容呢？回顾中华大地5000多年的发展历程，我们能创造源远流长、博大精深的中华文明，能历经磨难而不衰，饱经风霜而不败，根本原因正是贯穿在中华优秀传统文化中的核心思想理念、中华传统美德、中华人文精神的持久涵养，它们是中华优秀传统文化的精髓所在。自古以来这些文化精髓就展现着中国人民独特的精神追求和价值观念，潜移默化地影响着中国人民的思想方式和行为方式，可谓是我们最深厚的文化软实力。

学生活动：结合材料，分析回答。100多年前，列强的坚船利炮将国门轰然打开，封建统治日益没落，国家衰微，西方的工业文明对中华传统文化造成巨大冲击。国人对中华传统文化的信心随之不断丧失，进行不遗余力地批判，甚至到要全盘西化的地步。作为中华传统文化一部分的中医学自然也难逃此厄运，所以出现了废止中医的现象。我们知道，在5000多年历史中形成的灿烂的中华文化蕴含着有关处理人与人、人与自然、人与社会等方面十分宝贵的精神财富，熔铸了伟大的民族精神。但是，受其产生的时代条件、社会制度的制约，其中也有许多封建性的思想糟粕，比如特权思想、等级意识等。"全盘西化"论者只看到了中华传统文化的不足，全盘否定中国传统文化的精华。因此，对于中华传统文化，我们应该始终以科学的精神、理性的态度加以对待，做到"取其精华，去其糟粕"，批判继承，古为今用。

设计意图：本环节展示了近代废除中医药文化的历史事件，让学生结合中国近代史的知识分析这一现象出现的原因，以显示出其调用知识的能力；并尝试应用马克思主义哲学辩证法的知识分析问题，提升理论联系实际的能力，进而生成正确对待中国传统文化的态度。同时教师通过灌输的方法，明确继承发展优秀传统文化的内容，为理解中华优秀传统文化的当代价值奠定基础。

◎议题三：寻中医药文化现代成就，担发展中华优秀传统文化之重任

教师活动：与近代旧中国的统治者不同，中华人民共和国成立后，中国共产党一直高度重视中医药事业。在中国共产党的领导下，中医药事业迎来了春天。请同学们观看视频，结合中医药事业发展的成就，分析中华优秀传统文化的当代价值。

中国共产党推动中医药事业发展的措施：

1956年，卫生部会同高等教育部在北京、上海、广州、成都筹建4所中医学院，同年招生，学制6年，每所中医学院规模为2400人。

党的十八大以来，以习近平同志为核心的党中央强调中医药是中华民族的瑰宝，把中医药工作摆在更加突出的位置。2016年，国务院印发《中医药发展战略规划纲要（2016—2030年）》，把发展中医药上升为国家战略。

2017年，《中华人民共和国中医药法》实施，为继承和弘扬中医药、扶持和促进中医药事业发展确立了法律依据。

中医药学不仅包含医病医人的诊疗理论，还体现着医世医国的治理智慧。中医强调"道法自然，天人合一"的养生保健思想和我们国家坚持的科学发展观具有一致性。我们党坚持从中国实际出发，从中华优秀传统文化中汲取智慧，在实践中不断丰富和发展马克思主义。譬如，以人民为中心的发展思想，汲取了"民惟邦本，本固邦宁"观念的有益养分；全面深化改革不断向纵深推进，折射出"周虽旧邦，其命维新"的

革新精神；构建人类命运共同体，映照出"天下一家""协和万邦"的博大胸襟……中华优秀传统文化为马克思主义中国化提供了文化沃土。

可见，优秀的传统文化对于现代生活而言不是包袱而是财富。在实现传统文化当代价值的过程中，我们除了要传承精华，还要做哪些努力呢？同学们可以结合中医药事业发展成就分析回答。

学生活动：观看视频，小组讨论，分析回答。第一小组：这次治疗新冠肺炎临床筛选出的"三药三方"，是在古典医籍的经方基础上，参考历代医家临床实践经验，结合新冠肺炎疫情临床特点，通过临床科研一体化研究产生的。这说明不忘本来才能开辟未来，善于继承能更好创新。第二小组：人民群众对健康有了更高的需求，渴望活得健康、不生病、少生病。中医药强调整体观、系统论和辨证论治思维，具有"治未病"、简单易行、经济方便、便于推广的鲜明特点，在解决看病难、看病贵方面能够发挥更大作用。中华优秀传统文化能够为解决中国发展中的问题提供有益借鉴。第三小组：这次抗击疫情过程中，我们同多个国家分享中医药诊疗经验，选派专家赴外开展生命救援，展示了中医药的独特魅力。中医药日益受到世界各国的关注，是扩大对外开放合作的桥梁纽带。对于促进民心相通、共建人类卫生健康共同体具有重要意义。第四小组：中医药文化是中国传统文化的重要组成部分，中医药在抗击疫情中发挥了独特优势，守护了人类健康，传承弘扬中华优秀传统文化，增强了我们的文化自信和民族自豪感。第五小组：我们除了要传承精华，还要坚持推陈出新、革故鼎新。屠呦呦从葛洪《肘后备急方》中汲取灵感，将传统中医药和现代科学相结合发现了青蒿素，挽救了全球数百万人的生命，并因此获得诺贝尔生理学或医学奖，就是很好的例证。

设计意图：突破教学重点和难点。展示中医药事业成就，让学生通过真实情境分析问题、解决问题。明确中华优秀传统文化的当代价值，增强学生对中华优秀传统文化的自信，使其自觉担负起弘扬中华优秀传统文化的责任。

（二）课堂小结

中华民族五千年文明历史孕育出中华优秀传统文化，是中华民族最深沉的精神追求。站在新的历史起点，要实现中华民族伟大复兴，就要以科学的态度对待中华传统文化，就要对中华传统文化进行创造性转化、创新性发展，展示中华优秀传统文化的当代价值。希望同学们能够成为中华优秀传统文化的学习者、传播者、弘扬者和建设者。

（三）作业设计

中医药学是中国古代科学的瑰宝，也是打开中华文明宝库的钥匙，是中国传统文化中必不可少的一个重要载体。请你为"中医药文化进校园"设计一项活动，写出活动主题、活动内容和设计意图。要求：紧扣主题，学科术语使用规范。

（四）参考资料

[1] 中华人民共和国国务院新闻办公室：《中国的中医药》白皮书，2016年12月。

[2]《中共中央　国务院关于促进中医药传承创新发展的意见》，2019年10月20日。

[3] 史焕翔：《中国优秀传统文化的当代价值》，《红旗文稿》2018年第12期。

八、教学总结与反思

正确对待中华优秀传统文化是实现中华民族伟大复兴的必然要求。本课遵循"情境—探究—思考—分享"的活动型教学模式，教师是学生学习的启发者和引领者。通过选择学生学习有兴趣、探究有可能、教学有效果的素材，精心选择和设计教学情境。本课以中医药文化的发展历程为线索是基于以下原因：首先，中医药学是中华民族的伟大创造，是中国古代科学的瑰宝，也是打开中华文明宝库的钥匙，为中华民族繁衍生息作出了巨大贡献，对世界文明进步产生了积极影响，是中国传统文化中必不可少的一个重要载体；其次，党和政府高度重视中医药工作，特别是党的十八大以来，以习近平同志为核心的党中央把中医药工作摆在更加突出的位置，在《中共中央　国务院关于促进中医药传承创新发展的意见》明确指出，实施中医药文化传播行动，把中医药文化贯穿国民教育始终，激发学生对中华传统文化的自豪感与自信心。教学中展现中医药发展的历程，一方面能丰富学生的中医药文化知识，另一方面能为学生创设真实情景，加深对理论知识的理解，更好地达成政治认同。

　　本课教学中，中华优秀传统文化的当代价值理论性较强，尽管设置了情境和思考任务，并结合相关政策加以解读，但要达成学生的透彻理解仍有难度。对此，如果在教学中选取更多社会生活事例，增加学生的感性认识，则能够更加深入透彻地帮助学生理解相关知识，坚定文化自信，自觉担负起传承中华优秀传统文化的责任。

文化交流与文化交融

——新时代，中华瑰宝如何谱写新篇章

沈阳市第十一中学　任广璐

一、课程基本信息

主讲课程：《哲学与文化》

使用教材版本：人教版统编教材（2019版）

教材章节出处：高中思想政治必修四《哲学与文化》第三单元第八课第二框《文化交流与文化交融》

二、教学设计概述

（一）设计思路

以核心素养为导向，以课程标准、学情和教材分析为基础，确定教学目标。根据教学目标制定评价任务，将评价任务嵌入整个学习过程中，发挥其诊断和驱动教学的功能，真正实现以学定教。围绕教学目标和评价任务，设定能够引领学习内容的议题。在此基础上，创设支撑核心素养培育的活动情境，设计实现价值引领的学习活动，设定承载核心素养外显的学科任务。在教学目标的指引下，将活动情境、学习活动、学科任务进行合理排序，组成整个教学过程。

（二）理论依据

本课内容主要依据习近平新时代中国特色社会主义思想，讲述文化交流与文化交融对文化发展的重要作用。

1. 课标要求

依据《普通高中思想政治课程标准（2017年版2020年修订）》必修四《哲学与文化》内容要求，本课所在单元的教学内容要求感悟世界文化的多样性，理解文化多样性的价值，明确文化交流互鉴的途径和意义。

依据《普通高中思想政治课程标准（2017年版2020年修订）》学业质量水平描述，本单元的学业质量标准包括：

水平1（政治认同）——认同中华文化。

水平2（科学精神）——立足于中华优秀传统文化，理解并理性对待存在于区域、民族和国家间的文化差异。

水平3（科学精神）——着眼于中华优秀传统文化的创造性转化、创新性发展，表达传承和弘扬中华文化的积极态度。

水平4（科学精神）——在全球视野下，针对各种思想文化的交流交融交锋，表现强大的文化理解力和国际传播力。

2. 教材内容分析

第二框《文化交流与文化交融》包括两目：第一目"文化交流与文化发展"阐述了文化交流对文化发展的重要作用，以及经济全球化背景下对待文化交流的态度；第二目"文化交融与文化发展"阐述了文化交融的必要性，以及文化交融对文化发展的重要作用。

（三）设计特色

以中医药文化独具优势，在疫情防控中发挥重要作用为整节课的线索贯穿始终。既回溯历史，通过对史实素材的分析，探究中西医药文化交流交融对中医药文化发展的推动作用，又立足现实，从当下疫情防控的角度阐述文化交流与交融的重要意义，将教材内容与现实生活进行有效对接，将对习近平总书记经典语句的品读贯穿授课始终，增强教学的时效性和感染力，帮助学生理解和认同国家振兴发展中医药文化的方针，更好地实现思政课的学科价值。

三、学情分析

从学生的知识基础看，高二学生经过近两个学期高中思想政治课程的系统学习，已经具备了一定的理论基础和政治素养，知道文化具有多样性，不同民族文化之间的交流与交融能够推动文化的发展，但对于如何推动文化发展以及交流交融推动文化发展的意义缺乏理性的认识。

从学生的认知能力看，高二学生思维活跃，掌握了一定的科学思维方法，能有效整合学科相关知识；小组讨论的习惯大致形成，学生兼具合作探究和独立思考的能力。但其在核心价值、学科素养、关键能力上还有一定欠缺，思维方法和实践探索能力水平还不够高。

从学生的学习兴趣看，学生的文化生活日益丰富，文化需求日益强烈，学生能够直观地体验到生活中的文化交流与文化交融的现象，这为理论联系实际情境，激发学生学习的积极性和热情创造了良好的条件。

四、教学目标

1. 通过收集近年来我国中医药领域取得的代表性成就，感受中医药文化所展现的独特优势、科学内涵、文化内核和时代价值，理解"中医药振兴发展迎来天时、地利、人和的大好时机"，增强文化自觉和文化自信，认同中华文化，落实政治认同核心素养。

2. 通过探究学习，结合针灸文化传播的历史和具体事例，阐明文化交流构成了文化发展的重要动力，懂得正是坚持求同存异、取长补短的原则，才推动中西医文化的交流，从而推动世界医学事业的发展和生命科学研究；明确中西医药文化应该相互交流、相互学习、相互借鉴，从而推动世界文明进步。

3. 通过合作学习，结合视频《战"疫"中的中医药力量》，明确文化交融推动文化发展，正确看待中华文化积极借鉴西方医学文化的长处和精华，为中医药文化的丰富发展汲取营养，增强中华文化的自尊、自信、自立，自觉成为中华优秀传统文化的弘扬者和传承者。

4. 通过探究学习，体悟中医药在疫情防控中展现的独特优势和显著作用，在世界范围获得越来越广泛的认可。认同让中医药瑰宝惠及世界，是构建人类命运共同体的必然要求，是我国作为负责任大国的担当，是中华民族文化自信的体现。

五、教学重点难点

（一）教学重点

1. 文化交流构成了文化发展的重要动力

通过课前学习任务和课上合作探究，在真实的素材和鲜活的事例中感悟文化交流对于文化发展的重要作用，明确文化交流构成了文化发展的重要动力。正是坚持求同存异、取长补短的原则，积极推进不同民族文化的交流，才推动了人类文化的发展。正如习近平总书记所说："推动文明交流互鉴，可以丰富人类文明的色彩，让各国人民享受更富内涵的精神生活、开创更有选择的未来。"

2. 文化交融推动文化的发展

通过创设情境和问题探究，在小组分工合作的基础上展开交流，深刻认识文化交融对于发展本民族文化和促进世界文化繁荣的重要意义，进而对于文化交融和文化交流能秉持科学态度，摒弃错误观点。

（二）教学难点

文化交流与文化交融的区别是本课的教学难点。

选取典型案例素材并设置问题，探索文化交流与文化交融的区别，认识文化交流侧重的是把文化发扬光大，传播开来，让更多的受众知道、理解的过程。文化交融侧重的是文化在相互借鉴、取长补短，甚至是冲突碰撞之后的发展升华，产生新文化的过程。

六、教学设计总体思路

本课以"新时代，中华瑰宝如何谱写新篇章"为总议题，以展示近年来我国中医药领域取得的代表性成就为切入点，课前布置学习任务，小组合作探究，在探究过程中既能培养获取、整合有效信息的能力和团队合作的能力，又能感受中医药文化所展现的独特优势和时代价值，增强中医药文化自觉和民族自信。

围绕"中西医文化何以实现同频共振"的分议题，根据国家卫生健康委员会发布的《新型冠状病毒肺炎诊疗方案（试行第九版）》针对德尔塔、奥密克戎变异毒株的感染情况增加了针灸治疗相关素材设置议学问题，通过合作探究懂得正是坚持求同存异、取长补短的原则，才推动中西医文化的交流；明确中西医药文化应该相互交流、相互学习、相互借鉴，从而推动世界文明进步。

围绕"中西医文化何以相互补充协调发展"的分议题，播放相关视频设置议学问题，明确文化交融推动文化发展，增强中医药文化的自尊、自信、自立，也为世界医药文化发展繁荣作出贡献。

最后以习近平总书记的经典语句升华主题，理解让中医药瑰宝惠及世界，是构建人类命运共同体的必然要求，是我国作为负责任大国的担当，是中华民族文化自信的体现。坚持推动中医药文化在交流交融中发展，让中医药更好地为人类造福。

七、教学过程

（一）教学流程设计

环节一：导入新课，感悟中医药振兴发展正当时

　　教师活动：布置课前学习任务，围绕"近年来我国中医药领域取得的代表性成就"这一主题，1~3小组合作探究查找资料，按时间顺序整理制成表格，课上分享学习成果和感受。

　　学生活动：以小组为单位，课前围绕主题收集资料，合作探究完成表格绘制，完成课前学习任务，课上分享学习成果和感受，感悟中医药振兴发展正当时。

　　设计意图：通过收集近年来我国中医药领域取得的代表性成就，感受中医药文化所展现的独特优势、科学内涵、文化内核和时代价值，理解"中医药振兴发展迎来天时、地利、人和的大好时机"，增强中医药文化自觉和民族自信。小组合作探究，在查阅相关资料的同时也能培养获取、整合有效信息的能力和团队合作的能力。

环节二：讲授新课

　　◎分议题一：中西医文化何以实现同频共振——感悟中西医文化交流推动文化发展

　　教师活动：布置课前学习任务，围绕"在疫情防控过程中，哪些中医药元素发挥了至关重要的作用"这一主题，以小组为单位（4~6小组）进行资料查找、合作探究并在课上分享学习成果。

　　语句链接——"几千年来，中华民族能一次次转危为安，靠的就是中医药"。

　　学生活动：完成课前学习任务，认真研读问题，列出自己的观点，经过小组合作探究，每一小组中心发言人归纳整理本组成员的观点，做好分享准备。

教师活动：以国家卫生健康委员会发布的《新型冠状病毒肺炎诊疗方案（试行第九版）》针对德尔塔、奥密克戎变异毒株的感染情况增加了针灸治疗为切入点，承接上一活动。选取材料"针灸参与全球抗疫"并设置问题：针灸治疗世界流行具有什么重要意义？（对针灸/对中国/对世界）

学生活动：通过课前素材的收集，提升对疫情防控的认知，了解中医药在疫情防治中发挥了不可替代的重要作用，中医药的深度介入，在不同阶段都取得了成效，为打赢疫情防控阻击战贡献了中医力量。

教师活动：回溯针灸发展史，选取材料"中西医百年的共存史"（选段）并设置问题：历经千年传承的针灸之术何以从"庸医骗术"变成"补充疗法"？结合材料和教材知识，说明对待中西方文化，我们应秉持怎样的态度和原则。

语句链接——"我们共同居住在同一个星球上，这个星球有200多个国家和地区、2500多个民族、70多亿人口，搞清一色是不可能的。这种差异不应该成为交流的障碍，更不能成为对抗的理由。不同文明、制度、道路的多样性及交流互鉴可以为人类社会进步提供强大动力。我们应该少一点傲慢和偏见、多一些尊重和包容，拥抱世界的丰富多样，努力做到求同存异、取长补短，谋求和谐共处、合作共赢"。

学生活动：认真研读问题，明确针灸之术的广泛传播既有利于促进中医药文化的进步和发展，又有利于推动中医药文化走向世界，扩大中医药文化在国际上的影响力和吸引力。

认真研读问题，领悟中医药文化在漫长的历史发展中所具有的实践、传承、创新、包容的显著品格，感受中国医者深怀"中华医学大放光明于全球"的理想，坚持求同存异、取长补短，为推动中医药文化的发展作出了积极探索。

设计意图：通过议学活动，结合针灸文化传播的历史和具体事例，阐明文化交流构成了文化发展的重要动力，懂得正是坚持求同存异、取长补短的原则，才推动中西医文化的交流，从而推动世界医学事业的发展和生命科学研究；明确中西医药文化应该相互交流、相互学习、相互借鉴，从而推动世界文明进步。同时，小组成员互相协作，合作探究，在分享过程中增进理解，在小组成果展示中增强凝聚力和向心力，调动学习积极性，提高学生参与度，掌握必备知识，锻炼关键能力，提高核心素养。

◎分议题二：中西医文化何以相互补充协调发展——感悟中西医文化交融推动文化发展

教师活动：回溯中西医文化交流史，选取材料"近代历史视角下的中医药与中西医交流"（选段）并设置问题：为了实现"中华医学大放光明于全球"的理想，"中西汇通派"作出了哪些探索？结果如何？

学生活动：认真研读问题，列出自己的观点，做好分享准备。

教师活动：立足当下，播放视频《战"疫"中的中医药力量》并设置问题：在与病毒的较量中，中医药方案何以取得较好的诊疗效果？世界卫生组织鼓励成员国考虑中国形成并应用的中西医结合模式说明了什么？

学生活动：认真观看视频，感受中医药文化"三因制宜""辨证施治"的独特魅力和中华优秀文化传统，明白在中医诊疗基础之上形成的中西医结合疗法在疫情防控中发挥了至关重要的作用，从而明确中西医文化的交融推动了中医药文化的发展，进而推动了世界医学事业的进步，维护了人类生命健康。

设计意图：通过合作学习，结合视频《战"疫"中的中医药力量》，明确文化交融推动文化发展，知道中西医结合治疗方案既是本民族人民劳动智慧的结晶，也融入了西方医学文化的有益成果，积极借鉴西方医学文化的长处和精华，才能为中医药文化的丰富发展汲取营养，增强中医药文化的自尊、自信、自立，也为世界医药文化发展繁荣作出贡献。

教师活动：品读习近平总书记的经典语句，感悟中医药文化谱写新篇章。"要遵循中医药发展规律，传承精华、守正创新，加快推进中医药现代化、产业化，坚持中西医并重，推动中医药和西医药相互补充、协调发展，推动中医药事业和产业高质量发展，推动中医药走向世界。充分发挥中医药防病治病的独特优势和作用，不仅有助于建设健康中国，也将惠及世界、造福人类。"

学生活动：认真品读习近平总书记的经典语句，明确中西医综合疗法得到推广和认同，有利于更好地传播中华文化、传播中国声音，推动中医药走向世界，提升中华文化自信和国际影响力。同时，将中国抗疫的成功经验与世界分享，助力构建人类卫生健康共同体，也展现了与世界人民同呼吸共命运的大国担当、大国情怀。

设计意图：体悟中医药在疫情防控中展现的独特优势和显著作用，在世界范围获得广泛认可。理解让中医药瑰宝惠及世界，是构建人类命运共同体的必然要求，是我国作为负责任大国的担当，是中华民族文化自信的体现。坚持推动中医药文化在交流交融中发展，让中医药更好地为人类造福。

（二）课堂小结

通过自主学习与合作探究相结合，我们共同完成了本节课的学习任务，在合作探究中我们明确了文化交流与文化交融对于文化发展的重要作用，感受到了源远流长、博大精深的中华优秀传统文化的独特魅力和时代价值。

在疫情防治中，中医药发挥了不可替代的重要作用，为打赢疫情防控阻击战贡献了中医力量，同时，中医专家制定的中西医综合疗法得到推广和认同。中国将抗疫的成功经验与世界分享，展现了与世界人民同呼吸共命运的大国担当、大国情怀。青年学子要肩负起历史和民族所给予我们的重担，坚持推动中医药文化在交流交融中发展，让中医药更好地为人类造福。

（三）作业设计

登录中国中医药网，检索中医药文化的相关信息，了解我国振兴中医药发展的相关政策，以"让中医药瑰宝惠及世界"为主题，撰写宣传稿。要求：围绕主题，观点明确；论证充分，逻辑清晰；学科术语使用规范，字数在200字左右。

（四）参考资料

［1］苟天林：《近现代历史视角下的中医药与中西医交流》，《光明日报》2020年8月29日。

［2］迟晓东：《中医药振兴发展70年辉煌成就》，《中国中医药报》2019年6月24日。

［3］《焦点访谈：战"疫"中的中医药力量》，https://tv.cctv.com/2022/04/11/VIDEnSXkQjEi16Ybjk8GF2w9220411.shtml.

八、教学总结与反思

本节课依据新课标，采用探究式教学，以中医药参与疫情防控为背景，选取鲜活而典型的案例，线索明确，逻辑清晰，符合学生的认知规律，一定程度上实现了本节课的素养目标。通过课前任务的布置，学生对中医药文化当下的发展有了一定的认知，通过"针灸治疗"和"中西医综合疗法"的活动探究，学生明确了中西医药文化的交流交融所具有的积极意义，在自主学习和合作探究的过程中，较好地完成了预设的教学目标。

本节课的不足之处在于课堂内容设置过于紧凑，没有给学生留出更多的思考和讨论时间，我们会在以后的授课中加以改进，适当调整课堂环节和内容的设置。

文化强国与文化自信

沈阳市第四十中学　王旭威

一、课程基本信息

主讲课程：《哲学与文化》

使用教材版本：人教版统编教材（2022版）

教材章节出处：高中思想政治必修四《哲学与文化》第三单元第九课第三框《文化强国与文化自信》

二、教学设计概述

（一）地位

在党的二十大报告中，习近平总书记着眼于全面建设社会主义现代化国家、推进中华民族伟大复兴的战略全局，就进一步推进文化自信自强，铸就社会主义文化新辉煌作出了系统的战略部署。高度的自信自强、坚定的守正创新、博大的开放气度、深沉的为民情怀，贯穿于党的二十大报告全篇，也跃动于报告关于社会主义文化强国建设论述的字里行间。全面建设社会主义现代化国家，必须坚持中国特色社会主义文化发展道路，增强文化自信，建设社会主义文化强国。

《文化强国与文化自信》是高中思想政治必修四《哲学与文化》第三单元第九课的第三框，是整个模块的落脚点。本单元的主题是文化传承与创新，学生在学习继承发展中华优秀传统文化，学习借鉴外来文化的有益成果后，明确发展中国特色社会主义文化的历史必然，从而增强制度自信和道路自信。

本框在第九课中承接前两框，学生在认识到中国特色社会主义文化发展的必然选择和文化发展的基本路径后，最终落脚到这条路径的最终目标建设文化强国，坚定文化自信，从而进一步理解"四个自信"。

（二）结构

本课的关键词是文化强国和文化自信，着重要解决如何建设文化强国，如何坚定文化自信两个方面的问题。教材围绕这一主题，从生活逻辑与理论逻辑出发，依次设计了"建设文化强国""坚定文化自信"这两个相互关联的题目。

（三）与中医药文化整合的可行性、重要性

伴随着"四个自信"等重要精神，中医药正成为全社会文化自信的一个代表性缩影。战"疫"中，中医药发挥了不可替代的作用，《梦华录》等"国风"文艺作品中也有中医药文化的展现，这些都可以让我们了解中医药文化，感受中医药文化的魅力，增强对中医药文化，乃至对中华优秀传统文化的自信，学生立志努力为建设文化强国而贡献力量，成为能够担当民族复兴大任的时代新人。

三、学情分析

（一）知识与能力基础方面

经过近两个学期高中思想政治课程的系统学习，大部分学生能掌握和运用辩证唯物主义与历史唯物主义的基本观点分析问题和解决问题，学科思维和分析问题的能力得到了较好的提高。另外，通过必修一的学

习，学生对"习近平新时代中国特色社会主义思想"、对坚定"四个自信""两个维护"已经有了强烈的认同感，这为本课的教学奠定了一定的知识基础。

（二）经验与情感基础方面

文化生活与高中生息息相关，学生普遍关心国家大事，具有强烈的爱国意识和参与感。但是，本节课的理论性比较强，学生在思维上的深度和广度还不够，关键能力还有欠缺，这就需要教师创设情境，来帮助学生进行深层次的思考。

（三）中医药文化的认知方面

本课所涉及的中医药文化都是生活中常见的内容，例如"红果饮""金银花""胖大海"等，都是为学生所熟知的中药，课堂上讲起来应该比较容易接受。可以说，从小到大，我们的生活都离不开中医药，我们都是中医药文化的享用者、受益者，同时也可以成为中医药文化的传承者。

四、教学目标

（一）政治认同方面

通过习近平总书记在多种场合下对中医药文化的不同表述以及《梦华录》这部电视剧中的情节，引导学生感知认同中医药文化，理解并认同党和政府在建设文化强国方面的政策措施，自觉成为中医药文化的弘扬者。

（二）科学精神方面

通过解密"国风热"，畅谈药茶、药膳等环节，使学生进一步了解让我们引以为傲的中医药文化，并以科学的精神解读中医药文化。

（三）法治意识方面

在辨析各种文化现象中，学会辨识落后和腐朽文化，增强自身法治意识，严守道德底线，更好地建设文化强国。

（四）公共参与方面

通过"我为中医药发展献计策""文化强国有我"等活动，激发学生主动参与意识，努力成为中医药文化的传承者和建设者，为建设文化强国作贡献。

五、教学重点难点

（一）教学重点

怎样建设好文化强国？建设社会主义文化强国是坚持中国特色社会主义文化发展道路的目标，实现强国目标需要落实到行动，只有在行动中理解如何建设，才能更加认同，才能参与投身到这个建设之中去奠定基础，因此是本课的教学重点。

（二）教学难点

为什么要坚定文化自信？如何坚定文化自信？坚定文化自信是培养政治认同的关键。但这一知识理论性比较强，故事性不足，难以激发学生的学习兴趣，所以是本节课的难点。

六、教学设计总体思路

本节课的教学以"从中医药文化中感知文化强国和文化自信"为总议题，以热播的古装剧《梦华录》为导入，该剧蕴含丰富的中医药理论，同时还可以使学生近距离了解源远流长、博大精深的中华文化，例如茶文化、饮食文化等。剧中人物扮演者为学生所喜欢的刘亦菲、陈晓等演员，容易产生共鸣。

围绕总议题设置了五个篇章："导入篇""解密篇""畅想篇""寻梦篇""实战篇"。

本节课的教学设计使用议题式教学法，在议学情境上能够贴近学生、贴近实际、贴近生活，能够激发学生学习的兴趣，在潜移默化中提升学生的学科素养，完成立德树人的根本任务。

七、教学过程

（一）教学流程设计

环节一：导入篇——酸酸甜甜"红果饮"

教师活动：最近，老师迷上了 2022 年豆瓣最高分的国产古装剧《梦华录》。其实，最初吸引我的确实是刘亦菲和陈晓，但渐渐地我就迷上了里面的"茶汤"，今天给大家喝的就是剧中提及的"红果饮"。

学生活动：品尝"红果饮"，谈谈感受。产生疑问，这"红果饮"到底是什么？

设计意图：通过师生的互动，活跃课堂气氛，由《梦华录》的"红果饮"导入，带入感强，可以师生一同感受中医药文化的魅力，从而引出文化自信。

环节二：解密篇——"国风"缘何热？

教师活动："红果"就是山楂，也称"山里红"，味酸、甘，性微温。入脾、胃、肝经。可以消食健胃，行气消滞，活血止痛。主治肉食积滞，胃脘胀满，泻痢腹痛，瘀血经闭，产后瘀阻，心腹刺痛，疝气疼痛。

《太平圣惠方》记载，含有茶叶或不含茶叶的药方，均如饮茶法一样饮用，如常见的甘和茶、天中茶等。因此"茶"既是茶叶饮料的特称，也是某些代茶品、含茶汤药的借名，都具有治疗保健的功能。请以小组为单位展示你所熟悉的生活中的药茶、药膳及其功效。

学生活动：小组展示，自由发挥。例如：胖大海、金银花、银耳莲子汤、绿豆汤、乌梅汤等。

教师活动：曾经，许多年轻人被荧屏上的各类西方大片、日韩偶像剧吸引。如今，带着浓郁"中国风"的影视作品"逆袭"日韩及东南亚，甚至欧美等国。

中医药是我国古装剧中必不可少的元素，当前文艺作品的"国风"热潮势头非常猛，其底气何在？"国风"逆袭给了我们什么启示？

学生活动：国风热的底气源自文化自信，文化自信是一个国家、一个民族发展中更基本、更深沉、更持久的力量。坚定文化自信，事关国运兴衰，事关文化安全，事关民族精神独立性。没有高度的文化自信，没有文化的繁荣昌盛，就没有中华民族伟大复兴。

5000多年中华优秀传统文化的深厚底蕴是我们自信的来源，中国特色社会主义伟大实践取得的巨大成就增强了我们文化自信的底气。

教师活动：展示习近平总书记在不同场合对中医药文化的论述。

中医药学是中国古代科学的瑰宝，也是打开中华文明宝库的钥匙。

——2015年12月18日，致中国中医科学院成立60周年的贺信

要着力推动中医药振兴发展，坚持中西医并重，推动中医药和西医药相互补充、协调发展，努力实现中医药健康养生文化的创造性转化、创新性发展。

——2016年8月19日，在全国卫生与健康大会上的讲话

中国2500多年前编成的诗歌总集《诗经》记载了130多种植物，中医药学为人类健康作出了重要贡献，因植桑养蚕而发展起来的丝绸之路成为促进东西方贸易和文化交流的重要纽带。

——2017年7月24日，致第十九届国际植物学大会的贺信

中医药学是中华文明的瑰宝。要深入发掘中医药宝库中的精华，推进产学研一体化，推进中医药产业化、现代化，让中医药走向世界。

——2018年10月22日，在广东考察珠海横琴新区粤澳合作中医药科技产业园时的讲话

要做好中医药守正创新、传承发展工作，建立符合中医药特点的服务体系、服务模式、管理模式、人才培养模式，使传统中医药发扬光大。

——2021年3月6日，在看望参加全国政协十三届四次会议的医药卫生界、教育界委员并参加联组会时的讲话

习近平总书记多次提到中医药文化，意在强调以中医药文化为代表的中华优秀传统文化要自信。我们如何坚定文化自信呢？

学生活动：我们要大力发展社会主义经济，完善社会主义民主政治，为坚定文化自信夯实基础。我们要坚定对中华优秀传统文化、革命文化和社会主义先进文化的自信，这是我们的文化底蕴。当代中国的文化自信，最根本的是对中国特色社会主义文化的自信，特别是习近平新时代中国特色社会主义思想的自信。

教师活动：播放视频《我们的自信"文化篇"——中华之魂》。

学生活动：齐读习近平总书记的经典语句——坚持不忘初心、继续前进，就要坚持中国特色社会主义道路自信、理论自信、制度自信、文化自信，坚持党的基本路线不动摇，不断把中国特色社会主义伟大事业推向前进。

设计意图：影视剧"国风"热是中国向世界展示文化自信的成功实践。通过对中华文化自信背后经济和科技、综合国力等原因的解读，坚定文化自信的底气。结合习近平总书记关于中医药文化的论述，由感性认识上升到理性思考，增强政治认同感。

通过观看视频，充分利用视频中的历史事件画面，在强烈的视觉冲击中回顾中华文化五千年的发展历程，从历史和现实的交汇点上更深刻

地认同文化自信的文化底蕴，激发学生投身到文化强国建设中的爱国之情。

环节三：畅想篇——"2035"文化强国揭面纱

教师活动：同学们，"十四五"已经开局，中华民族已经踏上了第二个百年奋斗目标的新征程。习近平总书记说："每到重大历史关头，文化都能感国运之变化、立时代之潮头、发时代之先声，为亿万人民、为伟大祖国鼓与呼。"建设文化强国是坚定文化自信的根本，实现中华民族伟大复兴，呼唤建设文化强国。

党的十九届五中全会明确提出到2035年建成文化强国，同学们，你心中的文化强国是什么样的呢？

学生活动：畅所欲言，谈谈对文化强国的理解。

教师活动：专家解读文化强国的特征。第一，国民素质和社会文明程度跃上新高度。第二，强大的国家文化软实力（凝聚力、感召力）。第三，高质量的公共文化服务，均等化、普惠化。第四，发达的文化产业。第五，国际影响力。

学生活动：师生共同提炼文化强国的特征，即强大的文化软实力、公民素质高、文化产业、文化自信、广泛的国际影响力。

设计意图：学生在"描绘"自己心目中的文化强国的基础上，结合学者专家对文化强国的论述，社会主义文化强国的目标由抽象必然变得形象具体。

环节四：寻梦篇——共建文化强国

教师活动：从党的十八大以来我们就一直走在建设文化强国的路上，那么我们应该如何实现文化强国梦呢？让我们再回到《梦华录》。《梦华录》是一部反映女性题材的古装剧，女主不畏艰难努力向阳而生的姿态，获得广大观众的关注。

中国网友评论，始于颜值，陷于美感，终于三观；在价值内核上的动人之处，向大众传递契合当今时代发展的价值观；制作上，呈现古典美感；文化氛围上，向大众展现宋朝文化，科普文化知识；该剧带来巨大的经济效益，推动相关文旅产业发展。外国网友评论，斗茶（茶百戏）最精彩，很喜欢中国的古装剧，古装剧还得看中国。那么我们如何建设文化强国呢？

学生活动：第一，要弘扬主旋律，传播正能量；第二，要培育和践行社会主义核心价值观；第三，要提高人们的道德修养和科学文化修养；第四，要推动文化事业和文化产业的发展。共同观看视频《国史讲堂：新中国70年文化建设成就》。

设计意图：通过分析材料，学生理解建设文化强国的必要性，通过观看视频，让我们看到文化建设取得的成就，认同党和政府的一系列政策，增强政治认同。同时，进一步明确在建设文化强国的道路上要坚定文化自信，要坚持以习近平新时代中国特色社会主义思想为指导。

环节五：实战篇——直击高考，深化认识

教师活动：以2020年全国高考Ⅰ卷40题为例，弘扬中医药文化对于坚定文化自信的作用。

学生活动：分析材料，生成答案。

设计意图：中华优秀传统文化一直是我们建设文化强国，增强文化自信的底气，传统文化的相关知识一直是高频考点。通过直击高考题，一方面可以增强坚定文化自信的认同感，另一方面可以增强学以致用的能力。

（二）课堂小结

"鲲鹏展翅，九万里，翻动扶摇羊角"，我们要讲好中国故事、传播好中国声音，展现可信、可爱、可敬的中国形象，我们要扎实推进社会主义文化强国建设，以文化之强盛，铸强国之志、圆强国之梦。"中华号"文化巨轮在新的历史航程中乘风破浪、扬帆前行。

（三）作业设计

1. 建设文化强省，我为辽宁省中医药发展献计策，至少提出2条切实可行的建议。

2. 有人说，实现中医药的守正创新，必须抵制西医药的影响。运用文化生活知识对此加以评析。

（四）参考资料：

［1］中华人民共和国教育部：《普通高中思想政治课程标准（2017年版2020年修订）》，人民教育出版社，2020年。

［2］〔宋〕王怀隐等编，田文敬等校注：《〈太平圣惠方〉校注》，河南科学技术出版社，2015年。

［3］〔明〕宁源撰，吴承艳、任威铭校注：《食鉴本草》，中国中医药出版社，2016年。

［4］方铭注译：《诗经》，陕西人民出版社，2021年。

［5］〔宋〕孟元老：《梦华录》，三秦出版社，2021年。

八、教学总结与反思

（一）坚持"三贴近"原则

要贴近学生、贴近生活、贴近实际，教学内容符合学生需要、教学设计符合学生特点、教学实施符合学生发展。努力实现教学内容生活化、教学途径活动化、学科知识结构化，使学生在活动中自觉认同文化强国，坚定文化自信。

（二）遵循构建主体教育思想

重视学生主体作用的发挥，本课的设计层层深入，遵循"是什么，为什么，怎么办"的逻辑结构，设置序列化的问题，尊重学生的参与权、表达权、话语权。

（三）关注学科核心素养培育

本节课的设计紧跟时代步伐，选择学生感兴趣的影视作品，帮助学生树立正确的政治方向，实现政治认同。在教学中，通过直观的视频、真实情境等资料，使学生在教师的引领下，在序列化的问题中形成辩证的思维能力，培养科研能力。鼓励学生为实现文化强国建言献策，提升学生的公共参与素养。

（四）问题

《梦华录》虽然是热播作品，但是因为学生的学业比较紧张，相当一部分学生是没有看过的，所以可能带入感并不强。文化自信这部分知识融入了中医药文化，但是文化强国这部分融入不理想，问题设置还有待于进一步润色。

草木之灵动　文化之传承
——尊重和传承中华民族历史与文化

鞍山职业技术学院　张爽

一、课程基本信息

主讲课程：《思想道德与法治》

使用教材版本：高等教育出版社（2021 版）

教材章节出处：《思想道德与法治》第三章第二节第三框《尊重和传承中华民族历史文化》

二、教学设计概述

（一）理论依据

本课教学设计以 2021 年版《思想道德与法治》的课程标准与教学大纲为基础，参考中医药文化相关经典著作，将中医药文化与本节课教学内容整合，列举中医药文化中的经典人物、事例。

1. 文化的契合

中医药文化与思政课教学内容有内在契合之处，中医药具有深厚的哲学基础，也有独特的思维方式，这些理论与思维在一定程度上与马克思主义世界观、方法论和认识论相通相近；以"仁、和、精、诚"为核心的中医药价值观与思政课中的爱国主义教育、社会主义核心价值观教育相得益彰。

2. 多元教学法

案例教学法起源于1920年，由美国哈佛商学院所倡导，当时采用的案例都是来自商业管理的真实情境或事件。此方法实施之后，激发了学生主动参与课堂讨论的积极性，教学过程颇具成效。将中医药文化融入思政课教学，以中医经典和中医药文化作为教学案例，将历代中医药历史文化中典型的生活事件真实地再现或运用现代技术手段仿真模拟出来，激发学生的形象思维，缩短了理论教学与实践教学的差距。

实践教学法是相对于课堂讲授法的一种教学形式，是寓知于行的方法，本课通过引导学生有目的地参与一定形式的实践活动，在实践活动中理解、体验教学内容，加深对教学内容的把握，进而提升能力、磨炼意志、优化思想品行。

（二）教学设计的特色

高等职业技术院校中的护理、助产等专业，有自身独特的文化底蕴和文化特色。本课并未完全采用通用的教学模式和教学内容，而是依循教材体系，开拓和发展了教学模式。

1. 与时俱进

本课教学内容结合了新冠肺炎疫情的形势下中医药文化发挥的独特优势。党的十八大以来，以习近平同志为核心的党中央高度重视中医药文化的传承创新发展，为我们运用中医药文化资源打造有特色的思想政治理论课提供了重要的方向指引。在开展思想政治理论课教学时要自觉融入中医药文化，体现教学的与时俱进。

2. 方法创新

本课教学方法运用新媒体新技术传播中医药文化，展现智慧课堂，构筑学生学习和传承文化融合的新基地，课堂中采用多元化教学方法，如案例教学法、实践教学法，将理论与实践相结合，更新了以往枯燥乏味的思政课传统教学模式。

3. 时空拓展

本课教学创新是创设"问题—情境",将教学拓展到室外,使学生主动参与,体现学生的主体地位,打造"移动"思政课。

(三)教学设计的可行性分析

1. 中华优秀传统文化融入

内驱力与价值取向的一致。中医药文化的核心价值取向主要体现在"仁、和、精、诚"这四个方面,这与本课教学目标是一致的,中医药文化是中华民族五千年文化中重要组成部分,千百年来伴随着中国文化的发展而发展,与中国文化中儒道释密不可分。儒家学说在中国思想领域占统治地位长达2000余年,它深刻影响着中医药文化的发展,所以医学被认为是实行儒家思想的重要途径。文化融合的内驱力、核心价值取向的一致性,使本课教学内容与中医药文化核心价值内容具有紧密的联系,从而产生价值共鸣,相得益彰,为拓宽本课教学内容提供了可能性。

2. 基于师生的实际需求

处在大学阶段的学生普遍具有较强的学习愿望,渴望社会的认可,本课教学设计通过打造"移动"思政课堂,拓展教学内容空间,提升教师和学生双向学习的能力,提高与他人的交往水平,积极改造自己的人生观和价值观,追随时代潮流,成为自觉担当民族复兴大任的时代新人。

3. 充分利用已有的实践基础和条件

鞍山市得天独厚的本地资源:岫岩满族自治县中草药种植基地、鞍山市博物馆、鞍钢博物馆、岫岩剪纸等都是具有丰厚历史底蕴的文化传播中心,我校现有的实践教育基地包括国防教育基地、农垦绿园生态环境基地等为学生提供学习平台。学生通过"学习通"和其他网络平台的资讯可以获取相关知识，通过实地考察、参观能够将"移动"思政课堂发挥最大优势，充分体现学生的主体地位。

三、学情分析

本节课的教学对象是刚入校门的大一新生，这些新生大多是"〇〇后"，高职学生群体有着鲜明的个性特征，其主要原因在于家庭、学校及社会综合影响。

从思想特点来讲，大多数学生思想上积极上进，能够认同正确的价值观，但对本专业的认知程度不同。有些学生对护理专业有一定的了解，但认同并喜欢护理专业的兴趣不浓，缺乏职业前瞻性。

从知识储备和能力水平来讲，高职院校中的生源主要是普通高中生源、职业中学生源及中专升高职生源，普通高中生源有较好的文化基础；在专业技能课程的学习上，职业中学生源有一定的基础，学生有多样化的学习起点。护理专业学生有些已通过专业课学习，了解一定的中医药相关知识，同时能够通过网络平台进行自学，并具备良好的团队协作精神，为实践教学提供条件。

本节课教学内容讲授尊重和传承中华民族历史文化，学生对于知识点的认知理解相对容易，而能够认同民族文化、增强文化自信，并将中医药文化的传承融入本课，需要通过多元化教学手段辅助学生去"感同身受""身临其境"，使其产生共情。

四、教学目标

（一）知识目标

了解并掌握尊重和传承中华民族历史文化的必要性和意义，通过中医药文化教学案例的引导和融入，正确认识中华传统文化的丰厚底蕴。

（二）能力目标

辩证地准确把握中医药文化的历史发展、内含价值。通过本节课教学，结合专业特点，理论联系实际，培养自觉担当民族复兴大任的时代新人。

（三）情感目标

认同民族文化，增强文化自信，结合中医药文化的融入，增强尊重和传承中华历史文化的责任感和使命感，同时树立大历史观和正确党史观，增强历史自觉和历史自信。

五、教学重点难点

本课的教学重点难点是理解并掌握中华文明的历史文化的丰厚底蕴，结合高职院校护理专业的特点，通过中医药教学案例的引入，培养学生的文化自信，对中国传统文化产生认同感。

1. 讲清楚在世界文明中，中华文明源远流长，从未中断，中华优秀传统文化是中华民族的精神命脉，也是中华民族得以延续的文化基因。

2. 讲清楚中华优秀传统文化是独一无二的理念、智慧、气度、神韵，增添了中国人民和中华民族内心深处的自信与自豪。

3. 讲清楚必须尊重和传承中华民族历史文化，以时代精神激活中华优秀传统文化的生命力。

4. 讲清楚中医药文化的内涵和价值，中医药文化是中华优秀传统文化的重要组成部分，也是增强大学生文化自信的重要载体。

六、教学设计总体思路

本课针对第三章第二节第三框《尊重和传承中华民族历史文化》这一专题展开讲解。根据高职院校护理专业的学生特点，课程用通俗易懂的语言讲解，用生动鲜活的中医药文化相关案例带入，创设情境，将讲授与实践相结合，充分挖掘各种网络媒体资源、教学平台辅助教学，拓展教学内容的深度和广度，依托中医药文化底蕴和发展优势，使本课在中医药文化经典中"近"起来、"活"起来、"亲"起来，让课堂教学更富有感染力和吸引力。

一方面，贯彻以学生为中心的教育理念，本课力争打造一个"主体活跃"的互动课堂，通过小组讨论，观摩模拟，拓展实践，使教师不再唱"独角戏"，学生不再是"旁观者"，师生成了"学习共同体"。本课将使用多元化教学方法，如案例教学法、实践教学法应用到教学中，搭建"教学实践+"平台。借力社会资源，开展"草本灵动·薪火相传""中医文化·传承创新"等实践活动，打造"移动思政课"。

另一方面，灵活使用"学习通"平台，通过投票、选人、抢答、主题讨论、发放问卷、分组任务、同步课堂等功能来激活课堂，使课堂教学内容与信息化手段充分融合，在课堂教学互动过程中学习思政理论知识、领悟相关道理。

七、教学过程

（一）教学流程设计

环节一：历史文化是民族生生不息的丰厚滋养

教师活动：课前布置学生以"学习通"分组为单位，利用信息化网络平台，采用微视频录制形式，录制3~5分钟的中医药文化经典诵读视频。借助多媒体信息化手段，分享学生的诵读视频。通过学生主动收集资料，诵读中医文化经典，激发学生学习兴趣，增加学生参与感。

学生活动：利用"学习通"网络平台选人的方式进行成果展示。

教师活动：重难点1——在世界文明中，中华文明源远流长，从未中断，中华优秀传统文化是中华民族的精神命脉，是中华民族得以延续的文化基因。

泱泱中华，历史悠久，文明博大，中华民族在几千年的历史中创造和延续的中华优秀传统文化，是中华民族的根和魂。

利用"学习通"平台选人提问：你能记得哪些《论语》中的经典名句？《论语》是儒家经典之一，集中体现了孔子的伦理思想、道德观念及教育原则，其中的经典名句流传至今，对人们产生深远影响。

学生活动：子曰："君子周而不比，小人比而不周。"子曰："不患人之不己知，患不知人也。"子曰："人而无信，不知其可也。大车无輗，小车无軏，其何以行之哉？"子夏问政，子曰："无欲速，无见小利，欲速则不达，见小利则大事不成。"

教师活动：播放短视频《中医发展史》，利用"学习通"平台进行抢答：你了解的古代中医历史人物及经典故事？

学生活动：中国古代十大名医是指扁鹊、华佗、张仲景、皇甫谧、叶桂、孙思邈、薛生白、宋慈、李时珍、葛洪。中医药方面的著名作品有《扁鹊内经》《外经》《濒湖脉学》《奇经八脉考》《湿热条辨》等。

教师活动：每一味本草都是灵动的，背后都有故事，学生在学习专业知识的同时，让学生主动探寻和思考。中医药文化是中华优秀传统文化的重要组成部分，也是中华优秀传统文化与群众日常生产生活相连接的重要纽带。

教师活动：重难点2——中华优秀传统文化是独一无二的理念、智慧、气度、神韵，增添了中国人民和中华民族内心深处的自信与自豪。你眼中的文化自信是什么？激发学生民族认同感。

学生活动：分小组讨论。

教师活动：总结讨论情况，民族的认同感和文化自信，使爱国情怀深深植根于中华民族，是中华民族的精神基因，激励着一代又一代中华儿女不懈奋斗。

教师活动：重难点3——必须尊重和传承中华民族历史文化，以时代精神激活中华优秀传统文化的生命力。

中医药文化的核心价值精髓，以"仁、和、精、诚"为核心的中医药价值观与爱国主义教育、社会主义核心价值观教育相得益彰。举例：

自强不息、刚健有为的进取精神；

贵和尚中、和而不同的和谐精神；

阴阳互补、动静互根的辩证思维；

民惟邦本、民贵君轻的民本思想。

设计意图：本环节意在让思想的互动和中医药文化的交流在指尖流淌，让草本的灵动和文化的传承交融，让老师从知识的搬运工变为思想的碰撞者，使我们培养出来的人才德才兼备，真正做到"厚德精术、启古纳今"。

环节二：中医药文化的内涵和价值

教师活动：重难点4——中医药文化是中华优秀传统文化的重要组成部分，也是增强大学生文化自信的重要载体。

我国的中医药文化经历数千年，通过历代无数医家的努力得以不断地丰富发展，从而逐渐形成其独具特色的理论体系，我国老中医之所以神奇，能治百病，就在于他结合中医的理论把"四诊法"运用到了极致，如东汉的华佗、张仲景，明代的李时珍，他们为中医药文化的发展完善作出了巨大的贡献。

学生活动：查阅了解中医药文化的历史。中医药学根植及生长于中国几千年的历史文化土壤，从神农尝百草谱《神农本草经》，到黄帝、岐伯问答出《黄帝内经》；从张仲景演《伤寒论》《金匮要略》，到孙思邈撰《千金方》；从金元各大家齐鸣，到明清温病各家学派学说，数千年来，古人们前仆后继，不断丰富和完善了中医药学理论体系宝库。

教师活动：新时代大学生要认同民族文化，增强文化自信，结合中医药文化的融入，增强尊重和传承中华历史文化的责任感与使命感，同时树立大历史观和正确党史观，增强历史自觉和历史自信。

课程最后提出与生活贴近的案例——与时俱进。

面对新冠肺炎疫情"大考"，中医药交出了一份出色的答卷。《抗击新冠肺炎疫情的中国行动》白皮书指出："中医药参与救治确诊病例的占比达到92%。湖北省确诊病例中医药使用率和总有效率超过90%。"更令人感动的是，一批批中医药工作者白衣执甲，逆行出征，用实际行动诠释了"大医精诚"的文化理念和职业精神。通过讲好中医人的抗疫故事，用对比鲜明的事实来回应那些否定、抹黑、质疑中医的声音，从正反两个方面来揭穿谎言、澄清真相、阐释道理，在比较中回答学生的疑惑，帮助学生正确看待、辩证认识中医药发展遇到的问题。

学生活动：护理专业学生的专业特殊，通过教师案例分析，达到共情，激发爱国情怀和民族认同感。

设计意图：通过对中医药文化的内涵和价值的深入讲解，调动学生自觉查阅中医药文化的历史，充分发挥学生学习的主观能动性，提高学生学习的参与感，从而更好地实现思政课的针对性和时效性。

（二）课堂小结

俗话说"上知天文，下知地理，中晓人和"，这些优秀的国学思想中所蕴含的各种观点都是我们思想政治理论课的思想来源，将中医药文化贯穿基础课程理论和实践教学中，也是一种隐性教育与显性教育结合的体现，从而有助于实现全方位立德树人的教育目标。在中华民族五千多年绵延发展的历史长河中，青年大学生作为中华儿女，要了解中华民族历史、中华优秀传统文化的历史、中医药文化的历史，传承中华文化基因，提升民族自豪感和文化自信心，增强做中国人的志气、骨气、底气。

（三）作业设计

要求学生课后参与三项实践教学活动：开展一次对中华传统文化相

关的社会调查、阅读一本中医药理论经典、拍摄一段"我身边的好护士"微视频或照片。将思政小课堂与社会大课堂相结合,通过助学、义诊、宣讲中医药文化等方式,引导学生身体力行,服务社会。

(四)参考资料

[1]黄志斌:《当代思想政治教育方法论》,合肥工业大学出版社,2010年。

[2]杨静:《榜样教育与大学生人生观培育研究》,燕山大学硕士学位论文,2014年。

[3]习近平:《习近平谈治国理政》(第二卷),外文出版社,2017年。

[4]刘理想:《略论中医文化与中医医学科学的关系》,《医学与哲学》2009年第4期。

八、教学总结与反思

中医药文化融入高职院校思政课堂还有很长的路要走,这是一项需要长期坚持、不断与时俱进的工程,是培养社会主义优秀医药卫生工作者的重要途径,需要持续发展完善。本节课的教学设计通过课前活动,调动学生自主学习发挥学生主体地位,将中医药文化融入课堂教学中,引导学生感受中医药文化的魅力,增强学生文化自信和民族文化的认同感。拓展实践部分打造了"移动"思政课堂,提升学生参与度,达到良好的教学效果。因为环境等客观条件的限制,学生课外拓展实践的时间和空间有待提高。另外,需要不断完善评价体系,注重理论教学的同时,不断优化实践课评价体系。丰富教学资源储备,不断积累、更新相关案例,使我们的课不过时。调动学生积极性,根据学生情况设置教学环节、选材,使理论贴近学生生活,易于学生参与其中,从而实现思政课立德树人的根本目的。

传承中医药文化　做新时代大学生

鞍山职业技术学院　那秀敏

一、课程基本信息

主讲课程：《思想道德与法治》

使用教材版本：高等教育出版社（2021版）

教材章节出处：《思想道德与法治》第四章第一节第二框《社会主义核心价值观的基本内容》；第五章第三节第二框《恪守职业道德》

二、教学设计概述

本课采取模块教学，以《思想道德与法治》第四章第一节第二框《社会主义核心价值观的基本内容》个人层面"爱国、敬业、诚信、友善"和第五章第三节第二框《恪守职业道德》为一个整体教学模块，以从引导学生如何"做人"到如何"做事"，再到"作贡献"弘扬传承中医药文化为教学思路。

从爱国、敬业、诚信、友善（社会主义核心价值观个人层面）谈如何"做人"；从爱岗敬业、诚实守信、办事公道、热情服务（职业道德）谈如何"做事"；从守正创新（传承、弘扬中医药文化）谈如何"作贡献"。

依据《思想道德与法治（2021版）》的课程标准，围绕护理专业的人才培养方案，结合学过的《中医护理》相关内容，将中医药文化融入本模块的教学，重在学习与探究，培育传承和发展中医药文化的责任感和使命感。

"爱国、敬业、诚信、友善"是公民基本道德规范，是从个人行为层面对社会主义核心价值观基本理念的凝练，是评判公民道德行为选择的基本价值标准，是培养良好社会道德风尚的要求。在讲授"爱国、敬业、诚信、友善"时，充分利用中医药文化中的案例，采用灵活多样的教学方法，贴近高职学生的生活实际，使知识传授与价值观教育同频共振，使人文教育与思想教育和谐共融，发挥中医药文化的育人作用，在春风化雨润物无声中让学生学习和践行社会主义核心价值观，把学生培养成德才兼备的医护人才。

在讲授职业道德时，将中医药文化中的道德伦理观医乃仁术、学医习业、行医施治、正确处理医家和病家关系、同道关系、义利关系等与传承中华传统美德和职业道德相结合，引导护理专业学生将"德""仁"置于"术"前，成为德才兼备的合格医务工作者。

最后引用案例，在抗击新冠肺炎疫情中得到普遍使用的"清肺排毒汤"，来源于张仲景《伤寒杂病论》的记载；科学家屠呦呦在中医古籍《肘后备急方》的启迪下，发现青蒿素，挽救了数百万人的生命，获得诺贝尔生理学或医学奖，激发学生学好中医药报效祖国、为国争光的爱国之志，从中医药文化的守正创新中承担弘扬和传播中医药文化的时代使命。

三、学情分析

授课对象是高职护理专业的学生，学过《中医护理》课程，熟悉中医护理的基本特点及发展概况、中医采集病情及进行初步辨证的内容和方法；掌握中医养生保健的原则和方法、中药用药护理的内容与方法；熟练中医护理专科技术的知识要点和操作方法。能运用中医养生保健的基本知识，对患者及家属进行健康教育；具备中医专科护理技术，并能对患者进行辨证施护。具有对祖国传统医学的热爱之心及自豪感，发扬中华民族优良文化遗产，有锐意改革、求新追优的精神。在思政课教学中紧密结合学生掌握的专业知识，将专业课学习内容与思政课教学相融合，贴近学生专业特色，依据人才培养方案，达到教学目标。

四、教学目标

通过本课的学习准确理解社会主义核心价值观"爱国、敬业、诚信、友善"的内涵，理解、领悟并自觉遵守职业道德。课前布置学习任务，收集中医药在革命历史中作用的案例，课上学生分享案例，说明中医药的发展与中华民族兴衰紧密相连，在革命战争时期作出了巨大贡献，激发中医药学生实现中华民族伟大复兴的爱国情怀；分组探讨"大医精诚"的深刻含义，理解中医药者精勤治学、精研医道的敬业精神；分享北京同仁堂恪守"炮制虽繁必不敢省人工，品味虽贵必不敢减物力"的祖训，体会诚信经营、货真价实、童叟无欺的经营理念；孙思邈《备急千金要方》有言："人命至重，有贵千金。"中医药文化以救死扶伤、仁者爱人、济世活人为宗旨，超越了核心价值观中"友善"所提倡的一种相互信任、相互扶持之爱。中医药文化在解析医学现象以及在医疗、预防、临床等方面有自有的思维方式。同时，传统中医药对行业人员道德建构极为重视，丰富的文化资源为学生职业道德的培养提供了可供学习的标准和榜样。通过这些案例的运用达到知识目标。通过中医药案例使中医药文化与价值观教育、职业道德教育和谐共融，通过收集讲述中医药故事，分组探究交流培养自主学习、合作探究的能力，达到能力目标。通过本课的学习理解社会主义核心价值观扎根中华优秀传统文化土壤，增强承担弘扬和传播中医药文化的使命担当，达到价值目标。

五、教学重点难点

依据课程标准和人才培养方案，确定本课的教学重难点，重点是领悟职业道德，难点是自觉遵守职业道德。

对于护理专业的学生来说，教师在讲授职业道德时应加强医药职业道德教育。一方面，医药是事关身体健康和生命安全的产品，医药职业道德在整个职业道德体系当中的地位尤为重要，是社会关注的焦点。另一方面，伴随着我国医药行业的快速发展，医药行业也面临种种道德困境。在社会主义市场经济环境下，医药企业逐利意识强，责任意识淡漠，环境保护、诚信意识薄弱，制假售假、虚假宣传、销售领域商业贿赂、医患关系紧张等问题突出，如何提高医药行业人员职业道德，从尚未走出校门的高等院校学生入手，运用中医药文化加强职业道德教育的针对性，无疑是最为可行的。

在强化责任方面，唐代名医孙思邈在《大医精诚》中所强调的医药从业者必须"先发大慈恻隐之心，誓愿普救含灵之苦""人命至重，有贵千金，一方济之，德逾于此等"，为医药技能人才认识自己肩负的重要职责和必须具备的基本素质提供了指引，对改变市场经济条件下部分从业人员责任意识淡薄等问题具有重要的借鉴意义。在提倡精益求精的专业性方面，李时珍用时27年，进行大量细致、深入的实地考察和实验，才著成《本草纲目》。在树立守信诚实理念方面，明代陈实功《外科正宗》所提倡的"选买药品，必遵雷公炮炙"等，对引导药品生产经营者强化诚信等基本原则，坚守药品生产经营者的职业准则，避免迷失于金钱利益之前，具有现实指导意义。

发掘中医药文化中蕴涵的思想教育资源，提高护理专业学生的职业道德，解决重难点问题。

六、教学设计总体思路

习近平总书记指出："中医药学包含着中华民族几千年的健康养生理念及其实践经验，是中华文明的一个瑰宝，凝聚着中国人民和中华民族的博大智慧。"中医药文化蕴含着丰富的思政教育资源，在新时代"三全育人"方针的指导下，中医学与思政理论课形成协同效应，实现"立德树人"的教育目标。

教学设计前期，讲好中医故事，充分挖掘"爱国、敬业、诚信、友善"的思想政治教育资源，培养社会主义核心价值观。

教学设计中期，借助中医药文化在解析医学现象以及在医疗、预防、临床等方面有自己的思维方式，传统中医药对行业人员道德建构极为重视等丰富的文化资源，为学生职业道德的培养提供可供学习的标准和榜样。

在教学设计后期，通过中医药文化的熏陶，培养学生科学探索精神。既要师古，又不泥古；既要守正，坚信中医理论，坚定中医疗效，又要创新，敢于探索，理论有创新，方法有创新，方剂有创新。自新冠肺炎疫情发生以来，中医药抗击疫情取得显著成果，科学家屠呦呦在中医古籍的启迪下发现青蒿素，增强学生从中医药文化的守正创新中承担弘扬和传播中医药文化的时代使命。

采用案例教学、情景教学、探究教学等，运用引导式、项目任务驱动式、小组赛练讨论式、实践体验等方法开展教学。借助学习通平台、微信群等多样化信息手段，达到教学目标。

七、教学过程

（一）教学流程设计

环节一：课程导入

教师活动：

1. 播放歌曲《本草纲目》。

2. 引导学生思考：由这首歌曲你能想到什么？

3. 点评、引导学生的发言，抛出问题，中医药文化和思政课究竟能产生怎样的联系？为本节课的学习指明方向，运用中医药文化的相关内容理解思政课学习的知识点。

学生活动：听歌曲，思考并回答问题。

设计意图：由学生喜爱的歌曲导入，激发学习兴趣，使学生快速进入角色，开放性问题的设置，增加学生的参与度，老师适当引导，由歌曲到中医药文化，由中医药文化到思政课，中医药文化和思政课究竟能产生怎样的联系呢？专业课内容与思政课内容相融合，贴近学生，易于理解接受。

环节二：师生共讲

教师活动：

1. 讲授社会主义核心价值观个人层面"爱国、敬业、诚信、友善"的内涵：社会主义核心价值观倡导的爱国，就是把个人价值的实现同推动国家的繁荣发展对接，把人生意义的提升同增进最广大人民的福祉相连，不断加深对祖国悠久历史、灿烂文化的认同，不断增强做中国人的骨气和底气；就是让个人梦想与国家梦想紧密结合，把我们的国家建设好，把我们的民族发展好。

2. 请同学分享课前收集的案例。

3. 社会主义核心价值观倡导的敬业，要求人们尊重劳动、尊重知识、尊重人才、尊重创造，热爱和认同自己的职业与工作，珍惜和保护他人的劳动成果；要求人们有全身心投入的敬业态度和精益求精的工匠精神，保持和发扬为民服务孺子牛、创新发展拓荒牛、艰苦奋斗老黄牛的精神；要求人们视职业、劳动、创造、贡献为公民的社会责任和义务，视劳动为实现个人理想和个人价值的基本途径。

4. 要求学生分组探讨"大医精诚"的深刻含义，并派代表发言。

5. 社会主义核心价值观倡导的诚信，就是要以诚待人、以信取人，说老实话、办老实事、做老实人。

6. 提问学生分享北京同仁堂制药的案例。

7. 社会主义核心价值观倡导的友善，要求人们善待亲友、他人，对社会抱有善意，与自然和谐共处。

8. 提问如何理解孙思邈《备急千金要方》的"人命至重，有贵千金"，小组讨论，派代表发言。

学生活动：

1. 认真听讲，阅读教材，记笔记；分享中医药在革命历史中作用的案例。

2. 小组探讨，收集资料，深刻领会，代表发言，分享案例，剖析案例。

设计意图：收集中医药在革命历史中作用的案例，课上学生分享案例，说明中医药的发展与中华民族兴衰紧密相连，在革命战争时期作出了巨大贡献，激发中医药学生实现中华民族伟大复兴的爱国情怀；分组探讨"大医精诚"的深刻含义，理解中医药者精勤治学、精研医道的敬业精神；分享北京同仁堂恪守"炮制虽繁必不敢省人工，品味虽贵必不敢减物力"的祖训，体会诚信经营、货真价实、童叟无欺的经营理念；孙思邈《备急千金要方》有言："人命至重，有贵千金。"中医药文化以救死扶伤、仁者爱人、济世活人为宗旨，超越了核心价值观中"友善"所提倡的相互信任、相互扶持之爱。

环节三：理论阐释

教师活动：

1. 讲述职业道德的含义和职业生活中的基本道德规范"爱岗敬业、诚实守信、办事公道、热情服务、奉献社会"，结合学生专业具体到医药职业道德。医药是事关身体健康和生命安全的产品，医药职业道德在整个职业道德体系当中的地位尤为重要，是社会关注的焦点。伴随着我国医药行业的快速发展，医药行业也面临种种道德困境。在社会主义市场经济环境下，医药企业逐利意识强，责任意识淡漠，环境保护、诚信意识薄弱，制假售假、虚假宣传、销售领域商业贿赂、医患关系紧张等问题突出，列举媒体上曝光的负面新闻。

2. 抛出问题：医药职业道德应该有哪些？在中医药文化中寻找事

例说明。

学生活动：

1. 认真听讲，阅读教材，记笔记。

2. 探讨分析负面新闻，认识到医药职业道德的重要性。

3. 收集资料，深刻领会，代表发言。

设计意图：由社会主义核心价值观中如何做人"爱国、敬业、诚信、友善"过渡到如何做事，即遵循职业道德"爱岗敬业、诚实守信、办事公道、热情服务、奉献社会"，结合学生专业具体到医药职业道德，借助中医药文化在解析医学现象以及在医疗、预防、临床等方面有自己的思维方式，传统中医药对行业人员道德建构极为重视等丰富的文化资源，为学生职业道德的培养提供可供学习的标准和榜样。

环节四：联系实际

教师活动：

1. 列举事例：在抗击新冠肺炎疫情中得到普遍使用的"清肺排毒汤"，来源于张仲景《伤寒杂病论》记载的四个经方：麻杏石甘汤、射干麻黄汤、小柴胡汤、五苓散。"清肺排毒汤"的治疗有效率为97.78%，轻症患者没有一例在服用清肺排毒汤之后转为重症或危重症的情况。《抗击新冠肺炎疫情的中国行动》白皮书指出："中医药参与救治确诊病例的占比达到92%。湖北省确诊病例中医药使用率和总有效率超过90%。"

科学家屠呦呦根据中医古籍葛洪《肘后备急方》的记载"青蒿一握，以水二升渍，绞取汁，尽服之"提取青蒿素。

2. 分析上述案例的共同之处，我们应如何对待中医药文化？

学生活动：分析，讨论，回答。

设计意图：通过案例分析，得出对待中医药文化的态度，既要师古，又不泥古；既要守正，坚信中医理论，坚定中医疗效，又要创新，敢于探索，理论有创新，方法有创新，方剂有创新。增强学生从中医药文化的守正创新中承担弘扬和传播中医药文化的时代使命。

(二) 课堂小结

本节课我们借助中医药文化深刻体会社会主义核心价值观个人层面的"爱国、敬业、诚信、友善",知道如何做人;通过传统中医药对行业人员的道德要求,结合本课中职业道德的学习,更加明晰医药职业道德,清楚如何做事;中医药在抗击新冠肺炎疫情中发挥了重大作用,科学家屠呦呦的青蒿素就是在古代典籍的启发下提取成功的,我们医护人员在传承、弘扬中医药文化的同时,要守正创新,提升中医药的服务能力,让中华文明在新时代熠熠生辉。

(三) 作业设计

1. 组织学生进行"我给老师/师傅献杯茶"的活动,让学生根据自己所学的中医药知识,亲自制作药茶,以药茶代花、礼物送给老师。

2. 自行组织到社区等参加义诊和中医药健康知识普及的活动。

(四) 参考资料

[1] 王媛、范建迪:《中医药文化融入思政课的价值维度和实践探索——以思想道德修养与法律基础为例》,《中国中医药现代远程教育》2022年第7期。

[2] 曹洪欣:《中医基础理论》,中国中医药出版社,2004年。

八、教学总结与反思

将中医药文化融入思政课,以"中医+思政"的模式增强护理专业学生思政课的亲和力和针对性,增强学生的"获得感",以中医学子的语言阐释"高、大、上"的政治理论,引起学生的共鸣,能够解学生思想之惑、答成长之疑。

　　把中医药文化的智慧和现实疗效融入思政课课堂，丰富思政课内容，以情、以理增强学生的文化自信。将中医药文化中的道德理念融入思政课，加强医德医风教育，加强医者仁心教育，教育引导学生尊重患者，学会沟通，提升综合素养，培养合格的中医药人才。

物质世界的存在状态是怎样的？

沈阳城市建设学院　窦百会

一、课程基本信息

主讲课程：《马克思主义基本原理》

使用教材版本：高等教育出版社（2021版）

教材章节出处：《马克思主义基本原理》第一章第二节第一框《联系和发展的普遍性》、第二框《对立统一规律是事物发展的根本规律》

二、教学设计概述

本课是为《马克思主义基本原理》第一章第二节《事物的普遍联系和变化发展》的第一框《联系和发展的普遍性》设计的教学案例。这一框需要讲清楚联系与发展是物质世界的总特征，与孤立静止地看待世界的形而上学是两种根本对立的世界观。通过揭示"联系"和"发展"的内涵，深刻阐释物质世界的存在状态，进一步深化对物质世界的本质认识。第二框《对立统一规律是事物发展的根本规律》需要讲清楚发展的根本动力在于事物自身的矛盾运动。通过揭示"矛盾"概念的内涵，使学生知晓任何事物都是由矛盾构成的，学会用矛盾的观点看待万事万物，进而提高辩证思维能力。

中医药文化中，注重分析疾病与引起疾病的原因关系，通过"望闻问切"去寻找产生疾病的原因，实质就是遵循世间万物处于普遍联系的原理。世上没有孤立存在的事物，一件事物的出现，总是与他物发生着关系，疾病的出现也不例外。同时，中医在看病时，注重把人的身体作为一个有机整体，身体各个部分都是相互有关联的，在治疗疾病下药方时，不是头痛治头、脚痛治脚，而是注重身体各个器官内在的关系，遵循的也是事物处于普遍联系的原理。中医药文化中，这种看病的方式，一方面注重事物之间的联系，以寻求引起疾病的病因；另一方面针对不同疾病以及不同原因引起的同一疾病，都会根据患者具体情况，开出不同的药方。这种做法就是辩证地看待问题，运用了人们认识世界和改造世界的根本方法——矛盾分析法。

因此，中医药文化中，孕育着许多辩证的智慧，值得后人去传承，并在新的时代背景下改造创新，使中医药优秀传统文化展现新的生机。就本课而言，通过引入古人看病的故事，创造教学情境，让学生感受古人看病的智慧，以此讲解唯物辩证法的总特征、矛盾规律等相关原理。通过故事讲原理，把抽象的哲学原理变成学生的直观感受，便于学生理解和掌握哲学原理的相关内容，达到较好的课堂教学效果。布置课后作业让学生通过社会调查了解中医药方法治疗新冠病毒取得的成果，增强学生对中华优秀传统文化的自信，增强青年发扬优秀传统文化的使命感。

三、学情分析

《马克思主义基本原理》课程的授课对象是大学本科生，年龄多为"〇〇后"。这一阶段的学生思想活跃，喜欢接受新鲜事物。就中国传统中医药学而言，对其既熟悉又陌生。熟悉的是知道中医和西医是不同的医学类别，在社会常识普及的今天，很容易直接联想到看病时的中医院。陌生的是对中医的治病理念及中医药文化与西医的区别，他们并不了解。但在中小学受教育的过程中，他们对中国古代的名医如华佗、扁鹊、李时珍等又有所知晓。因此，从"〇〇后"大多数学生的知识储备入手，引入其熟知的中国古代名医的故事，便于引起学生对中医药文化的兴趣，从而探究其蕴含的哲学原理。同时由于故事具有直观性，能够创造教学情境，为学生将抽象的原理与生活实际相联系，提供了科学的学习方法。

四、教学目标

（一）知识目标

对于教材第一章第二节第一框《联系和发展的普遍性》和第二框《对立统一规律是事物发展的根本规律》，学生需要掌握"联系"和"发展"的内涵及特点，从理论上明确唯物辩证法和形而上学是两种根本对立的发展观，知晓其根本分歧所在。掌握"矛盾"的内涵及其基本属性，深入理解矛盾的普遍性和特殊性及其相互关系的具体内容，学会在生活中利用相关原理解决实际问题的具体方法。

（二）能力目标

通过学习唯物辩证的总特征，培养用联系的观点、发展的观点看问题的能力。如对我国"五位一体"的总体布局和"四个全面"的战略布局，以及在全球疫情尚未得到完全控制的情况下，我国坚持对外开放的原因。通过学习矛盾规律，掌握矛盾普遍性和特殊性关系原理，以此分析我国疫情防控中不同地区的不同政策，以及同一地区政策不断调整的原因。总之，学会用所学原理分析现实问题，不断提高用正确的世界观和方法论解决实际问题的能力。

（三）情感目标

通过学习唯物辩证法的总特征和矛盾规律，引导学生用联系和发展的眼光看中国的昨天、今天和明天，使他们深刻领会中国发展有其自身的内在的特殊规律，从而促使他们不断增强道路自信、理论自信、制度自信和文化自信。

五、教学重点难点

（一）教学重点及其处理方法

1. 教学重点

（1）联系和发展的观点是唯物辩证法的总观点和总特征。

（2）联系的内涵及其特点。

（3）发展的内涵及其实质。

（4）矛盾的内涵及其基本属性。

（5）矛盾的普遍性与特殊性的内涵及其相互关系。

2. 教学重点的处理方法

（1）从"物质世界是怎么样的"问题出发，引出两种根本对立的世界观，一种是唯物辩证法，一种是形而上学。通过案例展示，使学生明确唯物辩证法对世界描述的正确性，形成对世界状态的整体认知。

（2）通过引入中国古代名医李时珍看病的故事，展现事物之间的联系，从而明确联系的内涵和特点。

（3）对"新事物"与"旧事物"概念进行讲解，进而引导学生理解发展的实质。

（4）通过引入华佗看病的故事，展现中国古人的辩证智慧，进而明确"矛盾"概念的内涵及其基本属性，以及矛盾普遍性和特殊性的内涵和关系。同时结合疫情防控中中医对新冠病毒的治疗，以及对中国特色社会主义的解读，提高学生在生活中用矛盾普遍性和特殊性原理解决问题的能力。

（二）教学难点及其处理方法

1. 教学难点

对立统一规律是唯物辩证法的实质和核心。

2. 教学难点的处理方法

从"斗争性是无条件、绝对的"入手，讲解矛盾的斗争性在事物发展中的作用。使学生明确斗争性是同一性的前提，这样，通过同一性和斗争性的关系就揭示了事物普遍联系的根本内容。

六、教学设计总体思路

本课教学内容为"联系和发展的普遍性"和"对立统一规律是事物发展的根本规律"。首先通过提问，引起学生思考，通过展示事物交织的图片，使学生明确世界的存在状态。引入古代名医李时珍给人看病的故事，再次确认事物之间的联系是普遍的。然后讲解联系的内涵及其特点。通过事物之间联系的相互作用，讲解运动、变化及发展。明确发展的内涵及实质。再次提问，"发展是否有规律可循？"围绕"发展的动力是什么""发展的状态怎样""发展的路径是什么"三个问题，引出发展的三大规律，即"对立统一规律""量变质变规律""否定之否定规律"。本课先讲"对立统一规律"。然后讲解矛盾的内涵及基本属性。引入案例"华佗看病"的故事，讲解矛盾的普遍性和特殊性。进而展开讨论"生活中哪些现象体现了矛盾的普遍性和特殊性"。最后点题"中国特色社会主义"所蕴含的哲理，引起学生的思想共鸣。

七、教学过程

（一）教学流程设计

环节一：导入新课

教师活动：提出问题：通过上节课的学习，我们知道大千世界千变万化，都统一于物质，物质是万事万物共同的本质。那么，千变万化的物质世界是怎样存在的呢？是彼此孤立存在，还是相互联系的？请同学们回答。

学生活动：聆听，思考，讨论。

设计意图：通过对问题的提问，了解学生的想法，使学生明确教学内容。

环节二：导入案例，创造教学情境

教师活动：导入案例——李时珍巧医顽疾。

李时珍治疗一位误食壁虎的患者，该患者自认为中毒，得了不治之症，茶饭不思，身体日渐消瘦。李时珍听后，找到病因，该患者实际是得了心病，通过巧治心病，最终男子张口说话，开始进食。

设疑：你从案例中读到了什么？

总结：唯物辩证法认为，世界上的一切事物和现象都是普遍联系的，从浩瀚的宇宙到微小的粒子，从无机界到有机界，从自然界到人类社会，从客观世界到主观世界，整个世界无不处在相互联系、相互作用之中。可以说，联系是客观世界的普遍特性。

学生活动：聆听，思考，讨论。

设计意图：创造教学情境，让学生直观感受到古人看病的辩证智慧。通过引导学生思考、讨论，使学生明确该案例中人体内部各器官之间的联系，理解找准病因的重要性，从而引出"联系"的概念。

环节三：讲解知识点

教师活动：讲授联系的内涵及特点、发展的内涵及实质，在讲解发展的内涵时，从运动、变化、发展的区别中讲起，强化发展揭示的是事物变化中前进、上升的运动。

设计意图：通过系统学习联系与发展的相关原理，使学生头脑中形成对世界存在状态的正确图景。

环节四：以问题链的方式讲解教学内容

教师活动：通过以上学习，我们知道世界万物处于普遍联系之中，世界上没有孤立存在的事物，由于事物之间的联系，使得事物之间相互作用，进而运动、变化和发展。那么，是什么力量促使事物相互作用的呢？事物发展的状态有无规律可循？事物发展过程中呈现的运动轨迹或者路径是怎样的？

教师活动：讲授唯物辩证法的三大规律，即"对立统一规律""量变质变规律""否定之否定规律"，它们分别揭示了事物发展的动力、发展的状态、发展的轨迹。我们首先学习"对立统一规律"。

学生活动：聆听，思考，讨论，适当做笔记。

设计意图：通过问题链的设计，让学生从逻辑上明确三大规律与唯物辩证法总特征之间的关系，提高学生的逻辑思维能力。

环节五：讲解知识点

教师活动：讲授矛盾的内涵及其基本属性。讲授矛盾基本属性的关系时，插入形象漫画，说明矛盾的同一性和斗争性是相互联结、相辅相成的关系。总结矛盾同一性和斗争相结合，共同推动事物的发展，成为事物发展的动力。

学生活动：聆听，理解，适当做笔记。

设计意图：整体学习矛盾的内涵及其基本属性在事物发展中的作用，得出发展的动力在于事物自身的矛盾的结论。澄清事物发展的动力不是神秘力量起作用，而在事物本身。

环节六：导入案例，创造教学情境

教师活动：导入案例——华佗同病异治。

华佗给两位同是感冒的病人看病，都是头痛发烧。却给出不同的药方：一位开了导泄的药物，另一位开了发汗的药物。二人起疑，询问华佗。华佗给出的回答是，二人虽然病情症状相同，但是引起疾病的原因不同，一个病邪在体内，一个病邪在体表，再加上二人病情发展情况不同，所以开出的药方是不一样的。

设疑：你从案例中读到了什么？

总结：世界上的一切事物都包含着矛盾，但不同事物的矛盾又千差万别，各有自己的特点。世界万事万物的矛盾既有普遍性又有特殊性。

矛盾的普遍性是指矛盾存在于一切事物中，存在于一切事物发展过程的始终，旧的矛盾解决了，新的矛盾又产生，事物始终在矛盾中运动，即矛盾无处不在，无时不有。

矛盾的特殊性是指各个具体事物的矛盾、同一事物矛盾的各个方面在发展的不同阶段上各有其特点。

学生活动：聆听，理解，讨论，适当做笔记。

设计意图：通过华佗给人看病的案例，创造教学情境，使学生直观感受矛盾的普遍存在和特殊性。

环节七：结合现实，探讨生活中矛盾普遍性和特殊性的事例

教师活动：讨论：谈谈你所知道的矛盾普遍性和特殊性关系的事例。

可结合中国共产党百年历史、新中国史、改革开放史、社会主义发展史中的不同阶段的主要问题来谈；也可结合个人自身成长过程中遇到的问题来谈；还可结合我国不同地区疫情防控的具体做法来谈；等等。

教师活动：就事物发展过程而言，矛盾存在于事物发展过程的始终，旧的矛盾解决了，新的矛盾又会产生。因此，在看待事物时，要学会用矛盾的观点分析问题。同时，由于事物是千差万别的，即使同一事物，表现出的矛盾在不同角度、不同时间都各不相同，这就要求我们因时因地因事制宜，做到具体问题具体分析。

学生活动：聆听，思考，讨论。

设计意图：通过讨论，强化学生对矛盾普遍性和特殊性的理解。使学生理解生活中处处是哲学，锻炼学生用哲学原理独立分析问题的能力。

环节八：增强中国特色社会主义道路自信，引发学生共鸣

教师活动：讲授矛盾的普遍性和特殊性是辩证统一的关系。第一，矛盾的普遍性即矛盾的共性，矛盾的特殊性即矛盾的个性。第二，矛盾的共性是无条件的、绝对的，矛盾的个性是有条件的、相对的。第三，任何现实存在的事物都是共性与个性的统一，共性寓于个性之中，没有离开个性的共性，也没有离开共性的个性，每个个性都表现共性。

讨论：请用矛盾普遍性和特殊性辩证关系原理，解读"中国特色社会主义"的科学性。

总结："中国特色社会主义"是社会主义，这是矛盾的普遍性，但同时又是中国特色的，这是矛盾的特殊性。中国特色社会主义正是中国共产党人坚持把马克思主义基本原理同中国具体实际相结合、同中华优秀传统文化相结合，在推进马克思主义中国化的进程中不断取得革命、建设、改革的新的胜利的成果。矛盾普遍性和特殊性辩证关系的原理是建设中国特色社会主义的哲学基础。

学生活动：聆听，思考，讨论，适当做笔记。

设计意图：从理论上剖析中国特色社会主义的合理性，为新时代青年坚持走中国特色社会主义道路打下坚实的思想基础。

（二）课堂小结

通过本节课的学习，我们知道大千世界展现在我们面前的是一幅相互联系和相互作用、无穷无尽交织起来的画面。世界上没有孤立存在的事物，事物之间的相互作用会推动事物的运动变化和发展。对立统一规律告诉我们，促使事物发展的动力在于事物自身的矛盾运动，要学会用矛盾的观点来分析和解决问题。我国中医药学正是遵循了事物之间的联系，寻找事物之间的相互作用，找到引起疾病的主要矛盾，最终给出正确的治病方案。由此可见，我们要善于学习中华优秀传统文化，从古人的智慧中寻求解决问题的方法，再结合现实加以改造创新，把中华文化的瑰宝发扬光大。

（三）作业设计

新型冠状病毒出现以来，世界各国科学家都在为攻克新冠病毒而不断探索。中国中医药在治疗新冠病毒的过程中起了重要作用。请做社会小调查，调研我国中医药在攻克新型冠状病毒方面所作的贡献，进一步体会我国中医药学的博大精深。

（四）参考资料

[1]《关于印发新型冠状病毒肺炎诊疗方案（试行第九版）的通知》（国卫办医函〔2022〕71号），中国政府网，2022年3月14日。

[2]《马克思主义基本原理》，高等教育出版社，2021年。

八、教学总结与反思

本节课通过引入学生所熟知的古代名医的医案故事，创造教学情境，引导学生在情境中理解唯物辩证法的总特征。再通过逻辑演绎的方式，阐释唯物辩证法总特征与三大规律之间的关系，使学生整体上把握对立统一规律在唯物辩证法中的核心地位。教学过程中，采用提问、讨论、讲授、案例等多种教学方法，引导学生在直观感受中学习哲学原理，起到了较好的效果。同时结合现实，让学生学会用哲学原理分析和解决问题，提高思辨能力。在引用古代名医经典故事时，学生的兴趣显然更浓，哲学原理与情境相结合，学生也更容易接受。未来应更多发掘中医药学优秀传统文化的经典，以丰富教学案例，达到用中华优秀传统文化育人，增加学生文化自信的目的。

人类普遍交往与世界历史形成发展视域下的中医药文化国际传播

辽宁中医药大学　富丽明

一、课程基本信息

主讲课程:《马克思主义基本原理》

使用教材版本：高等教育出版社（2021 版）

教材章节出处:《马克思主义基本原理》第三章第一节第三框《人类普遍交往与世界历史的形成发展》

二、教学设计概述

（一）设计思路

本课教学设计以 2021 版《马克思主义基本原理》的《课标》和《大纲》为基本遵循，依据本版教材的第三章第一节新增的第三框《人类普遍交往与世界历史的形成发展》，紧紧围绕关于交往与世界历史的教学目标进行中医药文化融入马克思主义基本原理课的教学设计。今天，人类的交往比以往任何时候都更加深入和广泛，国家之间的相互联系和依存比以往任何时候都更加频繁与紧密。马克思的世界历史理论为我们观察、分析当今的中医药文化传播提供了科学的理论指导。中医药文化具有引导中华传统文化走向世界的强大功能，鲜活的案例有助于彰显马克思世界历史理论的科学性，这也充分说明了中医药文化国际传播融入此部分教学的可行性。

基于以上思路，本课的教学内容通过三个环节展开，即新课导入、新课讲授以及课堂小结。

导入环节结合中医药文化国际传播视频，展示中医药文化国际传播作为人类普遍交往的重要组成部分，为世界作出的突出贡献，引发学生对于唯物史观视域下交往的概念、类型、作用的思考。

新课讲授环节主要学习两方面内容：第一，交往及其作用。本部分通过引入生动案例，帮助学生增强对交往作用的深刻认识。第二，世界历史的形成和发展。本部分通过案例引入，帮助学生加强对关于世界历史形成以及人类命运共同体的理解。

课堂小结回顾知识点之间的内在联系，帮助学生清晰构建此部分的逻辑架构。

（二）理论依据

马克思、恩格斯关于人类普遍交往和世界历史形成发展理论。

（三）设计特色

教材上此内容分为两个部分：第一部分是"交往及其作用"，阐述交往的定义、类型与作用的相关原理；第二部分是"世界历史的形成和发展"，论述世界历史的形成和发展的相关原理。这两部分内容可以引入中医药文化国际传播的案例进行阐述。本课除了在正确、恰当融入案例的基础上，突出之处在于融入内容的与时俱进。本课采用"2022年北京冬奥会打造中医药文化国际传播之窗"案例为主线，通过"'10秒'中医药体验馆""拔罐已成奥运文化现象""中医药文化展示空间""奥运金牌背后的中医力量""中医药国际传播之路"等精彩视频、资料等，运用情景法、问答法、讲授法、讨论法等，在潜移默化中让学生领悟交往与世界历史形成发展的马克思主义基本原理，自觉树立四个自信。

三、学情分析

本课面向的对象是中医药高校二年级的大学生，其已具备一定的中医药文化相关知识储备，并且在校园中医药文化的熏陶下，对中医药文化国际传播的案例能够比较容易理解与接受。在原理课中有机融入中医药文化，也能拉近中医药院校的大学生与马克思主义基本原理课之间的距离。可以说，中医药文化这块瑰宝为原理课的教学提供了丰饶的素材库。

四、教学目标

（一）知识目标

1. 了解交往的定义、类型，准确把握人类普遍交往的作用。
2. 科学认识世界历史形成与发展的实质。

（二）能力目标

1. 通过将中医药文化国际传播融入人类普遍交往与世界历史形成发展的案例分析，学习马克思主义世界历史理论的相关知识，提高理论联系实际的能力，提升分析解决问题的思辨能力。
2. 通过自主探究性学习活动，比如小组合作拍摄微视频，提升思维逻辑的自主建构能力、团队合作能力。

（三）情感、态度、价值观目标

1. 坚定中国特色社会主义的理想信念。
2. 坚定中医药的文化自信。

3. 增强使命担当，听党话跟党走，争做社会主义合格建设者和可靠接班人，争做中医药文化的传承者与传播者。

五、教学重点难点

（一）教学重点

1. 交往及其作用。

2. 世界历史的形成和发展。

3. 人类命运共同体的意义。

（二）教学难点

1. 科学阐释以中医药文化国际传播为代表的交往的作用。

2. 正确全面地认识以中医药文化国际传播为代表的普遍交往在世界历史形成与发展中的作用。

3. 深刻理解中医药文化国际传播对人类命运共同体的价值。

六、教学设计总体思路

以《中医药——一张国际交流合作的特色名片》视频导入新课，引导学生理解中医药文化国际传播属于交往的一种。学习交往的概念、类型。

在学习交往的作用时，运用问答法、情景法、讨论法、讲授法的教学方法。首先，展示视频《以冬奥为媒　10秒体验岐黄魅力打造中医药文化国际传播之窗》，让学生思考交往与生产力发展之间的关系。从学生的回答中提炼出交往能促进生产力的发展。其次，展示关于"拔罐已成奥运文化现象"的一组图片，引导学生体会交往活动的发展能够促进社会关系的进步，改变风俗习惯。最后，展示材料"以疗效为本，筑牢中医药文化国际传播之基"，邀请学生讲授与留学生进行中医药文化交流的故事，让学生体会交往还能促进文化的发展与传播。

在学习世界历史形成与发展时，运用小组拍摄微视频、问答法、讨论法的教学方法。首先，展示视频《中医药国际交流之路》，提出问题：中医药国际交流在世界历史形成中所起的作用。引导学生理解世界历史的概念、特征。其次，展示材料"向世界展示中医药文化之美　助力构建人类卫生健康共同体"，引导学生理解中医药国际传播在构建人类卫生健康共同体中的重要作用，以及如何积极推动构建人类命运共同体。最后，回顾并总结本节课学到的相关知识及内容。

七、教学过程

（一）教学流程设计

环节一：导入新课

教师活动：展示视频《中医药———一张国际交流合作的特色名片》：

一株小草改变世界，一枚银针联通中西，一缕药香气跨越古今。

中医药，一张国际交流合作的特色名片。

发祥于中华大地的中医药，是中华文明的瑰宝。

中医药已传播到183个国家和地区：

捷克："一带一路"中医药针灸风采行活动。

新西兰：中国文化体验日——中医走入国会活动。

缅甸：中国—缅甸中医药中心揭牌。

纳米比亚：中国援助纳米比亚医疗队医生褚海林为患者诊疗。

摩洛哥：中国援助摩洛哥医疗队医生庄潇君为病人进行针灸治疗。

马耳他：中国援助马耳他医疗队成员王飞为病人进行拔罐治疗。

引导学生观看视频后思考：你认为中医药文化国际传播是否属于人类普遍交往的一部分？为什么？它属于哪种类型的交往？交往对社会生活又有着哪些重要影响？

学生活动：观看视频，思考教师提出的问题并在线作答。

设计意图：以中医药文化国际交流视频打造较为生动的课堂预设。教师在此基础上引导阐述、推演设问，引导学生思考唯物史观视域下的交往的概念、交往的类型。帮助学生理解交往是一定历史条件下的现实的个人、群体、阶级、民族、国家之间在物质和精神上相互往来、相互作用、彼此联系的活动。交往分为物质交往与精神交往。在当今时代，信息交往、文化交往等也是精神交往的重要方面。比如，中医药文化的对外传播就属于精神交往的一种。

环节二：观看视频并讨论

教师活动：展示视频《以冬奥为媒 10秒体验岐黄魅力打造中医药文化国际传播之窗》。

2022年北京冬奥会，中医药文化闪烁着耀眼的光芒。在冬奥村，由北京中医药大学倾力打造的"'10秒'中医药体验馆"包括八卦多面屏、望而知之屏、中医药高光时刻、经络可视化滑轨屏、"天人合一"体验屏、药食同源墙、"10秒"心愿墙和"10秒"快问快答等多个展区，融合现代科技与国潮艺术，为运动员打造了沉浸式的中医药文化体验场所。比如，经络可视化滑轨屏呈现了3D可视化经络图像，能在10秒钟内探寻某一个穴位、某一条经络背后的奥秘，可谓独具匠心。科技赋能中医药文化，极大地提升了中医药文化传播的效果，为新时代中医药文化走向世界提供了一种新的范式。

阅读材料后思考：科技是第一生产力，科技极大地提升了中医药对外传播这种交往活动的效果，那么交往与生产力发展之间是什么关系呢？

学生活动：在教师的指导下，以小组为单位，讨论作答。

设计意图：引导学生理解交往是与生产力发展相伴随的。一方面，社会生产力的发展水平，直接制约着交往的水平，交流、交往、开放与先进的社会生产力相联系。另一方面，交往又促进生产力的发展，生产力成果的保存，有赖于交往的扩大。这是交往的作用之一。

环节三：材料解析

教师活动：展示一组图片"拔罐已成奥运文化现象"。

近年来，奥运舞台在不经意间已悄然发展为中医药文化国际传播的重要场域。2016年里约奥运会上，泳坛巨星菲尔普斯身上的"罐印"让世界对中医拔火罐充满了好奇。2021年东京奥运会，澳大利亚泳坛名将查尔莫斯和日本游泳运动员南场昭的满身"罐印"让外媒兴奋地直呼："拔罐疗法5年后又重返奥运赛场！"如今，拔罐印不仅再次现身奥运赛场，还被一些美国高校引进成为运动队每日必备项目，甚至还成为全美增长最快的SPA项目之一，连好莱坞明星都乐此不疲"带印"晒照。

学生活动：阅读材料并思考问题：拔罐这一神秘的"东方力量"在国际舞台上迅速"声名鹊起"，说明人与人交往活动的发展对社会关系乃至风俗习惯有什么影响呢？

设计意图：通过展示材料，让学生体会交往活动的发展能够促进社会关系的进步。建立在一定社会关系基础上的风俗习惯，也会因人们交往活动的发展而得以变革和进步。

环节四：结合实际，了解冬奥中的中医药

教师活动：展示材料"以疗效为本，筑牢中医药文化国际传播之基"。

2022年北京冬奥会上，很多中国运动员的精彩表现背后，也有中医药的一份功劳。无论在短道速滑2000米混合接力赛，还是在苏翊鸣、谷爱凌等运动员的个人比赛中，中医药都发挥了保驾护航的作用。谷爱凌在接受中医调理后曾发出这样的感叹："腰背从来没有这么舒服过，像换了一根脊柱！"为保障冬奥赛场安全健康、助力各国运动员以最佳状态参赛，中国派出了涵盖急诊、理疗康复、口腔、眼科、中医等18个学科领域的医疗团队，中医更是覆盖骨伤、针灸、推拿、疼痛、外

科、康复、膳食等各个细分领域，这为本届冬奥会构筑起了全方位的健康保障服务体系。据媒体报道，针灸、推拿等成了冬奥村诊所的"明星项目"。

学生活动：阅读材料并思考问题：中医药被冬奥会的运动员带火，其疗效有目共睹，这说明交往对文化传播起到什么作用？

教师活动：请几位同学分享他们与留学生之间中医药文化交流的故事，结合亲身经历总结以中医药文化国际传播为代表的交往的作用。

学生活动：分享故事谈体会。

设计意图：

1. 通过展示材料，让学生体会交往还能促进文化的发展与传播。人类交往范围的扩大，特别是不同民族、国家间发生的大规模交往活动，同时是文化的世界性传播过程。

2. 通过学生分享亲身经历，加深其对交往以及作用的理解，从而检验学习成果，培养理论联系实际的能力。

环节五：微视频制作与展示

教师活动：展示视频《中医药文化国际传播之路》。

历史上，我国与外国之间药材互通有无，医理医技交流融合。踏出国门走向世界的徐福、张骞、鉴真、义净、郑和等一批有识之士都充当了"白衣天使"的角色，并赢得殊荣。他们或在国外赠送中医药书籍、传药施医，或推动中草药以及中医诊治被外国人所接受和应用。清朝时，国医将人痘接种技术介绍到日本，后来又传播到朝鲜、土耳其等国，接纳俄罗斯人来华学习人痘接种技术……日本人尊称徐福为"司药神"，奉鉴真和尚为"日本汉方医药之祖"。古往今来，中医药学为全人类的健康作出了开创性的巨大贡献。2015 年 10 月，屠呦呦荣获诺贝尔生理学或医学奖。她先驱性地发现了青蒿素，开创了疟疾治疗新方法，使疟疾患者的死亡率显著降低，在改善人类健康和减少患者病痛方面的成就无法估量。

学生活动：

1. 以小组合作的形式拍摄中医药文化传播历史的微视频。

2. 思考问题：中医药文化国际传播为代表的交往在世界历史形成中发挥了什么作用？

设计意图：小组微视频展示+教师总结，引导学生理解普遍交往是世界历史的基本特征。使学生掌握唯物史观视域中的"世界历史"是指各民族、国家通过普遍交往，打破孤立隔绝状态，进入相互依存、相互联系的世界整体化的历史。普遍交往是世界历史的基本特征。世界历史体现着各个民族、各个国家之间的相互影响、相互渗透和相互制约，最重要的是强调整个世界的相互关联性。民族、国家之间的交往成了普遍交往，并促进了具有"全面的依存关系"的世界历史的形成。

环节六：课堂小结，引发学生共鸣

教师活动：展示材料"向世界展示中医药文化之美　助力构建人类卫生健康共同体"。

坐落在冬奥会主媒体中心的"中医药文化展示空间"由中国中医科学院联合多家中药企业设计完成，以构建人类卫生健康共同体为主线，涵盖"青蒿，焕发新生的小草""丰富多彩的中华草本""世界的中医药""中医药参与新冠肺炎疫情防控"等主题内容，通过视频、图文、实物、AI交互体验等多种形式向世界生动地呈现了博大精深的中医药文化。比如，观众可跟着AI交互体验屏幕上的老师学打太极，打完太极后可抽盲盒，盲盒里的书签和冰箱贴上都印着百合、艾叶等不同中草药图案，可谓别出心裁。

学生活动：观看视频并思考问题：中医药文化国际传播在构建人类卫生健康共同体中发挥了什么作用？人类卫生健康共同体与人类命运共同体是什么关系？如何推动构建人类命运共同体？

设计意图：案例分析+引导阐释+教师总结，通过材料展示引导学生思考并发现中医药文化积极融入人类卫生健康共同体构建的过程中，有利于生成全球共通的意义空间，与更加多元的受众进行内容共享、话题公约和有效对话，从而实现人类命运共同体建设的宏大目标。引导学生进一步理解马克思的世界历史理论具有重要意义，"人类命运共同体"的提出，正是我们党站在世界历史的高度来思考人类的未来与前途取得的成就。中国人民正在同各国人民一道，弘扬和平、发展、公平、正义、民主、自由的全人类共同价值，推动构建人类命运共同体，把世界建设更加美好。

（二）课堂小结

本课学习了《马克思主义基本原理》第三章第一节第三框《人类普遍交往与世界历史的形成发展》。在学习交往的类型、作用与世界历史形成、特征时融入了中医药文化国际传播案例，使中医药文化进教材进课程。通过多种教学方法，帮助学生更好地理解本课的重难点问题，帮助学生理解马克思、恩格斯关于人类普遍交往和世界历史形成的思想是唯物史观的重要内容。关于交往的作用以及世界历史的特征等可以运用中医药文化传播的案例生动诠释。新时代中医药文化国际传播成为一种越来越普遍的现象。中医药以其在疾病预防、治疗、康复中的显著疗效，不仅为护佑中国人民的健康作出了重大贡献，其价值和理念正受到全世界越来越广泛的认同。新时代对外传播中医药文化意义重大。引导学生认识到尽管中医药文化的国际传播面临一些挑战和问题，但我们有责任也有信心在新的历史条件下，凭借现代科技和中国智慧，不懈努力，创新发展，弘扬光大，使之继续为人类的健康与社会和谐作出贡献，为中华文化的传播焕发出更加璀璨的光辉。

（三）作业设计

1. 自主查阅相关文献资料，运用人类普遍交往与世界历史的形成发展的原理，分析中医药文化传播的意义与价值，上传至超星学习通，择优在课堂上分享。

2. 小组演讲准备：请下一个小组围绕"促进中医药文化国际传播新途径"为主题准备5分钟的演讲展示。

（四）参考资料

[1]《中医药——一张国际交流合作的特色名片》，新华网，2019年11月24日。

[2] 毛和荣：《北京冬奥会开启中医药文化国际传播新征程》，《中国中医药报》2022年2月23日。

[3]《10秒体验岐黄魅力，中医药体验馆亮相北京冬奥村》，人民日报健康客户端，2022年2月3日。

[4] 马克思、恩格斯：《马克思恩格斯选集》（第一卷），人民出版社，2012年。

[5] 任孟山、王琳：《人类卫生健康共同体背景下的中医药文化国际传播》，《传媒》2021年第19期。

八、教学总结与反思

（一）教学效果分析

教学效果良好。将中医药文化国际传播的相关典型案例有机融入《马克思主义基本原理》课程的对应章节，有助于加深学生对相关原理的理解，课堂上学生学习积极性很高，对课堂讨论和演讲的教学参与度很高。

（二）教学经验

联系实际的案例以及教学方法运用得当，能极大地提高学生的学习兴趣，也有利于学生理解教学内容。

（三）改进措施

教学内容和现实之间的关系怎样处理、理论深度和现实案例如何更好地结合是一个难点，需要教师具有较高的马克思主义基本原理储备并且对中医药文化国际传播有相当深入的掌握，才能深入浅出地向学生讲解，这也是教师进一步教研的方向。

在发展中保障和改善民生

辽宁中医药大学　赵畅

一、课程基本信息

主讲课程：《毛泽东思想和中国特色社会主义理论体系概论》

使用教材版本：高等教育出版社（2021版）

教材章节出处：《毛泽东思想和中国特色社会主义理论体系概论》第十章第四节第一框《加强以民生为重点的社会建设》

二、教学设计概述

民生是人民幸福之基、社会和谐之本。在发展经济的基础上不断提高人民生活水平，实现人民群众对美好生活的向往，是党和国家一切工作的根本目的。

在本课的教学中要讲清楚保障和改善民生是践行以人民为中心的发展思想的根本要求，是化解新时代社会主要矛盾的关键点，是做好经济社会发展工作的"指南针"，让广大人民群众共享改革发展成果，是社会主义的本质要求，是社会主义制度优越性的集中体现。讲清楚在发展中保障和改善民生，就是要多谋民生之利、多解民生之忧，在发展中补齐民生短板、促进社会公平正义，抓住人民最关心最直接最现实的利益问题，在幼有所育、学有所教、劳有所得、病有所医、老有所养、住有所居、弱有所扶等方面不断取得新进展，不断满足人民日益增长的美好生活需要。

实现病有所医，全面推进健康中国建设，是人民群众美好生活需要的重要组成部分。中医药事业的发展与健康中国建设息息相关。在党的百年奋斗中，一直在为人民幸福不懈奋斗，在党的领导下中医药蓬勃发展，为人民的健康事业作出了卓越贡献。特别是在新冠肺炎疫情暴发的背景下，中医药为我国的疫情防控作出了突出贡献，既充分彰显了我们党坚持人民至上的根本立场，也充分体现出中医药的独立魅力。党的二十大报告指出："人民健康是民族昌盛和国家强盛的重要标志。""促进中医药传承创新发展。"

贯彻落实党的二十大精神，是当前高校思政课教学的重要任务。因此，在进行本部分教学内容的教学中，进行中医药传承创新发展与推进健康中国建设的教学设计，可以实现中医药文化与思政课教学内容的自然有机融入，讲清楚健康中国建设充分彰显我们党以人为本、执政为民的理念，讲清楚中医药在健康中国建设中的重要作用，讲好中国共产党新时代的民生答卷。

三、学情分析

（一）思想特点

目前的大学生都是"〇〇后"青年，他们在强国的背景下长大，对于党的领导和社会主义的认同感较高，自信乐观、蓬勃向上。但是，由于他们的世界观、人生观还处于成长阶段，特别是在互联网普及的时代，其对于一些社会问题和热点容易受到网络舆论的影响，需要进行积极引导。

（二）知识储备

学生在前期学习中已经对以人民为中心的发展思想有了深入认知，

加之民生建设与学生个人的成长、前途命运息息相关，因此学生对于本课的教学内容有天然的亲近感。特别是中医院校学子，对于人民的健康事业和健康中国战略具有一定的认知和把握。但是就整体而言，学生对加强以民生为重的社会建设的总体把握还稍有欠缺，对于在民生建设中存在的一些误区认识不够清晰，理论水平还有待提升。

（三）能力水平

当代大学生思维活跃，善于接受新事物，已初步具备辩证分析问题的能力，有一定的理性思考能力和分析问题能力，但是运用马克思主义理论对社会现象进行剖析的能力和自主分析、解决问题的能力需要进一步提高。

四、教学目标

（一）知识目标

理解在发展经济的基础上不断提高人民生活水平，实现人民群众对美好生活的向往，是党和国家一切工作的根本目的；明确经济发展和改善民生之间辩证统一的关系，把握改善民生要坚持尽力而为和量力而行的统一；明确健康中国建设是在发展中保障和改善民生的着力点之一，中医药在健康中国建设中具有重要作用。

（二）能力目标

能够树立理论与实践相结合的思维方法，提高运用所学理论对社会现象的剖析能力和自主分析、解决问题的能力；提高辩证思维能力，明确保障和改善民生中需要处理好的辩证关系。

（三）情感目标

能够增强"四个自信"，深刻感悟中国共产党为人民谋幸福的使命担当，以创新性和积极性的态度参与社会建设，培养社会责任感和家国情怀，投身中国特色社会主义现代化建设的伟大实践。

五、教学重点难点

（一）教学重点

本课的教学重点是要讲清楚民生是人民幸福之基、社会和谐之本；讲清楚如何把握好发展经济与改善民生的关系；讲清楚改善民生要坚持尽力而为与量力而行的统一；讲清楚保障和改善民生的着力点，特别是着重讲授健康中国建设在保障和改善民生中的重要地位，中医药事业在推进健康中国建设中的重要作用。

（二）教学难点

讲清楚把握好发展经济与改善民生的辩证关系；讲清楚改善民生要坚持尽力而为与量力而行的统一。

六、教学设计总体思路

在发展中保障和改进民生是中国特色社会主义"五位一体"总体布局中社会建设的重要内容。健康中国建设是民生建设的重要着力点，中医药在健康中国建设中具有重要作用，在教学设计中，可以选取中医药助力健康中国建设的典型案例，实现思政课教学与中医药文化的有机融合。

民生建设与学生的成长成才息息相关。教学中，充分发挥学生的主体地位，通过案例分析、话题讨论等方式充分调动学生参与教学的积极性和主动性，引导学生正确认识经济发展和改善民生之间的辩证关系，明确民生建设遵循的基本原则，以及民生建设的着力点，特别是引导学生充分认识中医药在健康中国建设中的重要作用。

充分利用学习通等信息化平台开展话题讨论，运用实时投屏的方式开展教学互动，充分调动学生参与课堂教学的积极性，实现教学目标。

七、教学过程

（一）教学流程设计

环节一：视频导入

教师活动：播放视频《人民对美好生活的向往，就是我们的奋斗目标》。提问：为什么实现人民群众对美好生活的向往，是党和国家一切工作的根本目的？

学生活动：观看视频，积极参与话题讨论。

设计意图：通过视频，学生直观感受在中国共产党的领导下，我国民生建设取得的重大成就，群众生活发生巨大变化，深刻领会实现人民群众对美好生活的向往，是党和国家一切工作的根本目的。

环节二：理论讲授

教师活动：从2014年到2023年，习近平主席的新年贺词已成为中国人迎接新年时的共同期待，一句句真挚朴素、感人至深的话语被广为传颂。人民对美好生活的向往，始终是习近平主席心中的头等大事。十年来，一次次重要指示，一项项长远部署，落子大棋局，彰显习近平主席的胸襟。回顾习近平主席历年的新年贺词，我们可以从中看出，我们党始终把以人民为中心的思想贯穿治国理政之中，在发展经济的基础上不断提高人民生活水平，实现人民群众对美好生活的向往，是党和国家一切工作的根本目的。我国的发展是以人民为中心的发展，始终坚持发展为了人民、发展依靠人民、发展成果由人民共享，在推动经济持续健康发展的基础上，保证全体人民在现实生活中有更多、更直接、更实在的获得感、幸福感、安全感。检验我们一切工作的成效，最终要看人民是否真正得到实惠，人民生活是否真正得到改善。

学生活动：

1. 共同回顾习近平主席新年贺词，感受他的人民情怀。

2. 通过教师讲解，准确把握我国的发展始终坚持以人民为中心的发展思想，发展的根本目的是增进民生福祉。

设计意图：坚持政治性和学理性的统一，通过教师讲解和问题探讨，使学生明白民生是人民幸福之基、社会和谐之本，保障和改善民生是党一切工作的根本目的，从而坚定"四个自信"，投身中国特色社会主义伟大实践。

环节三：问题探究

教师活动：

提出问题1：发展经济与改善民生之间是什么关系？

根据学生讨论情况进行总结：经济发展是改善民生的前提，离开了经济发展，改善民生就会成为无源之水、无本之木。同时，抓民生就是在抓发展。持续不断增进民生福祉，能够有效解决广大人民群众后顾之忧，这样既能调动人民发展生产的积极性，又可以提升社会消费预期，扩大内需，催生新的经济增长点，实现民生与发展的有效对接、良性循环、相得益彰。

提出问题2：保障和改善民生，能不能超越发展阶段搞"福利主义"？

结合学生讨论情况并进行总结：改善民生要坚持尽力而为与量力而行的统一。要根据经济发展和财力状况逐步提高人民生活水平，让群众得到看得见、摸得着的实惠。改善民生不能脱离国情，要从解决好人民群众普遍关心的突出问题入手，想群众之所想、急群众之所急、解群众之所困，做好普惠性、基础性、兜底性民生建设，一件事情接着一件事情办，一年接着一年干，锲而不舍向前走，在事关基本民生的关键领域持续取得新进展。

学生活动：

1. 认真听讲，记录要点，深刻把握发展经济与改善民生之间的关系、量力而行与尽力而为的关系。

2. 积极参与互动，表明自己对错误观点的态度。

设计意图：坚持建设性和批判性相统一，主动辨析错误观点，关注热点话题。特别是针对青年学生中有一定影响的"过度福利主义"的观点进行批判，引导学生正确把握我国所处的发展阶段，用奋斗创造幸福生活，投身保障和改善民生的伟大实践。

环节四：聚焦现实

教师活动：

1. 发展和改善民生的着力点

提问：你关心的民生问题有哪些？结合学生回答情况，进行理论讲授。在发展中保障和改善民生，就是要多谋民生之利、多解民生之忧，在发展中补齐民生短板、促进社会公平正义，抓住人民最关心最直接最现实的利益问题，在幼有所育、学有所教、劳有所得、病有所医、老有所养、住有所居、弱有所扶等方面不断取得新进展，不断满足人民日益增长的美好生活需要。

2. 健康中国建设与中医药力量

结合学生展示内容，重点讲授全面推进健康中国建设在保障和改善民生中的重要作用。讲述中华人民共和国成立以来中国共产党领导中医药事业发展历程，中医药为人民健康事业作出的重大贡献，以及新时代习近平总书记关于中医药的重要论述，引导学生投入健康中国建设的伟大实践中。

学生活动：以小组为单位进行汇报，展示大学生关注的民生问题；展示课前收集的中医药在血吸虫病防治、抗击非典、新冠肺炎防控等呵护人民健康方面的生动案例。

1. 诗词诵读:《七律二首·送瘟神》

2. 案例分享:疫情防控中的中医药

充分认识中医药在健康中国建设中的重要作用,增强中医药文化自信。

设计意图:坚持理论性和实践性相统一,引导学生将理论知识与现实生活紧密结合,深刻领会在发展中保障和改善民生与个人成长息息相关,健康中国建设作为民生建设的重要内容,中医药事业在健康中国建设中意义重大,做到学思践悟。

(二)课堂小结

通过本节课使学生能够明确加强以民生为重点的社会建设的重要性以及着力点,把握发展经济与改善民生的辩证关系,结合历史与现实认识到中医药在健康中国建设中的重要作用,引导学生能够更加关切社会热点问题,充分感受中国共产党以人民为中心的发展理念。

(三)作业设计

1. 结合实际思考:如何做到改善民生要坚持尽力而为与量力而行的统一?

2. 新时代,如何进一步发挥中医药在健康中国建设中的作用?

(四)参考资料

[1] 中共中央文献研究室编:《习近平关于社会主义社会建设论述摘编》,中央文献出版社,2017年。

[2] 中共中央宣传部:《习近平新时代中国特色社会主义思想学习问答》,学习出版社、人民出版社,2021年。

八、教学总结与反思

(一) 推动教材体系向教学体系转化，强化学生理论认知

坚持统一性和多样性的统一。在遵循教学大纲统一要求的基础上，根据教学班级学生的思想特点和理论基础，积极对教学体系进行重构，使教材体系向兼具理论性与生动性的教学体系转化，强化学生理论认知。

(二) 创新教学方法，提升学生综合能力

坚持主体性和主导性的统一。在坚持教师主导性的前提下，注重发挥学生的主体性作用。根据课程特点，精心设计教学互动环节，极大增强了学生参与课堂教学的积极性和主动性，提升了学生分析问题的能力和水平。同时通过课堂抢答、问题讨论等多种方法，充分调动学生的积极性和主动性，强化师生互动，提升学生综合能力。

(三) 注重知行合一，引导学生专业报国

坚持理论性和实践性相统一。在发展中保障和改善民生离不开全体人民的共同奋斗，对于医学生来讲，在健康中国建设的过程中大有可为。通过形式多样的理论和实践教学，使学生树立崇高理想，矢志艰苦奋斗，增强社会责任感和使命感，发挥专业优势，立志为实现健康中国的奋斗目标贡献青春力量。

高效统筹疫情防控和经济社会发展

辽宁中医药大学　田庆

一、课程基本信息

主讲课程：《形势与政策》

使用教材版本：《时事报告》杂志社（2022年8月版）

教材章节出处：《时事报告（大学生版）》2022—2023学年度上学期第三讲《高效统筹疫情防控和经济社会发展》

二、教学设计概述

新冠肺炎疫情发生以来，14亿多中国人民在以习近平同志为核心的党中央坚强领导下，同呼吸、共命运、肩并肩、心连心，铸就了生命至上、举国同心、舍生忘死、尊重科学、命运与共的伟大抗疫精神，彰显了中华民族的力量与担当。

正如习近平总书记所说，"中医药学是中华民族的瑰宝"，更是"打开中华文明宝库的钥匙"。中医药文化是中华传统文化的重要载体和代表性元素，随着中医药文化走出国门、走向世界，得到越来越多国家和人民的认可，中医药更成为推动人类命运共同体构建、谱写人类社会繁荣发展的重要担当。

新冠肺炎疫情来势汹汹，早期没有特效药、没有疫苗，习近平总书记亲自指挥部署，提出了坚持中西医并重，坚持中西医结合，坚持中西药并用的战"疫"方略，中医药正式走上防控新冠肺炎疫情的主战场、主阵地。纵观世界各国的抗疫实践，我们见证了中医药在战"疫"舞台上展现的国粹魅力，坚定了每一名中国人信中医、用中医的文化自信。因此，讲清楚中医药在中国战"疫"中发挥的显著作用，是推动文化自信的有力抓手。

疫情发生以来，我国以科学之策应对非常之难，始终坚持人民至上、生命至上，最大限度保护了人民生命安全和身体健康，统筹疫情防控和经济社会发展，全国疫情形势整体保持平稳，经济恢复态势持续巩固。统计数据显示，我国新冠肺炎死亡病例数、住院病例数远低于全球平均值，卫生健康事业各项指标持续优化。成绩的背后少不了中医药的勇敢担当和中医人的执着坚守。

当前，全球仍在经历新冠肺炎疫情的重重考验，而且病毒还在不断变异，疫情的最终走向还存在很大不确定性。我们要通过课程引导学生们正确看待我国防疫方针政策，坚定夺取胜利的信心。

三、学情分析

辽宁中医药大学《形势与政策》课程面向全校各专业、大一到大四年级全体学生开课，因为所有学生全部身处中医药院校，即使具体专业不同，但是其普遍对于中医药基础知识有一定的了解。课程设置中也都有中医药基础理论相关的课程，所以对于思政课授课过程中融入中医药文化相关内容，对学生而言基本不会增加理解难度，反而是拉近学生与思政课距离的很好的做法。

随着年级的逐步提升，学生的思想日趋成熟，思考问题更加全面与立体，知识储备的深度与广度日益提升，综合素质和各方面能力均有不同程度的进步，对于中医药文化的理解也随着专业课的推进而越发深刻。所以，在针对不同的年级进行授课的时候，我们会注重对学生思想的引领，让不同年级的学生感悟到不同层次和程度的符合当下时期特点的青年使命与担当。

四、教学目标

本节课将通过对中医药战"疫"成绩的总结与梳理，尤其是中医药使用率及有效率等翔实数字的统计，彰显中医药在应对新冠肺炎疫情病毒上实实在在的疗效；同时，通过本校及附属医院教师及医护团队参与一线抗疫的经历，更真实、更直观地了解抗疫过程，学习抗疫相关知识，激发传承与发展中医药的热情与使命担当。

（一）知识目标

面对百年变局和世纪疫情相互叠加的复杂局面，国家始终坚持人民至上、生命至上，统筹疫情防控和经济社会发展。阶段性成果的取得得益于国家科学有效的抗疫方针政策，中医药的贡献功不可没。作为中医学子，要掌握中医战"疫"的基本方法，学会行之有效的经方、验方及中医辅助疗法等知识。

（二）情感目标

随着疫情在全球的蔓延，许多西方国家将疫情防控作为一种政治手段来利用，试图影响我国意识形态领域的安全平稳，作为时代新人，要始终保持清醒头脑，坚决同一切歪曲、怀疑、否定我国防疫方针政策的言行作斗争。

（三）能力目标

疫情的发展变化仍旧充满了很多未知，我们要不断提升明辨是非的能力，坚决克服轻视、无所谓、自以为是等错误思想；要夯实专业技能，不断提升分析问题、解决问题的能力与水平，确保抗疫的接力棒传递之时，我们可以牢牢接过。

五、教学重点难点

（一）讲清楚我国疫情防控方针政策

防控方针是由党的性质和宗旨决定的，防控政策是经得起历史检验的，防控措施是科学有效的。在此过程中，融入中医药参与战"疫"的相关内容。

（二）讲清楚我国经济大盘趋稳、积极因素不断增多的态势

面对内外部阶段性、突发性因素冲击，我国经济在较短时间内实现企稳回升，展现出我国经济的强大韧性和巨大潜力。我国经济持续健康发展的良好态势没有改变，支撑高质量发展的生产要素条件没有改变，长期向好的基本面没有改变。

（三）讲清楚我国下半年经济发展的重大决策部署

保持战略定力，坚定做好自己的事。坚持稳中求进工作总基调，完整、准确、全面贯彻新发展理念，加快构建新发展格局，着力推动高质量发展，全面落实疫情要防住、经济要稳住、发展要安全的要求，巩固经济回升向好趋势，着力稳就业稳物价，保持经济运行在合理区间。坚决认真贯彻党中央确定的新冠肺炎疫情防控政策举措，保证影响经济社会发展的重点功能有序运转。

（四）在了解课程内容的基础上，引导学生全面准确把握疫情防控和经济社会发展的关系

六、教学设计总体思路

本课以问题为导向，着重解决"为什么我国统筹经济发展和疫情防

控能够取得世界上最好的成果"这一疑问，并在讲解疫情防控政策时将中医药参与抗疫的相关内容与思政课互通共融。

我国有效应对疫情防控与经济社会发展双重考验时，一直奉行"人命至上""生命至上"的理念。与此同时，两年多来，我国经济增速居全球前列，疫情防控不仅使我国自身产业链、供应链保持了强大韧性，也对全球产业链、供应链稳定畅通发挥了积极作用。我国采取的一系列措施不仅给了每一名中国人极大的安全感，也是对大学生进行家国情怀教育的鲜活案例。

针对以上重点内容，授课过程中会借助中西方抗疫实践视频对比、倾听学生对中西方抗疫的对比评价、小组讨论经济发展与疫情防控的关系等方式增进学生对专题内容的理解。

七、教学过程

（一）教学流程设计

环节一：课程导入

教师活动：请同学们参与讨论：在新冠肺炎疫情的影响之下，中华大地与部分西方国家的现状有何不同？

学生活动：通过教学辅助平台——"学习通"进行抢答，参与课堂互动讨论。因课堂授课时间影响无法参与课堂讨论的同学，也可以参与"学习通"平台上的线上讨论环节，积极发表自己的看法。

设计意图：初步了解学生对疫情防控效果的关注及掌握程度，以互动式提问导入课程，增强课程的吸引力。互动讨论之后，总结我国与部分西方国家疫情防控之下截然不同的两种状态：盛夏时节的中华大地，工厂车间机器轰鸣，田间地头抢抓农时，复商复市稳步推进，大江南北一片繁忙景象。部分西方国家则是为了加快经济复苏而盲目推行复工复产，造成疫情的不可控反复，又因为民众感染人数多、复产率低，经济走势低迷，陷入恶性循环。而且，面对疫情肆虐传播，众多民众的基本医疗需求难以得到保障，造成多轮次的游行抗议，社会动荡，民众对于政府的认可与信任也急速下降。通过鲜明的对比，向学生直观地展现我国抗疫方针政策的正确性、科学性。

环节二：师生互动

教师活动：让学生以自身了解到的情况或者感受出发，尝试阐述我国的疫情防控策略和方针是什么。

学生活动：结合自己了解到的实际情况向全体同学分享自己的看法。

设计意图：广大学生的学习与生活在疫情的影响下发生了很大的变化，通过这一互动环节，可以让学生从自身出发，从细枝末节处去感知国家的疫情防控的具体要求和做法，并且尝试用高度精练的语言去概括阐述我国疫情防控的总策略和总方针。学生分享之后进行总结：我国始终坚持用更小成本在更短时间内控制住疫情。2020年，通过开展新冠病毒研究、全面开展医疗救治等举措，我们用3个月左右的时间打赢了武汉保卫战和湖北保卫战。2021年，以严防输入为目标，我国迅速扑灭德尔塔变异株带来的严峻挑战。2022年3月以来，多地相继出现奥密克戎变异株引发的疫情，感染人数快速增长。高效有序的核酸检测、科学精准的流调溯源、分类分级的防控管理……一系列精准防控举措迅速落地，全国上下勠力同心、并肩作战，我们经受住了武汉保卫战以来最为严峻的防控考验，取得了阶段性成效。这些战绩是因为我们一直坚持"外防输入、内防反弹"总策略和"动态清零"总方针，实践充分证明，这是我国控制疫情的有效法宝。

环节三：联系现实

教师活动：播放本校及附属医院多次奔赴抗疫一线，到祖国各地驰援的视频。

学生活动：观看视频之后，针对视频中展现的中医药参与抗疫的具体方法、效果、影响等分享自己的感受。

设计意图：疫情发生以来，辽宁中医药大学及四所附属医院已经先后多次派出医疗队驰援各地、武汉、襄阳、大连、锦州、上海、新疆等地都有辽宁中医人坚毅执着、勇敢逆行的身影。执着的中医人，火线驰援，战"疫"之中尽显忠诚与担当。逆行的勇士们也不过是平平凡凡的普通人，他们上有需要孝敬的父母，下有嗷嗷待哺的孩子、时刻牵挂的家人。但在同胞需要的时候，他们毅然决然地舍小家为大家，勇敢逆行。几次驰援中，都有多名"九〇后"挺身而出，让我们看到了新时代中国青年的担当，面对疫情，他们不再是孩子，而是负重前行的战士。他们在抗疫战场上锤炼信仰、胆略与意志，在最危险的地方锻造能力素质，在最关键的时刻淬炼精神品质，用行动书写着人生最精彩的韶华篇章。以生命赴使命，以大爱护众生。通过视频，我们不仅能够看到抗疫一线的真实情况，还能够感受到师长前辈所展现出的炽热而深沉的家国情怀，从而给予我们无穷的奋进力量。

环节四：案例分享

教师活动：通过数据罗列与代表性案例分享，讲清楚我国经济社会发展稳中向好。

学生活动：通过"学习通"助学平台完成课堂测验题，选择自己认为最为接近的数据，并于课后自愿补充自己身边人、身边事的相关案例。

设计意图：经济发展与每个人的生活都息息相关，向学生讲清楚我国经济社会发展稳中向好的客观情况，可以让学生对我国经济发展前景充满信心。最重要的是，学生考虑到自己未来的择业和就业前景的时候，可以更加从容、自信与淡定，避免因为疫情的影响而过于焦虑。此外，结合疫情常态化防控的背景介绍我国经济社会发展的现状，有利于学生更真切地感受到我国疫情防控方针策略的科学和正确，进一步坚定夺取最终胜利的信心。

环节五：讨论与总结

教师活动：组织学生结合本节课前两部分的内容进行小组讨论，并选代表进行分享：我们下一个阶段应该如何在国际国内多重考验下，为稳定发展大局创造良好环境。

学生活动：分小组进行讨论，将讨论内容进行梳理并派代表进行汇报发言。

设计意图：高等教育阶段的学生除了要掌握一定的知识和技能，最重要的是要不断提升综合素质，成为堪当大任的时代新人。学生应具备的很重要的一种能力就是面对问题时分析问题和解决问题的能力，所以最后一部分关于未来的发展规划问题在教师讲解之前先组织学生在小组内广泛讨论、充分交流，可以有效锻炼学生的表达能力、思考能力及总结能力等。

（二）课堂小结

本节课我们共同学习了疫情防控措施科学有效、经济社会发展稳中向好及坚定夺取双胜利的信心三部分的内容。通过以上内容的学习，学生要明确疫情防控与经济社会发展的关系，要正确评价我国疫情防控总策略、总方针，要了解中医药在抗疫战场上发挥的重要作用，要清楚我国在疫情防控常态化背景下经济社会发展稳中向好的实际情况并明晰下一阶段的努力方向。

行百里者半九十。我们坚信，只要14亿多中国人民团结奋斗，保持战略定力，进一步磨砺责任担当之勇、科学防控之智、统筹兼顾之谋、组织实施之能，高效做好统筹疫情防控和经济社会发展工作，就一定能夺取疫情防控和经济社会发展的双胜利。

（三）作业设计

1. 完成"学习通"上的课后巩固练习。

2. 自愿参与"学习通"讨论专区的主题讨论。

（四）参考资料

［1］《统筹好疫情防控和经济社会发展工作》，《人民日报》2022年7月18日。

［2］吴佳佳：《抓实疫情防控保障经济发展》，《经济日报》2022年7月22日。

［3］刘凤义：《统筹推进疫情防控和经济社会发展》，《经济日报》2022年9月22日。

八、教学总结与反思

结合《形势与政策》课程的特点以及本课的内容，有如下总结与反思。

（一）备课要求

《形势与政策》教学内容新，备课压力大，想要讲出彩有一定的难度，但是此门课程是与时政结合最紧密的课程，也是引导学生树立正确世界观、人生观、价值观的前沿阵地，因此教师必须在有限的备课时间内，多学多听多看，尽力做到最完备的备课准备。

（二）授课过程中做到因材施教

教师授课的速度与深度必须结合不同班级的学情采取不同的方案，依据学生特点调整授课方式，增强吸引力。

（三）授课过程中注重严谨性

针对学生关心的敏感问题，比如国际形势等问题，教师务必确保授课语言的权威性与准确性，不要引起学生的观念迷惑，应正确引导学生的看待角度与方式。要强化对权威教学视频、教学案例的应用，将数据、案例、故事与理论灌输相结合，避免学理性太强触发学生的距离感，要尽量用润物无声的方式娓娓道来。

（四）不足之处

本课内容丰富，可以挖掘的案例与素材繁多，应该加大文献阅读量，扩大备课资源库，从众多素材中找出最能为教学效果服务的元素，不能过于墨守成规，需在今后的教学中有针对性地进行改进。